堪布徹令多傑仁波切
籌辦興建「蓮師吉祥光明殿」
及近期活動剪影

堪布徹令多傑仁波切奉寧瑪白玉傳承噶瑪古千法王指示，於北印度動工興建「蓮師吉祥光明殿」，圖為
2016 年 1 月，堪仁波切由負責設計、監工的壞卓祖古陪同視察進度。惟興建經費仍欠缺許多，尚待十方
功德主能廣發菩提心，慷慨護持，共同成就廣揚佛法。詳情請上網站 www.y-s-p-d.org.tw 或 email 聯絡
threebasic@gmail.com，功德無量。

＊寧瑪三根本法洲佛學會

　　台北縣板橋市長江路一段 168 號 2 樓　TEL：（02）2258-6172　金師兄

＊台中貝瑪瑪尼顯密法林中心

　　台中市西區五權三街 44 號　TEL：（04）2378-1600　林師姐

＊高雄市舊譯顯密法林中心

　　高雄市三民區敦煌路 78 號　TEL：（07）385-5427　柯師姐

2016 年藏曆新年，堪仁波切返回貝瑪貴聖地，菩提昌盛寺的洛本（阿闍黎，即小喇嘛老師）率小喇嘛迎接堪布後全體合影。

學期結束時，通常會在大殿舉行結業典禮，由堪仁波切頒獎給各年級成績優異的學僧。（圖中著便服者為英文老師）

2015 年 8 月，堪布徹令多傑仁波切帶領喇嘛、藏民及港台弟子朝聖蓮師聖地貝瑪貴的孜大布日神山和達那果夏聖湖，於喜瑪拉雅山區跋山涉水十三天。

2016 年 2 月，堪仁波切受邀前往北印度阿魯納恰邦 Miao（流亡藏民聚集地）講經授課及給予長壽佛灌頂，眾多藏民席地而坐，法喜充滿。

堪仁波切正在進行開示。

大圓滿
如幻休息論

༄༅། །རྫོགས་པ་ཆེན་པོ་སྒྱུ་མ་ངལ་གསོ་ཞེས་བྱ་བ།།

大遍智　龍欽巴尊者 著

堪布徹令多傑仁波切 講記　張福成 口譯

目錄

自序

　　我之前曾經將持明吉美林巴《本智光照 —— 功德寶藏論》顯宗分、密宗分二部，以及大遍智龍欽巴《自性光明 —— 法界寶庫論》，共三部書，由錄音整理成文字而出版流通，得到眾多法友與弟子的好評，因此再三請求說：「能夠再出版更多寧瑪派教典的書籍，讓弟子有更多的聞、思、修機會，那該多麼地好！」因此現在決定將這部《大圓滿如幻休息論》整理成文字而付梓流通。

　　這部書內容談到：佛經中開示了如幻八喻，不但指出萬法自性不成立，而且也清晰抉擇了佛世尊中轉無性相法輪、離八戲論之思想。此論詳細闡述如幻八喻，令經文之義容易了解，且配合日間、夜間之實修方式，在禪修方面助益尤大。

　　故此書實為無價珍寶，若能以無等之信心、恭敬心，聞、思、修持此部教典，則必定能令所得暇滿發揮大用。

　　而且大遍智龍欽巴所留遺教曾開示：「未來若有正確聞、思我之典籍者，則與見我無別。」，是故至盼有緣閱讀此書者，非僅一次，務必再三學習串習而達於究竟。

　　恭敬承事、協助、翻譯此書者，我等一起與大遍智龍欽巴結下甚深善緣，故迴向祝禱即於此世證悟大圓滿見地。

堪布徹令多傑仁波切　2016 年 4 月 15 日

導讀篇

　　《大圓滿如幻休息》和《大圓滿心性休息》、《大圓滿禪定休息》，並列為大遍智龍欽巴尊者的三休息之一，在大圓滿的「心部」、「界部」、「口訣部」三大部當中，列為「心部」，以「如夢」、「如幻」、「如光影」、「如陽焰」、「如水月」「如空谷回音」、「如尋香城（乾闥婆城）」、「如變化」八個比喻，作為修空性的「八幻喻觀」。

　　之前，我們在板橋中心❶講解過大遍智龍欽巴尊者的代表作《自性光明——法界寶庫論》❷，這是解釋大圓滿的一個教法，總體開示大圓滿的見地、觀修、行持和果位，是一部完整毫無遺漏的聖典。在此書中常談到：輪迴和涅槃的一切萬法，在內心實相上都不能夠成立，可是就算不能夠成立，還是出現了，出現輪迴的法、出現涅槃的法。為什麼雖然無，但是還是出現呢？這要從如幻的八個比喻詳細作一個解釋。

　　我們在講《自性光明——法界寶庫論》的時候，最主要是在見地上作一個抉擇，但是在抉擇見地的時候，談到一切都是無，輪迴和涅槃的一切法在內心實相上都是無，都不能夠成立，這種說法很容易令初學者發生誤解，因此進一步在《大圓滿如幻休息論》裡就

---

❶ 指「寧瑪三根本法洲佛學會」，位於新北市板橋區長江路一段 168 號 2 樓。
❷ 講解內容已於 2015 年 2 月由橡樹林文化出版。

要開示，雖然是無，但是萬法還是會顯現出來。爲什麼無又可以顯現呢？就算一切都顯現出來了，仍然是實際上不能成立，這樣一個內容就要靠《大圓滿如幻休息論》作一個補充說明。如果欠缺這個部分，我們以前所學習的教法，例如《自性光明——法界寶庫論》的學習，有時候會導致許多誤解。

《大圓滿如幻休息論》主要講的內容，所詮宗旨是一切萬法顯而無自性，對顯而無自性的內容作一講解，佛陀開示了八個比喻，以八個比喻來闡釋。

第一個，一切萬法都如夢，像我們做的夢境一樣。

第二個，一切萬法都如幻，像魔術師變出來的幻相一樣。

第三個，一切萬法都如光影如眼花撩亂，像眼睛有毛病的人看到的假象一樣。

第四個，一切萬法都如海市蜃樓（陽焰）。

第五個，一切萬法都如水裡的月亮。

第六個，一切萬法都如空谷回音。

第七個，一切萬法都如食香神所變出來的城市。

第八個，一切萬法都如變化。

這個是中觀，如果要瞭解中觀究竟的見地，也是以這如幻的八個比喻作講解。

每一個比喻介紹完後，接著講解實修的方式。也就是首先在見地上作一決斷，之後講觀修，最後談到果。正式觀修時還有前行和正行，前行的時候觀想自己是觀世音菩薩，皈依發菩提心，進行積資淨障的七支分，觀想頭頂上上師安住，誠懇祈請，之後正行實

修。實修的時候又分成白天和晚上，就白天所見到的法，如何觀修，晚上如何觀修，這都是配合實修方式作講解。

支　分

ༀ༎རྒྱ་གར་སྐད་དུ། མ་ཧཱ་སནྟི་སྭ་པྣ་བི་ཤྲཱནྟ་ནཱ་མ༎
ༀ༎བོད་སྐད་དུ། རྫོགས་པ་ཆེན་པོ་སྒྱུ་མ་ངལ་གསོ་ཞེས་བྱ་བ་བཞུགས་སོ༎

ༀ༎ 印語曰瑪哈珊底瑪雅毗仙達那瑪 ༎

ༀ༎ 藏語曰卓巴千波糾瑪昂索協賈瓦修索 ༎

ༀ༎ 華語立題曰大圓滿如幻休息論 ༎

就《大圓滿如幻休息論》的內容而言，佛陀開示幻相有三種，第一個是眞法界幻相，第二個是顚倒妄念幻相，第三個是正幻相。

首先，眞法界幻相是指輪迴和涅槃二者之所以能出現的基礎、來源的基礎，即是指「基如來藏」，把它取一個名字叫做「眞法界幻相」，這指的就是內心實相。

由於我們不認識內心實相的本貌，因此產生了迷惑，由這個迷惑之故，就出現了顚倒妄念的幻相，六道的顯分就是如此而出現的，所以六道顯分的部分就稱爲「顚倒妄念幻相」。

對於這些，如果了解它是迷惑，自己個人就能得到解脫，這時候就稱爲「正幻相」，正幻相指的也就是佛的五身、五智、淨土這些顯分的部分。

顚倒妄念幻相以及正幻相二者來源的基礎、能夠出現的基礎，就是眞法界幻相，就是如來藏，由如來藏而來。

本書題目名爲《大圓滿如幻休息論》，首先要了解幻相有三種類型，了解之後，就如幻休息而言，即是用八個比喻去抉擇萬法無自性。

　　現在我們都不了解萬法無自性的這個部分，由於不了解，因此會有我執存在，而且會執著有自他二者。如果執著有自他二者，後果就是給自己內心帶來很多辛苦、困難、忙碌。因此，要透過如幻八喻來抉擇，證悟萬法無自性，如果能夠這樣做到，就會逐漸減少對於自他二者的執著，當自他二者的執著逐漸減少了，當然煩惱、忙亂、痛苦等，也一定會逐漸地減少。因此，在實修上有這八個比喻，這是如幻八喻的實修方式，透過這個實修可以逐漸減少我們內心的煩惱、痛苦，所以稱為「如幻休息」。

供讚文

　　《大圓滿如幻休息論》所詮宗旨的內容，龍欽巴尊者開示在本書的前面。首先：

|དཔལ་རྡོ་རྗེ་སེམས་དཔའ་ལ་ཕྱག་འཚལ་ལོ།
頂禮具祥金剛薩埵

　　頂禮具足祥瑞的金剛薩埵之後，頂禮自己的根本上師，還有一切的諸佛菩薩。做這個頂禮的原因，是因為本來我們自己內心的實相是佛的自性，內心實相空分的部分是法身的本質，顯分的部分是報身及化身的本質。為了利益眾生，進行利他的行誼事業，對眾生之中業力清淨者所示現形成的身體，這部分所出現的身體是報身，而現在龍欽巴尊者的上師三界怙主則是化身的本質。所以自己內心的實相裡，三身的本質也存在。不僅如此，三時一切諸佛的眷屬、

羅漢、大乘的菩薩等，龍欽巴尊者都誠懇地做供養、頂禮。

供養頂禮完畢之後，爲了利益眾生，我要撰寫這部書，希望經由頂禮供養而得到加持，使撰寫書籍的過程不會發生阻礙，這本書能夠徹底究竟寫完，希望賜給如此的加持。

在註解裡另外還有一個供讚文：

|གདོད་ནས་བྱང་ཆུབ་ཆོས་སྐུ་དག་པ་ལས།| |མཛད་པའི་རྣམ་འཕྲུལ་སྟུ་མའི་སྐུ་བཞིངས་པ།|
從由本然菩提淨法身　　　興起行誼神變幻相身

|འཇིག་རྟེན་གསུམ་མགོན་ཆོས་རྗེ་བླ་མ་དང་།| |རྒྱལ་བ་སྲས་བཅས་ཀུན་ལ་གུས་པའི་གཏུག་གིས་མཆོད།|
三世間怙法尊師以及　　　勝者與子恭敬頂供之

後面還有一個根本頌文的供讚文：

|ཆོས་ཀུན་མ་སྐྱེས་མཉམ་པའི་དང་ཞིང་ལས།| |ཡེ་ཤེས་སྒྱུ་མ་གཉིས་མེད་རོལ་པ་ཆེ།|
萬法不生平等性之中　　　本智幻相無二大遊戲

|སེམས་ཉིད་རྒྱལ་པོ་རང་བྱུང་གདོད་མ་ལ།| |མ་སྐྱེས་འདུ་འབྲལ་མེད་པས་ཕྱག་འཚལ་ལོ།|
心性國王天然本然前　　　不生無即無離頂禮矣

我們現在是在不清淨的輪迴之中，一個迷惑的階段之中。因爲是在不清淨的迷惑錯亂的輪迴階段，因此，就我們現在而言，一切萬法顯現出來時，都顯現成爲生、佳、滅的樣子。實際上，若從不迷惑的清淨本智這個角度去看，一切萬法本來不生，好的法也本來不生，壞的法也本來不生。就其本來不生而言，那就完全相同了。

顯分那不清淨的部分絲毫不可能存在，一切純粹都是清淨的，但即使是清淨的顯分，自己仍然不生。不過就算本來不生，顯分的部分仍然存在，所以顯分的這個部分稱爲本智幻相（眞法界幻相）。就這個部分，雖然是顯分呈現出來，但是就算出現，仍然不能夠成立，因此稱爲本智幻相。

顯分，本智的顯分的這個部分，另外還有本來不生的這個部分，二者不即是一個，也不分離成二個。

從不即不離這個部分來看的話，究竟的實相方面應該是什麼呢？就是我們自己內心的實相。因爲內心的實相是輪迴二者之基，所以稱它爲王，或者稱爲天然本智，如此的內心實相不是透過因緣和合而產生，所以從因緣和合而生的這個部分來講，本來不生。從顯分來看它是本智，這個部分是無論何時都是不即不離，即的意思就是說心靠過來、新得到的，離是已經新得到，靠過來之後又離開、分散掉，這種情況根本就沒有。

所以對如此的內心實相做頂禮。

立誓撰寫

勝者純眞宣說諸萬法　　幻相二理自性所證故

集攝經續口訣心要萃　　依據如何實修釋請聽

　　龍欽巴尊者寫過許多書，《七寶庫論》、《三除黯論》、《三休息論》，在每一部書開始的時候一定要立下一個撰寫誓言，爲了利益眾生寫這本書，從寫書開始不做任何其他事，在書沒有寫畢之前也不會把這件工作放棄掉，如此立下堅固的誓言。

　　以前的聖賢都有這樣的宗風，由於立下如此堅固的誓言，所以其內心的期望大部分都能夠達成，都能夠實現。

　　就我們的情況來講，當然我們沒有這種寫作的能力，可是由此了解，應當要立下誓言：「這個論典從我開始聽聞，一直到講解完畢之間，我不會中斷也不會放棄。」但是我們都沒有辦法這樣做，不能夠如此立下堅固的誓言。

　　可是我們都有很多的期望，許多人期望自己這輩子能夠成就佛果，下輩子能夠投生在西方極樂國土，或者是心裡想著能夠證悟一切萬法都是空性，或者是心裡期望自己能夠得到神通變化的能力。對於果位的法，內心抱著很多強烈的期望，在這個方面立了誓言我一定要得到，可是對能夠證得果位法的因，是應當把論典廣大地聽聞、思維、禪修。然而對聞、思、修這個部分卻不太重視，在學習的時候，都是抱著先試探看看的想法：我先去聽個一、兩次，看看有趣還是無趣。此外，對教法的內容不太相信也不太有信心，若是以這種方式去聞、思、修大論典，想要達成內心的期望，那就非常困難了。

　　「立誓撰寫」裡所談到的內容是：勝者曾經開示，把萬法分成兩種如幻；關於佛陀所開示的這兩種如幻的教法的內容，非常多也非常廣大，如果我們想要了悟，其實很困難。現在龍欽巴尊者把佛

陀關於這方面的教法，包括顯教大乘教法之中佛陀所開示的部分，在密咒乘門之中佛陀所開示的教法，還有在大圓滿口訣裡的意義，這一切的精華，龍欽巴尊者全部濃縮集攝，配合如何實修的方式，加上如何去了悟這些理論？如何證悟？證悟的過程等等，現在要詳細地解釋說明，希望弟子專心地聽聞，所以說「依據如何實修釋請聽」。

這裡談到「宣說諸萬法，幻相二理」，佛陀開示萬法，把萬法分成兩種類型、兩種如幻。這個說法主要出自《般若經》：「須菩提，一切法如夢如幻，涅槃亦如夢如幻，若有較涅槃更勝之法者，亦如夢如幻也。」

這些話的意思，不清淨的輪迴的一切萬法，應當了知它是如夢似幻；即使是清淨的涅槃之所有法，也應當了知它是如夢似幻。一般來講，當然不可能有比清淨的涅槃更加殊勝之法，但假設說還有比清淨涅槃更加殊勝之法，也應當了解這些法仍然是如夢似幻。也就是說，不是如夢似幻的法根本就不可能存在。

前面談到的段落是《大圓滿如幻休息論》支分的部分，接著是正文的部分，分成八個項目，分成八項的原因是因為「如幻八喻」：

第一項，一切萬法都像夢境一樣。

第二項，一切萬法都如幻相。

第三項，一切萬法都像光影，像眼花撩亂，眼睛看錯的假象。

第四項，一切萬法都像海市蜃樓（陽焰）。

第五項，一切萬法都像水月。

第六項，一切萬法都像空谷回音。

第七項，一切萬法都像尋香神的城市。

第八項，一切萬法都像變出來的變化。

正　文

1
如夢品

第一部分：見地

第一品：抉擇一切萬法都好像夢境一樣，分成兩個階段說明。

首先，應當了知一切萬法如夢，為什麼如夢？必須在見地上先做一個抉擇。其次，在見地上已經詳細抉擇萬法如夢之後，觀想禪修的時候應該怎麼做？禪修的方式是什麼？

首先第一個階段：在見地上抉擇萬法如夢，又分成兩個大綱，首先由基（或者說是界），基就是如來藏，在基如來藏的段落，眾生是如何形成迷惑的？其次，在形成迷惑之後，它要如何繼續存在？分成這兩個大綱。

舉例而言，譬如一個瘋子，最初是怎麼發瘋的？發瘋的原因何在呢？這是第一個問題，第二個問題他已經發瘋了，已經是一個瘋子了，之後是怎麼生活的呢？

和這個一樣，首先，在基如來藏的本質上，迷惑是如何形成的？其次，迷惑已經形成了，之後要如何繼續存在？如何去度過呢？

第一大綱

第一大綱：迷惑之理，迷惑如何形成？其中又分成三項，第一項是本然基實相，要說明的是內心實相的本質；第二項，迷惑如何形成呢？在本然基實相，內心基如來藏的本質上面，迷惑之所以出現是依賴於兩個原因，一個是俱生無明，一個是遍計無明，依於這兩個原因而形成了迷惑；第三項，迷惑已經出現、形成了，如何繼續而出現呢？

第一項

　　第一項要講的是本然基的實相，就一切眾生的本然之基而言，最主要指的就是內心實相，內心實相就是如來藏，換句話說，如來藏就是眾生本然基，這裡要先界定本然基是什麼？如來藏是什麼？七個句子：

གཞི་དབྱིངས་མི་འགྱུར་སེམས་ཉིད་ནམ་མཁའ་ཆེ།	སྟོང་གསལ་སྤྲོས་དང་བྲལ་བའི་དང་ཉིད་ལས།
基界未變心性大虛空	空明遠離戲論狀由之

རྒྱལ་ཆོས་དྲི་མེད་ཉི་ཟླ་གཟའ་སྐར་བཞིན།	ལྷུན་གྲུབ་སྐུ་གསུམ་ཡེ་ཤེས་འདུ་འབྲལ་མེད།
勝法無垢如日月星辰	自成三身本智無即離

དང་གིས་འོད་གསལ་ཡོན་ཏན་རྫོགས་པར་ལྡན།	འདི་ནི་རང་བཞིན་གདོད་མའི་གནས་ལུགས་ཏེ།
自然圓具光明諸功德	此即自性本然實相也

ཡང་དག་གཞི་ཡི་སྒྱུ་མ་ལེགས་པར་གསུངས།
妥善宣為純真基幻相

　　一切眾生迷惑的基礎，實際上就是內心的基如來藏。以內心的基如來藏而言，當眾生在墮入三惡趣的階段；或投生在三善趣的階段；或者徹底脫離了六道輪迴，已經到達聲聞、獨覺阿羅漢果位的階段；或者是超過了阿羅漢果位，已經到達大乘登地以上菩薩的階段；或者是已經得到究竟佛果的階段，這些除了階段上的不同之外，內心實相的部分其實沒有一絲一毫的改變。

　　這種情況就好像天空，天空有時候有雲朵，有時候沒有雲朵，有時候下雨，有時候出現太陽，不管在什麼時候，天空本身空間的

這個部分其實沒有任何改變。以「本質空，自性明」這個部分的實相而言，實際上超越了凡夫內心的思維，說它是有嗎？還是無呢？它是好呢？還是壞呢？它是什麼樣子呢？這一切的戲論都不能夠去描述它。

我們可以說有「天空」這個名稱，用了這麼一個名詞，但是如果要仔細去說明天空，天空是什麼呢？假設從顯色的部分來看，顯色是指白色、紅色、黃色、黑色等，天空沒有顯色，不能說它是什麼顏色。

若是從形色來看，形狀分為長、短、方、圓、扁、平，天空也沒有形色，不能說是哪一種形狀。這種情況就和內心實相一樣，不能夠用言語去做一個解釋說明，天空沒有顯色也沒有形色，沒有辦法去描述它的。

雖然不能夠去描述天空，可是在天空，太陽也出現，月亮也出現，星星也出現。一樣的道理，就內心實相而言，超越了內心的思維，不是內心所能夠了解的對境，超越了一切的戲論，即使如此，在內心實相的本質上，法身的自性也存在，報身的自性也存在，化身的自性也存在，三身的自性、五智的自性恆常不離開，因此就三身五智的這個部分而言，內心實相的自性為光明，光明就是三身五智的部分，就內心實相而言，佛身佛智的這些功德原來早就已經完全圓滿齊備。

所以對我們而言，萬法的自性，純正的實相究竟的部分，就是內心實相，稱為基如來藏，這個部分稱為「基幻相」，我們前面把幻相分成顛倒妄念的幻相、正確的幻相和真法界幻相三種，真法界

幻相也可以稱爲基幻相，二者是同義詞。

第二項

前面第一項把迷惑形成的基礎做了一個界定，接下來第二項就要說明這個迷惑是如何形成、出現的呢？出現的原因是俱生無明和遍計無明，由這兩個原因形成了迷惑，這個部分共六個句子：

|དེ་ཉིད་དང་ལས་སྟོ་བུར་འཁྲུལ་པའི་སྒྲིན། | ཉི་ལས་བྱེད་པོ་གཉིད་ཀྱི་དང་ཚུལ་ཅན། |
| 由彼狀態忽起迷惑雲 | 夢境造因具睡眠情形 |

|ལྷུན་ཅིག་སྐྱེས་པའི་མ་རིག་ཉིད་དང་ནི། | གཉིས་མེད་གཉིས་སུ་འཛིན་པས་བསྐྱེད་པའི་སེམས། |
| 即是俱生無明另以及 | 無二執著爲二所雜心 |

|ཀུན་ཏུ་བརྟགས་པའི་མ་རིག་ལས་བྱུང་བས། | འགྲོ་དྲུག་འཁྲུལ་སྣང་སྣ་ཚོགས་རྨི་ལམ་བཞིན། |
| 即是遍計無明所出故 | 六道種種惑顯如夢般 |

首先，前面談到就內心的實相而言，舉個比喻就好像天空一樣，假設天空出現雲朵，就是我們迷惑的心識形成的時候，因爲天空的雲朵出現時，我們會說：「喔，太陽不見了，沒有陽光了。」就會產生這種想法，有一個認識、一個心識，心裡思維說：「喔，今天沒有陽光了。」

這個想法是一個迷惑錯亂的心，其實雲朵遍佈的時候太陽還是有光亮，但是我們會想說沒有陽光了，這種認識、執著是一個迷惑錯亂的心。這個迷惑心、迷惑的認識是如何形成的呢？因爲天空的雲朵出現之故，因此引發我們形成一個迷惑、錯誤的認識，認爲沒

有陽光了；或者說就像瘋子的心一樣，因為太陽仍然存在仍然有光，可是卻執著為太陽沒有光亮了。所以這是一個迷惑的心，也是一個瘋子的心，這是第一個比喻。

第二個比喻是做夢的時候，當我們睡著後做了夢，一般來講，一定有一些外緣引發了這個夢，夢才會出現，這些外緣要嘛是我們這輩子所串習的形形色色，譬如這輩子的父母兄弟朋友、出生的處所、衣服、食物等等，自己日有所思夜有所夢，看到、聽到的很多，這一切在夢裡出現。

可是有一些人夢到的內容完全不是這輩子所看過、聽過的，在夢境裡還是出現了，這些部分就是上輩子所串習的，以上輩子所串習者作為原因，在現在的夢境裡出現了，夢就是這樣形成的，所以這個夢境是一個迷惑錯亂的心，這個迷惑心的形成，外緣是前輩子所串習者作為原因，或這輩子所串習者作為原因。

睡覺的時候假設進入沉睡，沒有夢境，在不是那麼樣沉睡的時候才會出現夢境，做夢時夢到自己去了某個地方，看到一個棟房子，看到父母兄弟，看到仇敵，夢到了這些景象之後，內心馬上就會產生一個執著，認定這是我的房子，這是我的父母，這是我的敵人，這都是夢境裡迷惑錯亂的心。

以上兩個比喻。第一個比喻是從天空來看，當雲朵出現時會引發我們迷惑的心，執著現在沒有陽光，這是迷惑錯亂的心。第二個比喻是睡覺做夢時，夢中的景象實際上並不存在，可是在夢境之中我們也會產生一個迷惑的心，執著這是我的敵人、這是我的親人，也會產生這種認識，這種認識是一個迷惑錯亂的心。

　　就我們而言，當基如來藏本身的光透顯出來時，針對這個光是自顯這一點不瞭解，這個不了知的心識就形成了，不知道光是一個自顯。而這個不知道的心識就稱爲「俱生無明」。

　　之後又會產生另外一個認識，一個新的認識，這個認識會把所出現的光，不能夠認識它是自顯之外，進一步執著它是一個對境，然後執著我是有境，因此又形成了我和它。而這個部分的迷惑錯亂的心就稱爲「遍計無明」。

　　再舉個比喻來說明，小孩子剛出生時，當然會餓、會冷，這些感受一定存在，我們可以把它說是「俱生無明」。之後小孩子慢慢長大，當然也會大便、小便，這個也可以把它說是「俱生無明」。然後父母會教他：這裡不能夠大小便，這個可以做，那個不可以做，這裡可以去，那裡不可以去……，小孩子內心就會有很多想法，這些想法是父母教導所形成，這個部分稱爲「遍計無明」。

　　由於這兩個原因就形成了我們內在迷惑的心，這迷惑的心前面談到了，首先迷惑的基礎是基如來藏，在這個基如來藏上，因爲俱生無明和遍計無明，形成了迷惑，經由迷惑的心所認識的對境，這個迷惑的所顯就非常多了。假設這個迷惑非常沉重非常嚴重，所看到的對境會顯現成爲地獄的景象、鬼道的景象或動物道的景象；假設這迷惑的心沒那麼嚴重，所出現的景象便是人道所顯、修羅道所顯或天道所顯，這些都是迷惑的假象，但是迷惑的程度配合煩惱大小不一樣。

　　總而言之，在夢境之中所顯現出來的一切，實際上並不存在，它是一個夢，可是在夢境中我們會執著是眞正的存在，這是一種迷

惑的情況。

　　在我們現階段而言，情況也都是這樣，清淨所顯、不清淨所顯
各種各類非常多，其實根本沒有，清淨所顯和不清淨所顯都沒有，
可是我們會去執著這個是清淨所顯、這個是不清淨所顯，這種執著
的想法其實就是迷惑的心識。

第三項

　　第三項，就我們內心而言，還有煩惱的習氣，由內心的煩惱以
及煩惱的習氣所顯出的這些景象，無量無邊，因此，我們常常都會
感受到各種各類的痛苦與快樂，不僅如此，藉由一項連著一項而出
現的許多所顯的景象，這種情況也有的。這個段落，八個句子說
明：

無而顯出受各各苦樂	長期以來串習此一切
處所身體與受用等等	自顯善罪業成樂痛苦
種種類型猶如畫圖畫	由一迷惑顯出多數已
取為多已惑顯未中斷	嗟乎三有自性夢境般

　　這裡所要講的是，六道所顯現的一切和做夢時的夢境是完全一

樣的，因為實際上並不存在。不過就算實際上不存在，夢境之中還是出現了。對我們而言，有時候遇到痛苦的景象，有時候遇到快樂的景象，六道眾生各自都有自己所遇到痛苦情況、快樂的情況。各種的苦和樂是如何而來？這是因為在無量無數次輪迴裡，自己造作了無邊的善業和惡業所形成的，造作的善業裡有大的善業、中等的善業、薄弱的善業，造作的不善業中也有大、中、小的不善業，因此，經由無始輪迴以來所累積的這麼多的業力，由這業力所出現的處所就有各種各類。譬如就我們地球而言，大概有兩百多個國家，這兩百多個國家的地方各不相同，人的身體各不相同，受用的生活環境也各不相同，這還只是就人類來講。

如果從一個小地方來講，譬如台灣，台北、台中和高雄三個地方，冷熱不一樣，下雨的情況也不一樣，就算三個地方人的身材差別不大，可是他受用享樂的程度仍然差別很大，所以眾生都有各自所遇到的處境。眾生各自的所顯景象不會在其他眾生前面顯現出來，其他眾生的所顯景象也不會在我們人道顯現出來。

譬如現在大家在這裡聽聞教法，同樣的一個時刻，如果是在醫院裡，同一個時間裡，也許剛好有人去世了，也許剛好有嬰兒出生了，也許剛好有屍體要火化，也許剛好有人在爭吵，也許有人剛好要出院……，同一剎那發生的景象各種各類非常多，因此眾生在同一個時間各自都會遇到痛苦的景象、快樂的景象。

無論痛苦也好、快樂也好，主要都是依於眾生各自前世所累積的業，也許是善業，也許是不善業。這些痛苦和快樂的景象，就好像在一個很大的牆壁上畫了很多壁畫，有痛苦樣子的圖畫，有快樂

樣子的圖畫，各種各類。

一般而言，通常在業力煩惱沒有窮盡之前，這些迷惑所顯不可能停止，只要我們還沒有斷掉煩惱，輪迴所顯的景象也不會停止；對地獄的眾生而言，地獄的業還沒有窮盡之前，地獄裡痛苦的景象、所顯就不會中斷；對鬼道而言，當它鬼道的業還沒有結束之前，鬼道飢餓乾渴的痛苦所顯景象就不可能消失。

所以，動物道有動物道的痛苦，人道有人道的痛苦，修羅道、天人道都有各自的痛苦，這些痛苦都是眾生各自前幾輩子所累積的大大小小、各種類型的不善業所形成，並非沒有任何原因就出現了。

以三界六道眾生所處的景象都是一個迷惑錯亂的假相而言，這點其實毫無差別，就像我們做了一個美夢或做了一個惡夢，在美夢的夢境裡非常快樂，在惡夢的夢境裡痛苦無比，可是當醒過來的剎那，美夢中美好的景象消失的無影無蹤，惡夢中恐怖的景象也一樣消失的無影無蹤，這一點毫無差別。

在輪迴裡，因為前輩子所造作的各種各類的善業或不善業，偶爾依於以前的善業，現在出現了順利快樂的景象；偶爾依於以前的不善業，現在又出現了很多痛苦的景象。

總而言之，在沒有了悟內心的實相之前，沒有證悟、沒有斷除輪迴之前，這些迷惑錯亂的景象都不會停止，會不斷出現。如果了悟了內心實相，證悟了成就佛果，就會發現這一切所顯的景象全部都是如夢似幻，本質本然都不能夠成立。這一點在見地上要做一個非常堅決的確定。

第二大綱

接著要講說前面基本大綱的第二大綱：迷惑錯亂如何繼續維持而存在呢？其中要再細分成五項。

第一項

第一項：迷惑的妄念其實也是如幻，共有五個句子：

|རང་བྱུང་སེམས་ཉིད་གཅིག་གི་ངོ་བོ་ལ། | མ་རིག་གཉིད་ཀྱི་འཁྲུལ་སྣང་གཟུང་འཛིན་སྣོ། |
| 天然唯一心性之本質 | 無明睡眠惑顯取執心 |

|སྣ་ཚོགས་མང་ཕུན་རྨི་ལམ་སྣང་བ་འདི། |རང་སེམས་ཉིད་ལས་གཞན་དུ་ཅི་ཡང་མེད། |
| 具多種類此夢中所顯 | 除自心外他者任皆無 |

|ལོག་རྟོག་རྫུ་མ་ཉིད་ཅེས་རྒྱལ་བས་གསུངས། |
| 勝者宣謂即倒妄幻相 |

前面我們談到了六道都是迷惑錯亂所顯的景象，眾生都有自己所遇到的痛苦的所顯景象和快樂的所顯景象。這一切迷惑的所顯景象，是怎樣形成、出現的呢？由一個心而出現！由心本身出現六道所顯的景象，還有六道裡痛苦的和快樂的景象。離開心之外，還有沒有其他原因能讓這些迷惑的景象出現呢？沒有！

舉個比喻來說，當我們睡覺時做了一個夢，夢境裡有所到的處所，也認識這個處所，也有認識這個處所的心識存在，譬如夢到自己在天空飛翔，夢到墜落懸崖，夢到開美麗的車子，夢到搭飛機，夢到游泳……，各種各類，在夢境之中也都有執取這些情況的心識

存在，可是夢境又是從何而來呢？都是在心上面形成的。由一個迷惑的心出現了各種各類的景象，假設沒有一個心存在，這些迷惑的假象夢境會不會出現呢？不會！爲什麼？譬如屍體會不會作夢呢？不會！所以這一切各種各類的景象都是由不清淨的心而出現。

就我們現在的階段而言，六道本然不能夠成立，但是我們會執著六道是眞的、是具體而存在的；同樣的道理，自和他，還有父母、兄弟、子女等其實都和夢境一樣，只是一個迷惑所顯，但是我們執著爲是眞正成立，確實存在的，以上這些想法稱爲「顛倒的妄念」。

但是，即使是一個迷惑的所顯，其仍然會出現，出現的原因就是因緣和合，當許多因緣條件聚在一起時，顯分就出現了。當顯分出現時，應當像幻影一樣，一個如幻的顯分。可是我們會執著是眞的存在，眞的成立，產生這種顛倒的妄念。事實上，顛倒妄念所執的對境是因緣和合所形成的顯分，這些因緣和合所形成的顯分，佛陀曾經開示：其實都只是一個幻影。

第二項

第二項：諦實（眞的存在）爲假，這些迷惑的所顯都不是諦實存在，可是對我們而言都顯現成爲諦實，「不是這樣子卻顯現成爲這樣子」，因此把它稱爲「假」。

ཇི་ལྟར་དུ་ད་ར་ཡིས་རྨོངས་པ་ལས།　ཁྱུང་བ་རྫུ་ཚོགས་རྣང་ཡང་འཁྲུལ་པར་གཅིག

如何達杜拉令沈醉後　種種所顯雖顯唯迷惑

|དེ་བཞིན་མ་རིག་གཉིད་ཀྱིས་ལས་བྱུང་བའི། །འགྲོ་དྲུག་སེམས་འཁྲུལ་བ་ལ་སྣང་བ་འདི།
同理無明沈睡醉所出　六道內心迷惑此所顯

།འདིན་པ་མེད་ཅེས་དེ་རིང་རྟོགས་པར་བྱ།
謂無諦實今日應證悟

　　古代有一種迷幻藥叫做達杜拉，吃下後內心會瘋狂，看到很多幻影，產生很多幻覺，只要這個迷幻藥的藥效還在，幻覺就不會終止。現代類似的迷幻藥就更多了，有人吃了迷幻藥後，每天看到很多幻影，迷戀幻影，覺得淘淘然非常快樂，三餐也忘記吃，慢慢地身體衰損，逐漸地生病了。所以，這種迷幻藥的藥效還在時，就好像做夢一樣，幻影會不斷地出現，不能夠停止。

　　同樣的道理，因為無明的緣故，我們都會睡覺，睡覺時會做各種各類的夢，夢境就出現了。以夢境的出現而言，譬如一個人沒有小孩，但是很渴求有小孩，因為內心的期望太強烈，所以就做了一個美夢，夢到自己生下一個小孩，在夢裡非常高興快樂，可是沒多久小孩生病死掉了，她在夢裡痛苦無比，等到醒過來之後，讓她非常高興的生小孩這件事沒有發生過；讓她非常痛苦的小孩死掉這件事也沒有發生過，什麼都沒有發生，一切只是一場夢而已。

　　和這個比喻一模一樣，現在六道所顯現的一切景象，眾生各自所遇到的痛苦的、快樂的景象，一切其實和一個幻影一樣，都是幻相，所以它是假的。

　　我們現在所感受到的苦樂所顯景象，或者是六道各自所看到的各種各類的景象，其實一切都無，無的情況下之所以出現，就好像

我們做夢，因為習氣的緣故，由習氣的力量引發快樂的或痛苦的幻影，進而變成一個美夢或惡夢。無論美夢也好，惡夢也好，都僅僅只是一個夢境，一個幻相，實際上根本不存在，等到夢醒的時候，全部都沒有發生過。

第三項

　　第三項：雖然顯出，但是仍然無基離根。要講說就算幻相顯現出來，仍然沒有根基存在。

|འཁྲུལ་སྣང་འཁྲུལ་འཛིན་འཁྲུལ་རྟོག་ལས་བྱུང་བས། 　|བདེན་མེད་རྫུན་མེད་གཉིས་མེད་བློ་འདས་གཅེས།
惑顯惑執惑妄所出故　　　無真無假無二珍越心

|དེས་པར་རང་རིག་རང་བྱུང་ཞེས་བྱ་སྟེ། 　|ཡིན་མིན་ཡོད་མིན་མཐའ་གྲོལ་ཀློང་ཡངས་སྒུ།
決定稱為自覺天然也　　　是非有無邊解界廣大

|རྒྱལ་བའི་དགོངས་པ་མཁའ་ལྟར་ཤེས་པར་བྱ།
應知勝者尊意如虛空

　　前面我們談到六道所顯出的一切景象都如夢似幻，眾生各自所遇到的痛苦、快樂景象，這一切所顯也全是如夢似幻，不能夠成立。那麼，這些所顯，它之所以能夠出現的一個來源（根基）在什麼地方？內心！但是內心也不能夠成立，所以所顯本身無基離根，所顯本身的基的部分（內心的部分），其實也不能夠成立。

　　所以，迷惑的所顯，還有執著這個迷惑所顯的能執的心，還有這個妄念，其實一切都不是諦實成立。所顯的部分固然是假，所顯

也是無二，內心的部分其實也是假，也是無二。無二的原因，是因爲如果把所顯和它的來源的內心，仔細分析一下，說它是諦實成立也不是，說它不是諦實成立也不是；說它是假也不是，說它是眞也不是，所以是無二。

因爲我們仔細分析，它超越了我們內心的了解和思維。因此，眞正內心的實相──自己的覺性這個部分，或者說基如來藏的這個部分，說是清淨也不是，說不清淨也不是；說是有也不是，是無也不是。總而言之，一切的描述都不是，因爲不能夠做任何的詮釋，它是離開一切任何描述的邊，一切任何描述的邊都不對。

因此，佛只好這樣解釋：「一切萬法如虛空。」就是指不能夠去執取它，不能夠去認定它。無論是清淨的所顯、不清淨的所顯，或是這一切所顯之所以能夠顯現出來的那個心，實際上我們只是給它取一個名稱而已，其實我們都完全不能夠去認定它，不能夠去執取它，因此佛說那就像天空一樣。

第四項

第四項：即使顯分不能夠成立，它還是要顯現出來。這是指萬法實際上不能夠成立，但是在不能夠成立的情況之下，它仍然要顯現成爲形色，好聽的聲音或不好聽的聲音，這些都要顯現出來。

第五項：實相爲法性，因此本然清淨。就一切萬法而言，其實相是法性的話，那當然就本然清淨。

在註解裡第四項和第五項並未分開，而是合在一起解釋說明，頌文中前四句說明第四項，後四句說明第五項：

|ཆོས་ཀུན་རང་བཞིན་མི་ལམ་ལྟ་བུ་སྟེ།　|སྣང་དུས་ཉིད་ནས་ངོ་བོ་འགའང་མེད་ལ།

萬法自性猶如夢境也　　即於顯時無絲毫本質

|རྣམ་པ་མ་དོར་སྣང་བ་ལ་འགགས་ཤིང་།　|དེ་ཞིག་རྒྱུན་ལ་རྣམ་ཀུན་སྟོང་པའི་གཟུགས།

不棄形相且所顯不滅　　暫時假而萬相空色體

|ཤིན་ཏུ་དཔྱད་ན་བདེན་མིན་རྫུན་པ་མིན།　|ཡོད་མིན་མེད་མིན་རང་བཞིན་མཐའ་ལས་འདས།

深入分析非眞亦非假　　非有非無自性離邊際

|མཁའ་མཉམ་བརྗོད་འདས་བསམ་ཕྱུལ་རྣམས་དང་བྲལ།　|རང་བཞིན་གདོད་ནས་དག་པར་ཤེས་པར་བྱ།

等空離詮離諸思維境　　應知自性本然即清淨

　　一切萬法本然不能夠成立，就好像是夢境一樣。不過在萬法顯現出來時，它的本質仍然不生不滅。即使本質是不生不滅，但是顯分還是要出現。因此，暫時上，對我們內心而言，當習氣還沒有清淨的時候，這些所顯現的部分就算是假的，就算本質不能夠成立，就算是如夢似幻，還是要顯現出來。在顯現之後，我們卻對它產生執著，把它執著爲色法，但即使如此，它顯現出來的部分仍然不能成立。

　　顯現的部分不能夠成立卻還是要出現，這部分最主要的內容是《心經》所談到的：「色即是空，空即是色，色不異於空，空不異於色。」從四個角度去抉擇空性，所以稱爲「空性四合」的教法，以四個邏輯推理去抉擇空性。「色即是空，空即是色」，就是我們所看到的色法是空性，看到空性也是看到色法，離開我們看到的這個色法之外，還有沒有另外一個地方有空性存在？沒有！或者是離開我們所看到的這個空性之外，還有沒有另外一個地方有所顯的色

法？也沒有！因此，就顯分而言，即使本質是不生不滅，但一定會顯現出來，不會窮盡，還是要顯現出來，這個部分稱為空性。

有人把空性解釋成看不到、摸不到、聽不到、不能夠觸摸、空空洞洞什麼都沒有，這就完全誤解了。空空洞洞不是空性。空性的意思就是指你可以看得到、摸得到，因為空性之故，所以才能夠看得到、摸得到，才能夠說話、聽到，這一切都因為空性才會形成，假設沒有空性，這一切完全不會發生。

以上是第四項。

第五項

第五項，諦實成立的這個部分，我們如果仔細做一個分析，它是不能夠成立、不能夠存在的，那意思是說反面應該可以成立了，就是非諦實（沒有諦實）這件事可以成立了？不，那也不能夠成立！

就顯分而言，我們如果仔細去分析所顯的景象，說它是有的話也不能夠成立；如果這樣，能推論它的反面「無」，那就成立了嗎？無也不能夠成立！原因何在呢？因為一切萬法本來面貌自性的部分，超越了我們內心的認識，不是我們內心所能夠知道的，所以說無也不是，說有也不是；說諦實成立也不是，說不是諦實成立也不是，就像是天空，天空我們不能夠給它做各種解釋說明，也不能夠給它做一個思維。

眾生怙主龍樹菩薩寫了一個讚頌空性的頌文，談到「離言思詮勝慧到彼岸，不生不滅虛空本質性，各各覺性本智所行境，頂禮三

時勝利者之母。」

勝利者指的是佛，稱空性爲佛之母，是因爲一般而言，人的兒子由媽媽生出來，那佛從哪裡生出來呢？從空性，因爲必需證悟空性才會成就佛果；由證悟空性之故成爲佛，就好像兒子從媽媽生出來一樣，所以稱空性爲「佛母」。

「離言思詮」，空性的部分不能夠用言語去解釋，不能夠做思維，因爲它遠離一切的戲論。一切萬法都是這樣，一切萬法是空性，不是我們所能夠思維，遠離一切的戲論，因此一切萬法本然清淨。

本然清淨的意思，是不是說它本然不清淨，後來我把它想像成清淨呢？如果這樣，那它本然就不清淨，假設它本然不清淨，那就不是我們信賴的對象，因爲它隨時會改變，既然隨時會改變，那就不可能是究竟的果位了。所以，一切萬法「本然清淨」，意思是說它始終都是清淨不會改變的，應當有這種了解。

第一品「如夢」中的第一個段落：在見地方面抉擇萬法如夢，到此講說完畢。

第二部分：實修

接著是第二部分：講說實修方式，分爲白天的實修方式和晚上的實修方式。

ཁེ་ལྟར་སྣང་སྲིད་འཁོར་འདས་ཆོས་རྣམས་ཀུན། ཞི་ལམ་དང་འདྲར་ལྟ་བས་ཐག་བཅད་ནས།

如前顯有輪涅諸萬法　如同夢境見地確定已

|བློས་པས་དངས་སུ་བྲང་ཕྱིར་བསྟན་པ་ནི། |བདེ་བའི་གདན་ལ་སྐྱིལ་ཀྲུང་རབ་བཅས་ནས།
觀修實修之故所述者　　舒適座上跏趺坐定已

|སྐྱབས་སུ་འགྲོ་དང་བྱང་ཆུབ་སེམས་བསྐྱེད་དེ། |ཆོས་ཀུན་མཉམ་རྫོགས་སྟོང་པའི་ངང་ཉིད་ལས།
皈依以及發菩提心已　　萬法等圓空性狀態中

|སྟོང་པའི་སྒྱུ་མར་ཏུ་བསྒོམ་པར་བྱ།
空性幻相應深入觀修

　　這幾個句子講顯有輪涅的一切萬法都沒有自性存在，我們前面已講得非常多，用了很多比喻，像夢境一樣，也做了一個抉擇，這是見地方面的抉擇，抉擇顯有輪涅的萬法都如夢。但是見地已經抉擇完畢之後，不能停留在這裡，凡是對於見地所抉擇的部分產生定解之後，接著要付諸行動做實修。

　　把抉擇的部分做實修的時候，該怎麼做呢？

　　首先，以金剛跏趺坐姿坐在一個舒適的座墊上，接著皈依、發菩提心，之後應當觀萬法都是空性，觀一切所顯都是如夢似幻，以此進行觀修。觀修的時候要修《上師相應法》，所以我們做了一個課誦本（參見書末附錄），請按照實修法本的儀軌來做實修。

|སྤྱི་བོར་པདྨ་ཟླ་ཉི་མའི་དབུས་ཉིད་དུ། |རྩ་བའི་བླ་མ་ཡི་དམ་མཁའ་འགྲོར་བཅས།
頂上蓮月日輪中間處　　根本上師伴本尊空行

|བརྒྱུད་པའི་བླ་མ་དབྱེར་མེད་གསལ་བཏབ་ལ། |མཆོད་བསྟོད་ཏེ་ལ་འགྲོར་བར་གསོལ་བ་གདབ།
傳承上師無別明現已　　於之供讚祈請夢相應

ཁདག་དང་སྣང་སྲིད་འོད་ཞུ་བླ་མར་ཐིམ།　ཁཁབ་མཉམ་དང་དེར་དར་ཅིག་ལྷོད་ལ་བསྒོམ།
我與顯有化光融入師　　彼等空狀略輕鬆而修

ཁདེ་ཡིས་བྱིན་རློབས་རྟོགས་པ་ཕྱུགས་ལས་འཆར།
以彼加持大力出證悟

　　實修的時候，首先觀想自己頭頂有蓮花月輪、日輪，上面根本上師，四周諸佛菩薩、空行護法圍繞。真真實實地安居在前面虛空之中，於之誠懇祈請：「希望我能夠了悟萬法如夢。」最後上師化光融入自己，自己在剎那之中安住在內心實相上，靜坐片刻。

　　之後觀想自己化成四臂觀音，前面雙手合掌在胸前，右邊後面的手拿著水晶念珠，左邊後面的手拿著蓮花，臉上微笑，身上有珠寶和綾羅綢緞的衣服作為裝飾。這樣觀想後，在自己的心坎中間有蓮花月輪，上面有一個啥字，啥字四周有瑪尼咒語（六字大明咒）圍繞。

　　接著觀想情器世界全部都是西方極樂世界，一切眾生都是觀世音菩薩的性質，所聽到的任何聲音都是瑪尼咒語的聲音，在這樣觀想下，唸誦瑪尼咒語，要唸一串念珠。

　　然後要做七支分聚集資糧。上師、本尊、三寶在前方虛空，對其皈依、獻供養、懺罪、隨喜眾生的善根、請求轉動法輪、祈請長久住世不入涅槃、善根都迴向給遍滿虛空的眾生。這七分支積聚資糧要唸誦三次。

　　之後要唸上師的咒語，再之後祈請，祈請加持我能夠證悟萬法都如夢，這個祈請文要唸誦三次。這是我們依實修方式做成的一個

課誦法本，這些都當作前行法，後面還有一個收攝次第，收攝次第完畢之後，把善根迴向給眾生。

這個實修方式並沒有規定要在上課時做，我們現在用這個方式來進行，是因為上課時把這方法實修一次的話，將來自己就知道怎樣做實修，比較方便，有這必要性，所以我們在講課的現在，把它配合實修方式做個共修。

在實修的次第上，也就是如何實修，可以分成三項來說明，第一項：在見地上做決斷，第二項：由觀修產生覺受，第三項：談到果。

第一項是在見地方面做一個決斷，分成前行及正行兩個段落。前行的段落又分成趣入前行、《上師相應法》，還有萬法法性為空的圓滿次第。

首先第一個是趣入前行，也就是皈依、發菩提心、觀想自己是觀世音，這些都算是趣入前行。

接下來立刻要進行《上師相應法》，這個時候要觀想自己的根本上師、本尊、空行、護法、傳承上師，重重無盡在前面虛空中，對壇城聖眾以七支分的方式積聚資糧。然後要向上師進行祈請，唸誦上師的咒語，接下來還要進一步祈請賜給加持，讓我能夠了悟萬法如夢，這個段落都是直接進行的《上師相應法》。

然後是萬法法性為空的圓滿次第，在講課結束之後，觀想上師收攝融入，這個段落是圓滿次第，這是前行的段落。

接著是正行，正行的段落又分成白天瑜伽實修次第、夜晚瑜伽觀修之理。前面說一切萬法如夢，關於這個部分，在白天的時候怎

麼樣進行觀想實修？在晚上的時候怎麼樣進行觀想實修？

白天瑜伽實修次第

首先要講白天觀想實修的方式是什麼，其中又分成三項，第一項是等置瑜伽，第二項是興起瑜伽，第三項是斷取執迷惑之根。

前面前行的段落修完了，祈請的部分也結束了，之後要進入等置禪定之中，這是等置瑜伽。

從禪定起來了之後，下座的實修方式怎麼樣進行？這是下座的興起瑜伽。

最後是斷取執迷惑妄念之根本。

以上是白天瑜伽的三個階段。

第一：等置瑜伽

第一是等置瑜伽，首先要抉擇外在的對境和內在的有境，這一切都如夢，這方面要非常的堅決確定。其次，以這個非常堅決確定的實修，去除內心的煩惱障，過去、現在、未來一切的法，自性成立並不存在，因此如夢。第三，身體的苦樂等的感受，其實它的性質都像是夢境一樣，以這個實修去除我執的汙垢。

這三種方式在註解裡是一起講解，並沒有各別分開。

ཌེ་ནས་དངོས་གཞི་ཇི་ལྟར་བསྒོམ་པ་ནི། ཕྱི་རོལ་རི་དང་ལུང་པ་ཡུལ་གྱི་དང་།
隨後如何觀修正行者　　外面高山山谷與地方

|ས་ཆུ་མེ་རླུང་ནམ་མཁའ་སེམས་ཅན་སོགས།　|གཟུགས་སྒྲ་དྲི་རོ་རེག་བྱེ་ཡུལ་ལྔ་དང་།
地水火風虛空有情等　　色聲香味所觸爲五境

|ནང་གི་ལུས་དང་དབང་ཤེས་ཆོས་རྣམས་ཀུན།　|རྨི་ལམ་ཞིད་ཅེས་ཡང་དང་ཡང་བསྒོམ་ཞིག
內在身體根識諸萬法　　謂即夢境請再再觀修

　　白天瑜伽進入禪定的時候，在等置階段應該如何觀修呢？外在的山河大地以及大種地水火風空，還有在其中所活動的生命，譬如人類，僅僅只是人類就各種各類非常多了；不僅僅是六道眾生，還有眼識所看到的色法、耳識所聽到的聲音、鼻識所聞到的氣味，舌識所品嚐到的滋味、身識所接觸到的冷熱的所觸，這五種對境，還有心識所依靠的五根，眼根、耳根、鼻根、舌根、身根，裡面能依靠的眼識、耳識、鼻識、舌識、身識，這一切全部都顯現而自性不能夠成立，因此就像夢境一樣，是這樣的一個法，如此好好地思維。

　　不只是現在我們所接觸到的、所顯現的這些法，還有過去所出現的山河大地、色聲香味觸等一切，都是顯現而自性不能夠成立。現在的法是如此，未來的法也是如此，這一切都顯現出來，但是自性都不能夠成立。

　　而且依於對境就有這個有境存在，因此我們自己也會感受到很多的痛苦和快樂，各種感受都會出現，這些苦樂感受出現時，我們會認爲有一個感受者存在，這個感受者當然就是我，又有這種想法，所以會說：我感覺到痛苦，我感覺到快樂。

　　實際上，感受者本身本然不能夠成立，原因何在？就像夢境一樣，夢境裡所緣取的對境當然不能夠成立，在夢境之中，執取對境

的能執者本身（能執的心識本身）當然也不能夠成立。同理，外在的色聲香味觸這些對境都不能夠成立，依於這種了悟，將煩惱障去除掉；就對境而言，三時都不能夠成立，依於這個了悟將所知障去除掉；就對境而言，有一個感受者存在，感受到痛苦、感受到快樂的這是我啊，這個想法裡所執著的我，本然也不能夠成立，就像夢境一樣。

針對這個見地的了悟能夠將我執的汙垢去除掉，這個是等置瑜伽的段落。

第二：興起瑜伽

第二是下座的興起瑜伽，又分成兩項，第一是將所遇到的情景轉變成為力道的練習。第二是口訣上要知道一切都無精華，依於口訣而實修。

首先第一項。

前面等置階段是入定來做禪修的階段，從入定起來時就是下座的後得階段了，在下座時身體做什麼活動、口中講什麼話、內心做什麼思維，這時身、口、心三門也都應當要去了悟萬法如夢，這個方面應當要好好地努力。

下座身、口、心三門如何努力呢？針對這方面做一個解釋說明：

|ཁ་རང་པན་ཆད་འདས་པའི་ཆོས་རྣམས་ཀུན། |མདང་སུམ་རྗེ་ལམ་དང་འདྲར་ཡིད་ཀྱི་ཡུལ།

昨日以前已逝諸萬法　　如同昨夜夢境心中境

།དེ་རིང་སྣང་བཞམ་མེད་སྣང་འཁྲུལ་པའི་བློ། །མདང་དང་དོ་མོད་རྨི་ལམ་དང་འདྲ་ཞིང་།
今日雖顯無顯迷惑心　　猶如昨夜今夜夢境般

།སང་དང་སང་ཕན་མ་འོངས་རྨི་ལམ་སྟེ། །དགག་སྒྲུབ་བདེ་སྡུག་ཅིར་སྣང་ཐམས་ཅད་།
明日明夜未來夢境也　　任顯破立苦樂諸一切

།རྨི་ལམ་ཡིན་པའི་འདུ་ཤེས་ཞེར་བཞག་ནས། །བདེན་པའི་བློ་ནི་སྐད་ཅིག་བརྩོན་མི་བྱ།
近置是爲夢境之想已　　諦實之心刹那莫應修

　　過去的法我們不要想得太遙遠，譬如昨天，也是屬於過去的法。昨天所看到的一切，今天還能看到嗎？昨天所品嚐的美食，今天還有嗎？昨天內心所做的思維，今天還在嗎？都沒有了！昨天所見、所聞、覺知、感受到的一切，其實就和昨天晚上的夢境一樣，只不過我們口中會說：「這個是昨天的所見、所聞、覺知。」「這是昨天的夢境。」講出來感覺好像有差別，其實都是一樣，毫無差別。

　　以今天所顯現的情況來看，經過早上、中午、下午，到了晚上的階段，整天所發生的一切事情，和昨天的夢境又有什麼差別呢？只能夠當作我們回憶的對象，除此之外也沒有什麼了。明天、後天、未來所要形成的法，和這個一模一樣。

　　可是針對我們而言，有時候出現了很順利的情況，心裡就產生了一個還要再繼續得到的貪戀執著；有時候所遇到的情景，不能夠稱心如意，就想要把它消滅、排除掉，又產生這些貪戀執著，在這些方面做了辛苦勞累的努力。

　　或者是我們往往觀一切都如夢了，但對其中快樂的部分還有貪戀執著，花了很多思維想要得到它，也付出了很多活動努力想要得

到它；對於痛苦當然誰也不想要得到，因此當造成我不快樂的痛苦
出現時，針對這個部分即使如夢，我們也產生一個貪戀執著，付出
了很多的辛苦勞累，執著要把它排除掉。

　　但是這一切的執著、貪戀，自己辛苦勞累所要針對的對境而
言，其實和夢一模一樣，沒什麼差別，所以我們要再三思維「一切
如夢」。對現在引發我們貪戀執著，付出很多勞累辛苦活動的這個
對象、這些事情，連剎那也不要執著它是諦實成立、自性成立。

　　第二項是依於口訣而禪修無諦實，使無諦實的禪修力道更加加
強，也就是依於口訣使它更加加強的意思。六個句子：

雖於走坐食行說話時　　　謂是夢中不散念攝持

任顯任作任思諸一切　　　不離是為夢境之想故

無諦模糊朦朧與放任　　　亮晃琅璫練習大無執

　　有時候我們可能會到比較好的地方，有時候到很糟的地方，有
時候到很遠陌生的地方，有時候只是在附近熟悉的地方走走，有時
候走一走遇到老朋友非常快樂，有時候走一走又碰到討厭的人很不
舒服。

　　就一天而言，早餐、中餐、晚餐的食物，各種各類非常多，也
接觸到很多對象；就說話而言，有時候產生一個利他的想法而跟別

人說話，有時候產生瞋恨憤怒而跟別人說話，有時候講的是輕視、不好聽的語言，有時候講的是稱讚的語言……，任何的語言我們都講得非常多。

　　或者當只有自己單獨一人時，內心胡思亂想，有時想著自己如果變成一個大富翁會怎麼樣？有時想著自己如果非常有名氣會怎麼樣？有時想要廣大利益眾生，有時想要傷害眾生，這些胡思亂想的念頭都會出現。

　　總而言之，身體的、語言的、內心的行為，這些身口心三門的行為，不管如何，一切都是如夢，一定要再三地如此思維，這些行為不管是好的、壞的、差勁的、高雅的，無論如何，都只是內心的貪戀和執著而已，除此之外，它們全部都如夢，這點毫無差別。

　　讓我現在感受到痛苦和快樂的這個事情，到了明天，又變成什麼呢？還不是和夢境一樣，因此，對它不需要產生貪戀和執著。譬如在夢境裡，當然有惡夢美夢，也有苦有樂，可是醒過來的時候，一切消散地無影無蹤。一樣的道理，現在這些所顯的景象也許讓我覺得痛苦或是快樂，等到了明天，時間過去了，明天一樣消散地無影無蹤，就此而言，我還需要有什麼貪戀執著呢？想要排斥它或想要得到更多，這些完全都不用去做了，因為它就是一個夢境，將來都會消散得無影無蹤。

　　或許有人會這樣想：如果所顯現的這一切，身口心三門的行為都如夢，那夢境的這些情景總是應該存在吧！如果對這點產生貪執，那就再度分析，分析一下夢境本身也不是諦實成立，它會顯現出來但它是無，所以，對夢境也要斷掉貪戀執著。

　　「無諦」就是不穩固的，不是具體存在的，「模糊朦朧」和「亮晃」也都是表示不穩定、容易消散掉，出現了馬上消散，有一些法是這個樣子。這些要談的都是所顯現的一切都不堅固、不是具體而存在，都是剎那消散的，所以像夢境一樣，這個部分要修無執，要再三好好地做觀修。

第三：斷取執迷惑之根

　　白天瑜伽的次第，其中等置瑜伽和興起瑜伽講解完畢了，接著第三個是斷取執迷惑妄念的根本，這要再分成六項。

　　第一項，觀察所取境爲無，離基無根；之後即可確定能執著的妄念本身也不成立，這是說先分析對境，了知對境爲無，在對境爲無的情況之下，就能夠進一步去了解能執著的心識本身也是無。

　　第二項，從執著者、有境心識本身進行分析，分析心識本身自性不能夠成立。當得到這種了悟的時候，也可以了悟得知：如果能執的心識本身不能夠成立，當然所取的對境本身也不能夠成立。

　　第三項，是境心（對境和內心）二者無依靠，這點要非常的堅決確定，對境也不能夠成立，心識本身也不能夠成立，沒有一個堅固的依靠處。對於境心二者無依、沒有堅固的依靠處的這個狀態，要能夠了悟，這樣即可了悟實相如來藏。

　　第四項，對於實相（基如來藏），內心如果能再三思維、再三觀修，就能夠逐漸地淨化從無始輪迴到現在的迷惑。

　　第五項，無而顯，有時候把無而顯稱爲空色，雖然是顯現出來但是自性不能夠成立；是無，不能夠成立，它還是顯現成爲色聲香

味觸，這是因為習氣的影響，因此會顯現出來，就好像夢境顯現出來一樣，萬法都是如此。

第六項，一切所顯本然不能夠成立，但是即使本然不能夠成立，還是要顯現出來，這個顯現出來是完全合理的。

以下對各項詳細說明。

第一項

第一項，首先要分析外境，經由分析外境不能夠成立之後，我們就可以了悟內在能執的心也不能夠成立。三個句子：

།གཟུང་ཡུལ་འཁྲུལ་སྣང་རྨི་ལམ་ཞིད་བརྟགས་པས།　།གཟུང་བའི་བློ་ཐལ་འཛིན་པ་ཤུགས་ལ་ཐལ།
取境惑顯察為夢境故　　離所取心間接離執著

།ཡུལ་བཀག་པས་ནི་ཡུལ་ཅན་འགོག་པ་ཡིན།
破對境故即為破有境

前面我們談到地水火風四大種和色聲香味觸等，這些對境都不能夠成立，首先非常堅決確定所取境不能夠成立。雖然不能夠成立，可是對我們而言，它還是出現了，因此就所取境不能夠成立，針對我們還是顯現出來這點，只能夠把它當作是一個迷惑所顯。

譬如一個瘋子和眾人在一起時，他會說這個房間裡有這個動物有那個動物，又看到很多鬼怪，別人都沒看到，只有針對他顯現出來；或者說一個人在做夢時，夢境裡出現狂風暴雨，出現火災，這些都是迷惑所顯。所以，我們所接觸到的四大種和色聲香味觸都像

這樣，是迷惑所顯或者是夢境，應當如此再三地思維。慢慢地，對於所取的對境認爲是好、是壞，這些貪戀執著，自然會去除掉；如果能去除掉對於所取境的貪戀執著，這個能執取的心識本身，間接地、附帶地也會知道它也是無，也是自性不能夠成立。

關於這個部分，佛陀開示時，在《般若經》裡首先是破除所取境自性成立，所以先討論無色、無聲、無香、無味、無觸，這個部分是先破除對境。破除對境之後就能夠也破除掉能執的心識本身，所以接下來才談到無眼耳鼻舌身意，然後無眼識乃至無意識界，這個是能執的心識本身，這是後面再把它破除掉的。

首先，所見到的色法等這一切所取的對境沒有諦實，這一點了悟之後，進一步就能了解能夠執取的心識本身也諦實不能夠成立，所以內外這一切全部都諦實不能夠成立；不過即使諦實不能夠成立，針對我們，還是顯現出來，是「無而顯現」，這樣的情況只能夠把它當成也像夢境一樣，只是一個迷惑錯亂的所顯。

第二項

第二項，抉擇能執的內心，能執的心識爲無，從這裡去了悟對境也爲無。十個句子說明：

རིས་འགགན་སྐྱང་བ་རྩེ་ལམ་ཉིད་འཛལ་བའི།	སེམས་དེ་ཕྱི་ནང་བར་གསུམ་རབ་བཙལ་བས།
間或心知所顯爲夢境	外內中三細尋彼心故
ཁོ་ཚོས་གཏན་གཟན་གཏད་མེད་པའི་ཕྱོ	ཁྱགས་འཐམས་ནས་མཁའ་འདྲ་བའི་དང་ཉིད་དུ།
心無認定本質指出處	浩瀚如同虛空狀態中

|དྲན་བསམ་ཚོལ་ཁྲོ་བྲལ་བའི་རིག་པ་དེ། 　 |སྟོང་གསལ་སྤྲོས་དང་བྲལ་བ་རང་གིས་འཆར།

　已離念思尋怒彼覺性　　　空明已離戲論自然現

|འཛིན་པ་འགགས་པས་གཟུང་བ་རང་འགགས་པ། 　 |ཡུལ་ཅན་ལོག་པས་ཡུལ་འཛིན་གྲོལ་བའི་ཆེ།

　滅能執故所取自然滅　　　離有境故境執解脫時

|སྣང་ཡུལ་འབྲེལ་མེད་དཔྱད་ར་ཞིག་པར་སྣང་། 　 |དེ་ཚེ་གཉིས་མེད་རང་བྱུང་ཡེ་ཤེས་ཡིན།

　顯境無關析院毀而顯　　　彼時即是無二天然智

　　大多數人都會做夢，如果說夢境本身不能成立，可能有人會這樣想，這個能夠顯現夢境的心識，能夠做夢的這個心，總應該有了吧！如果有，當然是在我身體裡，不過這個心所夢到的夢境應該沒有，譬如自己睡在一個小房間裡，夢到公園，夢到森林，夢到搭飛機，這些對境應該沒有，但能感受的這個心識、能夠做夢的這個心識是存在的。大多數人是這樣想的。

　　假設做夢的心識、能感受的心識是存在的，那它到底在哪裡呢？在身體外面嗎？在身體裡面嗎？還是內外的中間呢？大菩薩寂天在《入中論》裡尋找內心的時候，也是從外內中三個項目，仔細地分析。

　　如果我們如此分析去尋找，這個能夠做夢的內心，是存在於外在的對境中嗎？假設是存在於外在的對境，照道理來講，當我做了一個夢，夢到這些對境，醒過來時對境消失不見了，這個時候心識也應當消失不見。但我們不會這樣想，我們認為夢醒過來時，我的心識還存在，還繼續有，可見它不是存在於外在的對境了。

　　它是不是存在於內外的中間呢？如果心識存在於身體和外在對

境的中間，是如何存在的呢？好好分析一下，就會發現心識也不會存在於內外的中間。

　　大多數人的想法，心識都存在於身體裡。西藏很多老媽媽、老公公，如果他們去向上師請求心性直指，上師首先都會說：「要做心性直指，首先尋找一下內心。」找了幾天後，老媽媽就會向上師說：「心識我找到了，在腦袋裡，因為我回憶起昨天、前天的事，都用腦袋在回想，可見心識存在腦袋裡。」還有的人會說心識在心臟裡，有這種說法。

　　總而言之，大多數人的想法，心識就是在腦袋裡或是在心臟裡。針對這種想法來分析，假設心識在腦袋裡，那是在頭的哪一個地方？頭本身又分成好幾部分，外面、裡面、中間，到底心識存在哪一個處所呢？假設心識是在心臟也一樣，存在心臟的外、內、中，哪一個部分呢？心臟還可以分成四方四角上下，這十個部分裡，到底心識是在什麼地方？把它一個個分開來找看看，到底在什麼地方？如果這樣去分析，能不能找到心識就在某一個地方，就是這個樣子，能不能指的出來呢？不可能！但是我們又會說我有很多的想法，表示內心存在，或者說我感受很多，感受到痛苦，感受到快樂，表示心識存在。

　　找又找不到，但是又說它存在，因此這樣講：就好像天空一樣。天空我們手指頭不能指出來，天空沒有形狀也沒有顏色，但是我們口中還是常常講天空。一樣的道理，能夠思維的內心，能夠執取的內心，能夠做夢的這個內心，如果仔細分析，是空性，就像天空；可是即使是空性，在空性之下我還是有痛苦的感受、快樂的感

受，這些苦樂的感受還是很清晰的存在。那麼，有苦樂感受的這個心識本身到底在哪裡呢？仔細分析，不能說它有，不能說它無，它遠離有、無、二有二無，遠離四邊，遠離一切的戲論，在這個分析之下會發現心識了不可得；如果心識了不可得，能執的有境本身了不可得，心識所取的對境當然也就沒有。

譬如，如果能夠拿東西的手不存在，那這個手所拿的東西是什麼？當然也沒有。所以，能夠執取的心識本身如果不存在，當然它所執取的對境也就沒有，自然就會得到這個了悟。

所以，從有境本身來做分析，把它破除掉，接下來就附帶間接地會破除掉所執的對境，如此的話，那有境和對境就喪失了聯繫，就沒有關係存在了。一般來講，痛苦的感受、快樂的感受都是依於對境而來，都是靠著對境才產生，假設有境和對境沒有什麼關係，就不可能經由對境而引發我的痛苦和快樂，因為對境非有的話，那由對境引發我的苦樂根本就不會發生。所以，對境也無，有境也無，在這種情況下，天然本智（基如來藏）就會自然顯現出來。

第三項

第三項，境心無依，對境和內心沒有任何的依靠。對境依靠於有境我，才可以說這是對境，然後我要依靠於對境，才能夠說這個就是有境，可見二者都沒有自性存在，因為必需互相依靠而形成。

這是了悟內心實相的一種方法，五個句子：

།དེ་ལྟར་རྟོགས་ཤིང་གོམས་པའི་རང་དུས་ན། །གཟུང་འཛིན་ལྷོག་པས་ཡུལ་སེམས་ཞེན་པ་སྒྲོལ།

如前證悟串習之彼時　　離取執故境心耽著解

།སྣང་ལ་དེར་འཛིན་མེད་པའི་ཉམས་ཤར་བས། །གང་སྣང་ཡེ་སྟོང་རྩ་བ་བྲལ་བར་འཆར།

無執所顯爲彼覺受出　　任顯本空離根而出現

།འདི་ནི་རང་བཞིན་གདོད་མའི་གནས་ལུགས་ཡིན།

此即自性本然之實相

　　前面做了分析，首先分析對境，了知對境沒有自性存在，之後分析能執的內心，又了知能執的內心也沒有自性存在，把這兩個了知再三地進行串習，這樣能夠破除掉所取的對境以及能執的內心二者，隨後對這二者的貪戀執著也能夠破除掉；如果破除掉了能所二執，不淨的所顯就會逐漸沉沒，消失不見；不淨的執著也逐漸沉沒，消失不見。接著會出現什麼呢？清淨所顯會顯現出來，清淨本智會呈現出來。

　　爲什麼去除掉不淨所顯和不淨執著的時候，清淨所顯和清淨本智就會呈現出來呢？這是因爲清淨所顯和清淨本智本來就存在，是空性的自性，本然也不能夠成立。既然它是空性本然又不能夠成立，它如何而來的呢？因爲在內心實相（基如來藏）之中它本來就已經存在，它不屬於無，不是無常的性質，所以它本然存在，它仍然是空性的自性，在不淨的所顯和不淨的執著沉沒時，清淨所顯、清淨本智就會出現。

第四項

第四項，所顯在法界淨化，五個句子：

ৰིམ་གྱིས་སྣང་ཡུལ་མ་དག་གཞན་དབང་ཡང་།　　 དེར་འཛིན་ལོག་པས་དག་པ་གཞན་དབང་དུ།
漸漸顯境不淨依他亦　　　　　離執彼故清淨依他起

ཇི་ཞིག་ཚེ་ན་མངོན་དུ་གྱུར་པ་ཡིན།　　　ཇི་ལམ་འཁྲུལ་སྣང་གཉིད་སད་མེད་པ་བཞིན།
某日之時即是已現前　　　　　夢境惑顯睡醒即無般

ཀུན་གདོད་མའི་གཞི་ལ་མངོན་པར་བྱང་ཆུབ་འགྱུར།
本然基上將現證菩提

　　把前面所談到的見地再三地串習，不淨所顯的對境這一切會逐漸地沉沒，不淨的能執的心識、能執的妄念一切也都逐漸沉沒。假設二者都逐漸沉沒消失，之後會不會變成空洞洞什麼都沒有，一切都無呢？不會！為什麼？因為接下來還有清淨的所顯、清淨的本智會現前出現。

　　舉例而言，譬如作夢，做了美夢在夢境裡非常快樂，或者做了惡夢在夢境裡非常痛苦，當醒過來時，美夢也消散的無影無蹤，惡夢也消散的無影無蹤，夢境全都沒有了，可是會不會夢醒過來的時候全部一切都沒有呢？不會！所做的夢是沒有，可是四周擺設的形形色色各種物品，我們也看到，聲音也聽到，平常我們所見到的一切不是又出現了嗎？所以夢醒時，夢境裡的東西是消失不見了，但是會不會變成一切都無呢？不會！也就是說，消失的是夢境所顯，夢境裡的心識消散不見了，四周的形形色色仍然存在。

　　和這個道理一樣，不淨的所顯、不淨的能執妄念，當這些消散掉的時候，清淨的所顯、清淨的本智就要出現了。不過，若從果的方面來考慮，清淨所顯會不斷地增長增廣，逐漸由初地、二地到八地、九地、十地，之後將證得佛果，清淨的所顯也各自不同。

第五項

　　第五項，無而顯現之形體因其氣而顯現，四個句子：

|འཁྲུལ་པའང་སྟོན་མེད་ཕྱིས་མེད་པར་འདིར་སྣང་། |སྣང་ཡང་སྣང་བའི་དུས་ན་ཡོད་མ་མྱོང་། |
惑亦前無後無顯於此　　雖顯於顯之時不曾有

|མེད་བཞིན་སྣང་བ་བག་ཆགས་འཁྲུལ་བའི་བློ། |རང་བཞིན་གདོད་ནས་དག་པས་རྨི་ལམ་འདྲ། |
無而顯出習氣迷惑心　　自性本然淨故如夢境

　　這是指，無而顯現的形體都是因為個人自己的習氣而顯現出來。以現在而言，我們遇到的所顯景象，各種各類非常多，美好的、不美好的各種景象都會出現，這些所顯現的景象只能稱為迷惑所顯，這一切全部都是迷惑所顯，既然是迷惑，過去也沒有、現在也沒有、未來也沒有，但現在對我們還是顯現出來，當它對我們顯現出來時，我們會執著它是真的、具體而存在，因為我的手可以摸得到，眼睛也可以看得到，不僅如此，還可以拍照，所以肯定它是有，不過就迷惑所顯的這一切，假設我們用邏輯推理詳細分析，當然沒有錯，照片也都拍得出來，但即使是這樣，仍然屬於不能夠成立，仍然屬於無而顯這種類型。

假設它是無而顯，「無」是怎麼樣顯現出來的呢？這是因為我們上輩子的習氣和業力之故，因此這一切的迷惑所顯，各種各類全部都會出現。但是這一切迷惑所顯即使出現，實際上還是不能成立，就不能夠成立而言，仍然是清淨的，因此就好像是夢境一樣。

了知這一點之後，無論何時，對於我們所看到的各種景象，應當了知它是惑顯（迷惑所顯），應當逐漸地減少對於它的貪戀執著，在這個方面要好好地努力。

第六項

第六項，前面經常談到所顯景象都如夢，應當要了知一切所顯都如夢，但是為什麼如夢呢？道理何在呢？要從比喻來作個說明，四個句子：

|ཇི་ལྟར་རྨི་ལམ་ནང་གི་སྣང་བ་དེ།| |གཉིད་མ་སོང་དང་སད་དུས་མེད་ན་ཡང་།|
如何夢境之中彼所顯　　不入睡與醒時雖皆無

|གཉིད་དུས་སྣང་ལ་སྣང་དུས་རང་བཞིན་མེད།| |མེད་སྣང་གཞི་རྩ་བྲལ་བར་ཤེས་པར་བྱ།|
睡時顯出顯時無自性　　應知無顯離基且離根

一般來講，沒有睡覺的時候不會有夢，已經醒過來的時候也沒有夢，只有在睡覺的那個時候有夢，但是在睡覺的時候所夢到的夢境，大家都知道夢境是假的，因為睡覺的地方就是這個小房間，在小房間裡睡覺做了一個夢，夢境所出現的形形色色，當然不存在房間裡，當然夢境實際上也無，這點大家也都知道。

　　和這個完全相似，就基如來藏而言，沒有迷惑的時候，輪迴所顯不會出現，這個就好像一個人還沒有睡覺的時候，不會有夢境。已經成就佛果的時候，輪迴所顯也是無，這就好像一個人睡覺醒過來了，醒來後當然沒有夢境。只有睡覺時才有夢境，那就表示只有在迷惑的那個階段裡才出現輪迴所顯，六道眾生各種各類的輪迴所顯，只有在基如來藏迷惑的階段才出現，這些迷惑所顯實際上還是不能夠成立，就和夢境一樣。

　　所以，沒有睡之前沒有夢，醒過來的時後也沒有夢，但是醒過來的時候，如果我們去分析剛剛做的那個夢，夢境是如何而來呢？仔細分析一下，不可能找得到這個夢境的根本，了不可得。一樣的道理，迷惑形成之後，將來證得佛果的時候，這些迷惑所顯完全消失不見了，這時去分析一下，這些迷惑所顯是什麼因？什麼緣？如何而產生？是怎麼跑出來的？完全找不到！因為沒有根本存在，迷惑所顯的根本原本就不存在。

夜間瑜伽觀修之理

　　以上是白天的瑜伽，接著是夜間的瑜伽：

　　第一項是夢的觀修，

　　第二項是夢的執取，

　　第三項是夢的練習，

　　第四項是夢的變化，

　　第五項是夢的轉變，

　　第六項是夢的增廣，

第七項是夢的自在。

第一項　修夢

|དེ་ལྟར་ཉིན་མོ་རབ་ཏུ་གོམས་བྱས་ཞིང་། |མཚན་མོ་གཉིད་ཀྱིས་རབ་ཏུ་སྟོམས་པའི་ཚེ|
如前日間之時勤串習　　　夜間欲睡瀰漫之時候

|བདེ་བའི་མལ་དུ་གཡས་པས་ཉལ་བ་ནི། |མགོན་པོ་མྱ་ངན་འདས་གཟིམས་ལྟ་བུ་ལ།
舒適床上右脅而臥者　　　猶如怙主涅槃入睡般

|རླུང་རྒྱུ་རབ་ཏུ་དལ་དང་མིག་མི་འགུལ། |སྙིང་ནང་ཨ་དཀར་ཤེལ་གོང་འོད་འབར་བ།
氣息最極平緩眼不動　　　心間白阿晶球光輝燦

|ཚོན་གང་ཆེས་ཕྲའི་དང་ལ་སེམས་བཟུང་ང་། |མི་ལམ་ལྟ་བུའི་དྲན་པས་མ་ཡེངས་བྲ|
一吋大小心專注於彼　　　心忖如夢一般不渙散

|དེ་ཡིས་རྨི་ལམ་ལྟ་བུའི་འོད་གསལ་འཆར|
以彼出現如夢之光明

　　重點是前面白天的瑜伽，先抉擇一切萬法都如夢，這點一定要
了解得非常透徹，再三地串習，這樣晚上睡覺的時候才來修夢。
　　首先躺在舒適的床上，像佛陀涅槃時一樣，右脅而臥，右手掌
貼住右邊臉頰，左手掌在左大腿側面伸直，呼吸不能夠緊繃，氣息
要放鬆，眼睛不動搖，慢慢地入眠，這個時候要觀想心坎中間有一
個白色的 ཨ（阿）字，像半個拇指頭約一吋大小，旁邊也有一個
小小的 ཨ（阿）字，一心繫在這個 ཨ（阿）字上面，這樣睡覺的
話，即使有夢境出現，夢境也會成為光明。當然，就初學者而言，

夢境之中所出現的光明，剛開始是不會堅固穩定的。

第二項　執夢

།ཁྲིག་མར་རྨི་ལམ་འཇིགས་དངངས་ཉེས་པ་ན། 　ཤི་ལམ་དུན་པས་འཇིགས་པ་རང་སར་གྲོལ།
　初時入於恐慌夢境時　　　　忖即夢而恐懼原處解

ཤི་ལམ་དང་དེར་ཏིར་འཛིན་གྲུབ་པ་ནི། 　ཤི་ལམ་ཟིན་ཞེས་རྣལ་འབྱོར་པས་ཤེས་བྱ།
　於彼夢況成就等持者　　　　謂爲執夢瑜伽士應知

　　當做了一個恐怖的惡夢，在夢境中驚惶失措非常害怕，在當下
如果能了知這是夢，僅僅只是靠著知道是夢，就能夠讓恐懼自然地
消散，無影無蹤，之後要再了知這是夢，於了知之中安住片刻，這
是夢境之中修安止的方式。

　　這裡談到的執取夢境，意思就是了知它是夢，在夢境裡知道這
是夢。前面首先要觀修夢，觀修夢非常重要，透過那個觀修，之後
想要執取夢境就容易得多了。

第三項　練習

།དེ་ནས་རྨི་ལམ་བདེན་མེད་གཅིག་ཏུ་སྦྱོང་། 　ཏེ་ཡང་མེད་བཞིན་སྣང་འདི་འཁྲུལ་བའི་སེམ།
　其次專一練習夢無諦　　　　彼亦此無而顯迷惑心

ཤི་ལམ་དང་འདྲ་བོ་ངོ་གཟུང་མེད། 　འདིས་རྟེན་བདེ་རྫོ་ལས་འདས་པ་ཤེས་པར་བྱ།
　猶如夢境無認取本質　　　　應知眞假俱越離内心

　　前面是知夢，僅僅知道這是夢境，沒有什麼大用處，還要進一步了悟夢境的景象自性不能夠成立，不是諦實，必須有這個了悟。

　　夢境是一個迷惑錯亂，在夢境裡，迷惑錯亂的心識還不能夠了知萬法都如夢，萬法都不是諦實，還沒有得到這種了悟。因此，那個時候夢境中的心識還要去了悟：喔，這一切的對境，超越了真與假，這一切都是空性。在夢境裡還要得到這個了悟，所以稱為「練習」。也就是前面已經知道夢了，但僅僅只是知道還不夠，接下來還要再三反覆地練習，直到知道夢境裡一切所顯都是空性。

第四項　變化

|དེ་ནས་སྤྲུལ་ཞིང་བསྒྱུར་བའི་རིམ་པ་ཡང་།|ཁྱི་ལམ་དུས་དེར་རང་ལུས་ཚངས་པ་ལྟར།
其次變化轉變之次第　　彼夢境時己身如梵天

|བདེ་གཤེགས་བྱང་ཆུབ་སེམས་སོགས་གང་འདོད་དུ།|སྤྲུལ་ཞིང་བསྒོམས་ལ་བདེན་མེད་རང་དུ་གཞག
善逝菩提心等任所欲　　變化觀修置於無諦況

　　在夢境之中，假設能夠了悟夢境所顯一切也是空性，得到這種了悟，那就怎麼樣做都可以了。有時候在夢境中能夠到達天界，自己變成天帝釋，變成佛，變成菩薩，變成羅漢，變成寂靜尊，變成憤怒尊等，這些都可以，在夢境之中隨心所欲，想要變成什麼就變成什麼，而且就算是這一切變出來，一切也沒有自性存在，能夠安住在等置之中，一切無自性。

　　一般來講，我們在做夢時不能夠了解這是夢，如果能夠知道是

夢，那夢境裡怎麼樣做都可以，不可能這個可以做、那個不可以做，因爲還是在睡覺，只是心去做而已，身體根本沒有動，所以在夢境裡什麼都可以做。

第五項　轉變

།དེ་ནས་སྐད་ཅིག་སྐད་ཅིག་ཚམ་ཉིད་དུ། །ཚངས་ལས་བརྒྱ་བྱིན་དེ་བཞིན་ལྷ་ལས་མི།
其次即於一刹那之時　　梵成帝釋同理神成人

།གང་འདོད་བསྒྱུར་ལ་བདེན་མེད་དང་དུ་བསྒོམ།
隨欲轉變無諦況觀修

前面的階段是變成天帝釋等，接下來還要能夠轉變成其他形相，例如，在夢境中，有時候自己已經變成天帝釋，這天帝釋本身還可以隨心所欲地轉變成爲梵天神，轉變成爲人，轉變成爲佛，轉變成爲地水火風……，因爲無諦實之故，因此可以隨心所欲，做任何轉變。

第六項　增廣

།དེ་ནས་བརྒྱ་སྟོང་བྱེ་བར་སྤེལ་བ་ཞིང་། །གང་འདུལ་ཐབས་ཀྱིས་གཉེན་པོར་རྩལ་སྦྱང་ངོ་།
其次增爲百千百萬等　　隨調方便對治練力道

這一個句子，是指有時候變化成爲一尊梵天神，由這尊梵天神

變出百千萬億尊梵天神，無量無邊；或者有時候變化成為一尊佛，由這尊佛變出百千萬億佛，無量無邊；或者是一開始變出一尊羅漢，由這尊羅漢變出百千萬億尊羅漢，無量無邊。在夢境裡做這樣的實修，這個是增廣。

第七項　自在

དེ་ནས་དག་པའི་ཞིང་དང་ཡུལ་ཁམས་དང་།	འོག་མིན་ལ་སོགས་གང་འདོད་དེར་སོང་སྟེ།
其次清淨剎土與國境	密嚴等等隨欲往彼處
བདེ་གཤེགས་ལྷ་དང་གཙང་མའི་ཆོས་ཉན་དང་།	ཡེ་ཤེས་ཏིང་འཛིན་གཟུངས་སྔིན་བསྒྲུབ་པ་ཡང་།
善逝天尊聽聞清淨法	成就本智等持咒雲等
ཉིན་མཚན་ཀུན་ཏུ་དྲན་པས་རབ་སྦྱངས་པས།	ཇི་ལྟར་འགྱུར་བ་རིག་པའི་ཡོན་ཏན་ཏེ།
一切日夜憶念熟練故	如前轉變覺性功德也
གནད་ལས་མི་བསླུ་མངོན་དུ་བྱེད་པ་ཡིས།	འདི་ནི་ཡང་ཟབ་སྙིང་པོའི་ཐེག་པའོ།
關鍵未欺誑而能現得	此者更深心要乘門也

　　譬如在睡夢當中，行者自己到淨土，到蓮師的銅色山，或是到西方極樂世界，到兜率淨土，或是到北方香巴拉國家，到柳葉宮，到觀世音的普陀山淨土，或是到五方佛的佛國淨土，自己在夢境之中能夠到達這些剎土，之後聽聞諸佛講說教法，或者是到天界、到龍界，任何想去的處所全都可以去。

　　不過在觀想時，如何觀想呢？最初在睡覺時，首先要觀想三千大千世界都濃縮在如芝麻芥子一樣小的一個地方。接著，這個芝麻

芥子就存放在自己喉嚨受用輪的位置，一心專注繫心，絲毫都不渙散，之後而入眠，就可以去到三千大千世界任何一個地方。

　　這一個成就最主要是自己白天要做實修，晚上也要做實修，實修一切都如夢，一切都是空性，一定要實修得非常堅固穩定，成效才能夠達到自在。

第三部分：果

　　果分為兩個段落，暫時的果和究竟的果。首先，暫時的果：

|དེ་ལྟར་ཉིན་མཚན་རྩེ་ལས་རྡོར་བརྩོམས་པས། | ངོས་པོ་མཚན་མར་འཛིན་པའི་གཟེབ་ལས་གྲོལ། |
| 如前日夜觀修夢境故 | 執著實有表象網鬆脫 |

|རྭ་བ་རི་དང་ཚིག་པར་ཐོགས་མེད་ཅིང་ | རྫུ་འཕུལ་མངོན་ཤེས་ཏིང་འཛིན་གྲངས་མེད་འགྲུབ། |
| 院落高山牆壁無阻礙 | 神變神通等持無數成 |

|ཐམས་ཅད་མཁྱེན་ཉིད་འཕགས་པའི་ཡེ་ཤེས་སྐྱེ། |
| 生出無量覺證聖本智 |

　　白天觀修一切萬法如夢，努力做實修，夜間也修一切萬法如夢，努力做實修，白天晚上再三串習精進實修後，對於這個一切實有法，逐漸就能去除掉諦實存在、自性成立的執著。這個時候，我們被束縛在輪迴裡的這個網子、繩子就能夠鬆開，就能把它斬斷。如果束縛的繩子被鬆開斬斷，那輪迴之中山河大地土石等對我們的身體就沒有束縛，就能夠來往無礙了。

　　以前很多成就者都能夠成就這個來往無礙，或者暫時上能夠飛

天入地，身體擁有各種變化的能力，這是神變，還有神通的能力，還有等持的功德，無量無邊，這些都得到成就之後，慢慢地，初地的證悟，二地的證悟，三地的證悟，這些聖者的證悟，就會出現。不過這一切出現的功德，都是內心的實相（基如來藏）裡早就存在的，現在逐漸現前，並不是新得到的，也不是本來沒有而新產生的。

其次，究竟的果：

།མཐར་ཐུག་སེམས་ཉིད་གདོད་མའི་དབྱིངས་ཕྱིན་ནས། །རང་དོན་ཆོས་སྐུ་གཞན་དོན་གཟུགས་སྐུ་གཉིས།
究竟到達心性本法界　己事法身他事色身二

།རྨི་ལམ་ལྟ་བུར་དོན་གཉིས་ལྷུན་གྱིས་གྲུབ། །དེ་ཕྱིར་རྨི་ལམ་ལྟ་བུའི་ཚུལ་སྒོམས་ཤིག
如夢一般二事自然成　彼故盼修如夢之道理

།རྫོགས་པ་ཆེན་པོ་སྒྱུ་མ་ངལ་གསོ་ལས། །རྨི་ལམ་ལྟ་བའི་ལེའུ་སྟེ་དང་པོའོ།། །།
大圓滿如幻休息論中　如夢之品是爲第一也

基的實相徹底究竟呈現出來時，會得到己事法身的果位。他事色身方面，也會得到兩個色身，針對清淨菩薩的所調伏眾示現報身；針對清淨和不清淨的所調伏眾示現化身。三身利益眾生的情況，其實也和夢境一樣，實際上不能夠成立，一切都是空性，在如夢之中去廣大利益眾生，而且因爲是在夢境之中，所以夢境裡己事是自然形成，不必花力氣；他事也是自然形成，不必花力氣。

由此當知這個非常重要，所以我們平常無論何時，對一切萬法如夢，自性不能夠成立的這個部分，就應當非常重視，再三觀修，好好努力，這是遍智龍欽巴尊者對弟子的一個鼓勵。

2
如幻品

第一部分：見地

分成兩個部分，首先要說明一切萬法自性都是如幻；了解這一點後，實修的方式是什麼？也要做一個解釋說明。

一切萬法自性都是如幻的部分要先講解：在本然界之中，迷惑形成輪迴的情形如何發生；也就是說，從內心實相（基如來藏）這裡，輪迴是如何由迷惑而形成的？就輪迴的法而言，一切萬法都沒有自性存在，都是如幻，所以要解釋如幻，又分成三種類型。

首先要講解第一種情況，在內心的基如來藏之中迷惑的輪迴是如何形成的呢？在未正式講解內容前先有四個句子：

|ཡང་འདིར་རྒྱལ་བས་སྒྱུ་མ་ལྟ་བུ་ཞེས།　ཆོས་རྣམས་རང་བཞིན་མེད་པའི་ཚུལ་གསུངས་པ།

又此勝者宣曰如幻相　　係謂萬法無自性道理

|དེ་ཡང་མདོ་རྒྱུད་མན་ངག་སྟེང་པོའི་དོན།　ཇི་ལྟར་ཉམས་སུ་མྱོང་བཞིན་བཤད་ཀྱི་ཉོན།

彼又經續口訣心要義　　依據如何領受釋請聽

佛陀開示「一切萬法如夢」，向弟子講解說明完畢了，接著佛陀又開示「一切萬法如幻」。關於佛陀解釋一切萬法如幻的這個部分，在佛陀所說的大乘經教乘門裡也存在了，在密咒乘門的續部裡也談過了，在大圓滿的口訣之中也有。龍欽巴尊者把這一切的內容，最初聽聞，中間思維，最後做禪修，產生了切身的經驗，現在要把這切身的經驗教導給弟子，所以「依據如何領受釋請聽」，領受是「做了實修」的意思，現在要講說實修的方式，要把一切萬法都如幻這個部分實修的關鍵重點，做一個解釋說明，要弟子們仔細

地聽聞。

　　關於如幻的部分，由內心實相（基如來藏）這個部分如何由迷惑形成輪迴呢？五個句子：

|སེམས་ཉིད་གདོད་མ་ནས་མཁའ་ལྟ་བུའི་ངང་།　　　|ཕྱུན་གྲུབ་ཡེ་ཤེས་ཉི་ཟླ་གཟའ་སྐར་བཞིན།

　　　心性本然猶如虛空狀　　　　　自成本智日月星曜般

|ཡེ་འབྱམས་རྣང་དུ་ཕྱུང་བའི་དབྱིངས་རུམ་ལས།　　　|མ་རིག་གཟུང་འཛིན་ཀུན་བཏགས་རང་ཤར་བས།

　　　本然浩瀚奇罕法界中　　　　　無明取執遍計自現故

|ཁམས་གསུམ་འགྲོ་དྲུག་འཁྲུལ་སྣང་སྒྱུ་མ་བཞིན།

　　　　三界六道惑顯如幻相

　　內心實相（基如來藏）是現在我們的內心所不能夠了解的對象，超越了我們了知的範圍，它的本質就像虛空一樣，不需要靠任何因和緣而形成，它的本質也絲毫沒有改變過。

　　就內心實相而言，佛身、佛本智、佛功德的這個方面本來存在，譬如天空形成時，就有太陽、月亮和星星，這些都有很多。同理，內心實相裡有法身的功德、報身的功德、化身的功德，就像天空的日月星辰一樣，本來就已經存在。

　　基如來藏有三身的功德，在不清淨的眾生階段也都有了，在菩薩的階段也都完整而存在了，在成佛的階段也都完整而擁有了，但是雖然都存在，不過在我們現在不清淨的眾生階段，如來藏的這些功德都沒有出現；在菩薩的階段，如來藏的這些功德出現了一半；到成佛的時候，如來藏的這些功德全部都浮現出來了，這些差別是

如何形成的呢？

　　因為我們在不清淨的眾生階段，內心總會受到煩惱的束縛，特別是其中的俱生無明以及遍計無明，依於其中的俱生無明，沒有對境我們會耽著有對境存在，沒有有境我們會耽著是有境，並耽著有境和對境二者為不一樣，成為兩邊。依於遍計無明，慢慢地就執著三界六道輪迴的這一切，這一切雖然本來是沒有，但是在無的情況下仍然顯現出來，無而顯現，成為一個迷惑錯亂。

　　就我們現在不清淨的輪迴眾生的階段，輪迴的法實際上不能夠成立，不過在不能夠成立的情況下，仍然顯現出來，而且顯現出成立的樣子，所以這就是一個迷惑了。但是這種情況是如何出現的呢？迷惑錯亂如何顯現為成立的樣子呢？因為實際上不能夠成立，但它卻可以顯現出來，而且顯現成為成立的樣子，所以當然是如幻了，因此把輪迴稱為如幻。這部分的解釋，四個句子：

|ཆུ་རྐྱེན་རྟེན་འབྲེལ་སྟོབས་ཀྱིས་རང་སྣང་བ།| ཤིང་བུ་རྡེའུ་རིག་སྔགས་ཚོགས་པ་ལས།|
|因緣緣起威力而自顯|木片小石明咒聚集後|

|མིག་འཕྲུལ་ཏ་སྟང་སྐྱེས་པ་བྱུང་མེད་དང་།| རི་དང་ཁང་བཟངས་ལ་སོགས་སྣང་བ་བཞིན།|
|魔術顯出馬象與男子|婦女高山華屋等等般|

　　由基如來藏如何迷惑成為輪迴的這些所顯呢？一定要靠一些因緣的緣起，由眾多因緣聚集在一起後，就形成迷惑，迷惑則形成輪迴。或者這樣講，對境作為因，心識作為緣；或者說心識作為因，對境作為緣，總之，心識去了解對境時會形成許多迷惑的妄念，各

種各類都會出現。

　　這種情況就好像魔術師變魔術，首先要有一個魔術師，還要有道具木頭、石頭等，然後魔術師要在木頭、石頭上唸咒語，在咒語威力的影響下，觀眾的內心產生迷惑、幻覺，把木頭、石頭看成了馬、大象，看成了男生、女生，看成了高山、瓊樓玉宇，各種迷惑的假象就出現了，當這些假象出現時，實際上都不能夠成立，但是在不能夠成立的情況下它還是出現，顯現出來了。

　　能夠成立、真正存在的是什麼呢？那只不過是木頭和石頭而已，但是馬和大象等在不能夠成立的情況下還是成立、顯現出來了。怎樣顯現的呢？靠魔術師唸誦咒語，靠道具木頭、石頭等，在這些因緣條件聚集之下，不成立者仍然可以顯現出來。

　　我們現在的情況也是這樣，實際上輪迴的法不能夠成立，要依賴許多因緣條件聚集在一起後，以成立的方式顯現出來，迷惑所顯也就出現了。這個部分的解釋，六個句子：

|ཨ་རིག་དབང་གིས་བག་ཆགས་འཁྲུལ་བའི་བློ།| |སྣང་སྲིད་ཡུལ་དང་དེར་འཛིན་དུག་གསུམ་ཁར།|
無明之故習氣迷惑心　　　　顯有對境執彼三毒現

|རང་བཞིན་མེད་ལ་སྣང་བ་མ་འཁགས་པ།| |སྒྱུ་མའི་རྐྱེ་པོ་འདྲ་བ་དེ་དག་ཀུན།|
無自性而所顯則不滅　　　　如同幻象士夫彼一切

|བདེན་མེད་སྟོང་པའི་གཟུགས་བརྙན་ཆེན་པོ་དུ།| |དེ་རིང་ཉིད་དུ་ངེས་པར་རྟོགས་པར་བྱ།|
無諦於之空分大影像　　　　即於今日決定應證悟

　　「無明」是指依於基如來藏的俱生無明。當對境出現的時候，

會產生一個執著，這個執著會認爲這個對境是心識之外的另外一個，和心識本身不一樣，會產生這種想法，這種了知、想法就稱爲「無明」。

爲什麼稱爲無明呢？是指不明白的意思；不明白什麼呢？不明白這個對境和心識是一樣的，把對境了解成是心識以外的另外一個，但實際上不是，所出現的這個對境不是離開心識之外，也不是另外一個，若把它執著成爲是心識之外的另外一個，這種執著就是一種迷惑。迷惑已經形成了，由這個迷惑錯亂，後面有時會產生高興，有時會形成痛苦，有時會形成無關痛癢、等捨的感受。

這種情況舉例而言，譬如做夢，在夢境中到了一個美麗的花園，這美麗的花園是不是離開心識之外的另外一個呢？當然不是！因爲美麗的花園是在夢境之中。可是我們在做夢時，夢境之中的這個心識會把花園執著爲是離開心識之外的另外一個，這種想法會出現。

在做夢的時候，夢到走在花園裡，也會夢到在花園裡遇見男女朋友，也會夢到在花園裡遇見仇敵，也會夢到在花園裡遇見陌生人，在夢境裡什麼都會出現。假設夢到遇見男女朋友，夢境中的心識就感覺非常高興；假設夢到遇見仇敵，夢境中的心識會覺得很憤怒或是恐懼，因此帶來痛苦，那就是一個惡夢了；假設夢到遇見陌生人，當然就是不苦不樂、等捨的感受。

我們分析看看這些各種各樣不同的感受是如何出現的呢？出現的最重要關鍵，在於夢到花園的時候所產生的認識，把花園當作是離開心識之外，另外一個單獨存在的東西，最主要是因爲這個執

著，這是最重要的關鍵，因為有這個執著、這種認識，之後才會形成那些各種各樣不同的感受。

和這個道理完全一樣，當在內心實相（基如來藏）上出現所顯的時候，針對所顯，會把它執著成是離開心識之外的另一個東西，和心識是不一樣的，這種執著會出現，這種執著就稱為「無明」，因為它和實相不符合，因為在基如來藏之中所出現的所顯，都是屬於內心實相，但是由於這個所顯出現時會形成一個執著，把所顯執著成為離開心識之外，自己單獨存在。可見這個執著、看法，是一個錯誤的了解，和實際的情況並不相符合，這種錯誤的了解就稱為「迷惑」，因為它是一個無明、不了解、迷惑。依於這個迷惑就會形成後面的東西，因此後面依於對境會引發貪戀，依於對境會引發瞋恨，依於對境會引發愚癡，三毒就形成了。

實際上，當所顯出現的時候，是不是離開心識之外另外一個對境呢？不是！就像我們前面講的例子，在做夢時，夢境之中的花園、這個對境是不是離開心識之外的另外一個呢？不是！一樣的道理，我們現在的階段，輪迴的一切景象都顯現出來了，這些景象和夢境裡的對境一樣，不能夠成立但也顯現出來，實際上即使自他不能夠成立，在自他不能夠成立的情況下，這些所顯仍然不會消失，所顯不滅，仍然要出現，不會遮滅掉，《心經》談到「色即是空，空即是色」，就所顯現的顯分的本質來看，實際上自性不能夠成立，它是空性，但是在空性的情況下，這些不清淨的所顯還是要顯現出來，不會滅掉，不會消失。

譬如做夢的時候，夢境出現了，實際上夢境不能夠成立，因為

當夢醒過來時，夢境裡的事物就沒有了，它不是真正存在，但是就算是夢境的東西不是真正存在，在做夢的時候它還是要出現，即使夢境的這些情景是空性，它還是要出現，在做夢的時候各種各類的景象，無論美夢或惡夢，什麼景象都會出現。

關於這個部分，很多人以為所謂空性的意思就是我眼睛看不到、耳朵聽不到、手抓不到、嘴巴吃不到、鼻子聞不到、身體觸摸不到，這才稱為空性，如果這樣，空性的意思就等於空空洞洞，什麼都沒有，就像天空，手也摸不到、手揮過去也沒有阻礙、鼻子也聞不到；若是我們眼睛能夠看到、手能夠摸到、鼻子能夠聞到、舌頭能夠品嚐到、身體能夠觸摸到，那就不是空性了，一般人的想法都是這樣。

這種想法就表示他對佛陀所開示的教法沒有仔細聽聞和思維，所以不了解，如果把佛陀的教法好好地廣大聽聞和思維，就會知道：因為眼睛可以看到，所以它是空性；因為耳朵可以聽到、因為我的手可以把它抓住，所以它是空性。

有一位崑崙仁波切，印度人，在西藏學習佛法，對於教法的內容了解得非常深入，達賴喇嘛尊者就是跟他學《入菩薩行論》，崑崙仁波切開示：「我們所看到的一切萬法都向我們解釋，一切萬法都向我們傳授口訣教誡，解釋和傳授什麼呢？這些萬法都向我們講說：『我就是空性！我就是自性不成立！』但是我們都不了解。」

譬如水，水流動有聲音，這流動的聲音是什麼意思呢？就是水在說話，它說：「我就是空性！我就是自性不成立！」我們雖然聽到水流動的聲音，但是我們都沒有聽懂水向我們講的話。

　　當火在燃燒的時候也會噗噗噗發出聲音，其實這是火在說話，火說：「我就是空性！我就是自性不成立！」火也在向我們介紹佛法，但是我們還是不了悟。

　　其實一切輪迴的萬法都在向我們介紹空性，譬如風吹過森林，樹葉發出啪啪啪的聲音，這個時候森林的樹葉其實也在說話：「我就是空性！我就是自性不成立！」但是我們還是沒有了悟。

　　我們走在路上的時候，看到飛機飛過去有聲音，路上車子往來也發出聲音，這些聲音也全部都是萬法在開口說話，向我們說：「我就是空性！我就是自性不成立！」

　　凡是我們眼睛看到的、耳朵聽到的，都在講這些內容，但是我們都沒有了悟，就現在我們的階段而言，一切所顯現的景象、耳朵所聽到的這一切，就好像是魔術師所變出來的男男女女、木頭、石頭那個景象一樣。

　　這個魔術師的情況又有許多種了，有這麼一個事蹟，魔術師靠著道具木頭、石頭，然後唸誦咒語，變出非常美麗的美女，美女實在太美麗了，魔術師看了也癡癡發呆，產生貪戀之心，所以忘記唸誦咒語、忘記觀想，因此美女剎那之間消失不見了，這樣的事也發生過。

　　所以，一切萬法本然自性不能夠成立，本然都是空性，是空分，但是仍然顯現影像出來；所顯現出來的影像，自性不能夠成立，但是顯現成為自性成立的樣子，這個就是空性，所以不能說空性就是空空洞洞什麼都沒有。

　　一切萬法就像鏡子裡的影像，我們照鏡子，鏡子會出現各種各

類影像，任何東西照鏡子，鏡子上都會出現影像，這個影像是存在鏡子裡面、外面還是中間呢？都不是！仔細分析，這個影像實際上不能夠成立，不能說它存在鏡子裡面、外面還是中間，但就算鏡子的影像不能夠成立，鏡子還是可以出現各種各類的影像。

　　一切萬法的自性都不能夠成立，但是好的法、壞的法、高高低低任何的法，都還是要出現的。就出現而言，自性不能夠成立還是要出現，因此就像魔術師所變出來的一個幻相，它是一個空的本質。

　　「即於今日決定應證悟」，對於這一點要下定一個決心，今天開始，無論如何我一定要好好地學習，得到一個證悟。為什麼呢？因為人的一輩子非常短暫，大多數人總覺得人的生命很長，八十歲、九十歲，但其實差不多將近八十歲時，身口心三門就沒有什麼能力，就已經衰損了，有的人雖然七、八十歲還活著，但是得到老年癡呆症，無法思維。

　　以活到八十歲或九十歲來看，我們現在大概差不多過了一半，有人已經過了三分之二，那表示後面的時間其實不是很長了，人的生命不是恆常的、也不是堅固不變的，隨時都會死亡，應當下定決心，廣大學習佛陀的教理，不僅僅只是聽聞，停留在聽聞的階段，應當加油努力，想辦法在意義方面多多思維，才能證悟。

　　證悟分成兩種，義總的證悟和現證的證悟。現證的證悟實在不太容易，要花費非常長久的時間，而且要非常精進努力、非常辛苦勞累，相較起來，義總的證悟就容易多了。

　　「義總的證悟」的意思是：譬如我認為一切萬法大概不是空性，可是佛陀說一切萬法是空性，在典籍裡佛陀講述的很多，並用

了各種邏輯推理，因此學一學佛經、聽聽佛陀的開示，相信「萬法是空性」是眞的，以前我認爲萬法不是空性，大概是錯的，這是證悟空性，這種證悟就是義總的證悟。

譬如一個人從來沒去過菩提迦耶金剛座，可是看了很多照片，看到菩提迦耶金剛座佛塔是什麼樣子，四周風景是什麼樣子，因此他內心也會出現影像，金剛座是這個樣子，佛塔是這個樣子，四周風景是這個樣子，這算不算了悟呢？算！這就是義總的證悟。

對於空性即使只是義總的證悟，意義和利益也非常廣大，印度大博士提婆《四百論》：「即使懷疑空性，都能夠讓三有腐爛掉。」佛陀開示一切萬法都是空性，一個人如果聽聞了佛陀的開示，認爲佛陀講的是對嗎？還是錯嗎？萬法是空性嗎？不是空性嗎？就算他沒有了悟空性，只是對空性產生懷疑，都能夠使三有腐爛掉。爲什麼呢？因爲對空性產生懷疑，要滅掉煩惱那就容易太多了。譬如一件衣服已經破舊了，你要把它撕裂開就非常容易，所以如果對萬法是空性沒有了悟，僅僅產生懷疑心，那要滅掉煩惱也容易得多了，這是提婆菩薩曾經開示的。

輪迴的萬法自性不能夠成立，因此它是一個如幻所顯；因爲它是一個如幻所顯，當然各種各樣都可以顯現出來，但是不管它是好是壞顯現出來，這個所顯景象消失之後（它是一個如幻所顯，所以一定會消失），能不能去分析這個如幻所顯，最初它從什麼地方來，最後它在什麼地方消失不見的呢？不能！根本就不能夠進行，因爲它是一個如幻所顯。

同樣的道理，對我們現在而言，輪迴的一切法是以不清淨的面

貌顯現出來，仍然是一個如幻所顯。成就佛果的時候，輪迴的這些
萬法，最初從何而來？最後消失在什麼地方？想要做分析，也不能
夠進行，爲什麼呢？因爲這些輪迴的法本來不能夠成立，既然本來
不能夠成立，如何能夠去分析它最早從什麼地方來，最後消失在什
麼地方呢？當然不能夠！用天空的比喻來說明，三個句子：

ཡོང་ཡེ་སྣང་སྲིད་འཁོར་འདས་ཆོས་རྣམས་ཀུན།　རང་བཞིན་གཤིས་ལ་མཁའ་འདྲ་མཉམ་པ་ཉིད།

本來顯有輪涅諸萬法　自性本性如空平等性

ཨ་སྐྱེས་གདོད་ནས་དག་པ་ཤེས་པར་བྱ།

不生本然清淨應當知

　　就顯有輪涅的一切萬法而言，根本上自性不能夠成立，用什麼
比喻來說明？天空。我們有時候說今天天空非常乾淨，因爲萬里無
雲；有時候說今天天空很陰暗，因爲烏雲很多。但不管怎麼講，實
際上天空本然不能夠成立。

　　和這個道理一樣，對現在而言，總是會認爲對我所顯現出來的
六道景象是不清淨的；對我所顯現出來的五方佛的佛國淨土是清淨
的。不淨所顯和清淨所顯，這些都會對我們顯現出來，不過實際上
對我們顯現出來的六道不清淨所顯，自性不能夠成立；就算是顯現
出五方佛佛國淨土的清淨所顯，自性仍然也是不能夠成立。

　　譬如天空，天空其實是我們在嘴巴上說說而已，是不是眞的存
在呢？天空如果是有，那它是依於什麼因緣而產生呢？產生天空的
因找不到，緣也找不到，就天空能生的因緣而言，根本找不到。爲

什麼天空能生的因緣找不到？因為天空本身本然就不能夠成立，本然就不生。

　　一樣的道理，我們現在內心所了知的法，所知道的輪迴和涅槃所有的法，這一切所顯，自己都不能夠成立。我們分析看看，輪迴和涅槃這一切的所顯，使它產生的因和緣的條件是什麼？因緣都不能夠成立，都找不到。不要說輪迴的所顯自己都不能夠成立，即使涅槃的法，它能生的因緣，我們仔細去分析也不能夠成立。能生的因緣不能夠成立，原因是因為我們內心所了知、所見到的輪迴和涅槃的所顯，這一切的法本然都不能夠成立，由這個比喻來做一個了解，所以說「自性本性如空平等性」，透過以天空做一個比喻而得到了悟。

　　透過比喻來講解，佛陀對弟子開示教法的時候，首先開示「身體是苦」，當講了苦諦時，弟子之中業力清淨者、上輩子廣大集資淨障者，立刻能契入了悟之中。若是前輩子沒有廣大聚集資糧、淨除罪障，業力不清淨，那他就不能夠契入這個了悟之中，沒有辦法證悟。

　　佛陀一看馬上換個方式比喻，怎麼樣比喻呢？佛陀就說譬如你看旁邊那個人，以他的身體為例想想看，他的身體生病，因此造成疾病的痛苦，假設沒有這個身體，就不會有疾病，也就沒有生病的痛苦，因此身體是苦諦，用了這個比喻之後，弟子聽了就了悟了，果然身體是苦啊！

　　現在情況也是一樣，直接說明萬法的實相空性，這方面做了一個說明，因為不能夠了悟，那就要運用很多比喻了，所以《大圓滿

如幻休息論》用了八個比喻來說明，這八個比喻都是要講萬法是空性，自性不能夠成立。

四種幻相

接下來關於如幻相的部分，要介紹四種內容：

|　ཀྱེ་མེད་སྐྱེ་བའི་ཚུལ་འཕྲུལ་དང་ཞིག་དག　|　རང་བཞིན་སྒྱུ་མ་སྦྱོང་བྱའི་གཞི་དང་ནི　|
即於無生而生神變況　　自性幻相淨治基以及

|　མ་དག་སྒྱུ་མ་སྦྱོང་བྱའི་དྲི་མ་དང་　|　ཐབས་ཀྱི་སྒྱུ་མ་སྦྱོང་བྱེད་གཉེན་པོ་དང་　|
不淨幻相所淨治汙垢　　方便幻相能淨治對治

|　ཡེ་ཤེས་སྒྱུ་མ་མཐར་ཕྱིན་འབྲས་བུ་སྟེ　|　རྣམ་བཞི་དཔེའི་ཡེ་སྒྱུ་མས་གདུན་ལ་ཕབ　|
本智幻相究竟之果也　　四類比喻幻相而抉擇

一切萬法本然不生，雖然一切萬法本然不生，但是我們會迷惑錯亂，認爲一切萬法是生，顯現好像是生的樣子，我們會形成了這樣一個迷惑錯亂。譬如，實際上並沒有生兒子，可是在夢境之中夢到生兒子，兒子又死掉，實際上生子這件事也沒有，兒子死亡這件事也沒有，但是夢境之中都可以出現。

所以，一切萬法本然不生但顯現成爲像生的樣子，就對我們顯現出來的這個情況而言，稱爲「惑顯」，或者稱爲「神變」。如果從顯現出來的這些迷惑所顯來討論，分成四種：自性幻相、不淨幻相、方便幻相和本智幻相。

首先是自性幻相，自性如幻，一切眾生內心之中的基如來藏稱爲

「自性幻相」，如果仔細把它做一個分析，實際上它也不能夠成立。

第二個是不淨幻相，指在基如來藏的狀態下出現了迷惑，這個迷惑是一個偶然的汙垢，這個偶然的汙垢，譬如煩惱障、所知障，譬如三毒、五毒等這些偶然的汙垢，都稱為「不淨幻相」。稱為幻相的原因，是指對於這些汙垢的部分仔細去分析，會發現它仍然本然不能夠成立。

第三個是方便幻相，我們前面談到的不淨幻相，所知障、煩惱障和煩惱障之上的三毒五毒等，這些汙垢的部分都有能滅的對治存在，能滅的方便存在，這個是指我們做觀想、實修，還有資糧道、加行道、見道、修道等，這些段落都屬於「方便幻相」，因為它是能滅的對治、能滅的方便。

第四個是本智幻相，本智幻相是無學道，把一切的蓋障、偶然的汙垢徹底滅掉，成就佛果的時候，這個就是「本智幻相」。

所以以這四種幻相來做一個比喻，透過四種幻相而抉擇自性不能夠成立。

四種幻相，首先用比喻來說明，十個句子：

|ཇི་ལྟར་རིག་སྔགས་ལས་བྱུང་མིག་འཕྲུལ་ཏེ།| |ཤིང་བུ་རྡེའུ་རྟ་གླང་སྣང་དུས་ནས།|
如何明咒而出魔術般　　　木片小石顯爲馬象時

|རྟ་གླང་མ་ཡིན་ཤིང་བུ་རྡེའུ་ཞིག| |དེ་བཞིན་ཆོས་ཀུན་བདེན་མེད་མཚོན་པ་ཞིད|
並非馬象即木片小石　　　同理表示萬法無諦實

|རང་བཞིན་དཔེ་ཡི་སྒྱུ་མར་ཤེས་བྱ་སྟེ།| |འཁྲུལ་པའི་གཞི་དང་འཁྲུལ་རྐྱེན་འཁྲུལ་པའི་ཚུལ།|
應知自性即喻幻相也　　　惑基以及惑緣與惑理

|འཁྲུལ་སྣང་འཁྲུལ་གྲོལ་གདོད་མར་གྲོལ་ཆུལ་རྣམས།　|དཔེ་ཡི་སྔོན་རོལ་དཔེ་དང་དཔེ་འགྲུབ་དང་།

惑顯惑解本解理諸項　　　喻之前時比喻與喻成

|དཔེར་གྲུབ་དཔེ་ཞིག་སྔོན་བཞིན་རང་མཚན་དུས།　|རྣམ་བཞི་གོ་རིམས་དཔེ་ཡི་སྒྱུ་མས་བསྟན།

成喻毀喻如前自己時　　　四類依序比喻幻相示

　　四種幻相，為什麼稱為幻相？原因何在？譬如要有一個魔術師，要會唸誦咒語，他的咒語要會影響四周的觀眾，觀眾眼睛受到咒語威力的影響，實際上只是木片、小石頭，可是觀眾看上去時，就會看成是大象和駿馬，所以稱為「幻相」。

　　一樣的道理，一切萬法本然不能夠成立，而且不是諦實成立，但是眾生去看時，把萬法看成自性成立，看成諦實成立，所以用這個幻相來做一個比喻，就可以得到一個了解。

　　這其中，魔術師靠著木片、小石頭等工具，木片、小石頭就是基幻相（自性幻相）。

　　不淨幻相是指魔術師唸誦咒語，咒語會影響觀眾的眼睛，所以這個咒語是不淨幻相，就好像是三毒、五毒，還有煩惱障、所知障，這是屬於不淨幻相。

　　魔術師變出來的魔術大概會維持一小時、兩小時，時間未到之前，變出來的大象、馬、男生、女生等都會存在，時間到了就慢慢消散。由於幻相的出現主要靠咒語的威力影響觀眾眼睛，因而看到幻相，所以也有一個咒語可以把前面咒語的威力滅掉，觀眾眼睛所看到的幻相便可消失不見，也有這種方法存在，這叫做方便幻相，方便幻相我們前面舉了「四道」（四個道路）：資糧道、加行道、

見道、修道，這屬於方便幻相，好像用另外一個咒語去把前面咒語的威力滅掉一樣。

接著，幻相已經完全消散不見了，就是觀眾眼睛所看到的幻影、幻相完全不見了，牛、象、馬、男生、女生等徹底不見了，這時候還留下什麼呢？留下木片、小石頭，原來的道具都還存在，這個是本智幻相。

佛陀在開示教法時也講了四種幻相，包括「業力變化幻相」，業力所變化出來如幻的假相，也就是六道輪迴所顯的一切景象都是業力變化幻相；「外緣變化幻相」，外在的因緣導致一個幻影出現，譬如水裡的月亮、鏡子裡的影像、魔術師變出來的幻相，這是外緣所變出來的；「正法變化幻相」，佛陀開示教法時，佛陀的弟子舍利子、目犍連、阿難等聲聞的阿羅漢，都是屬於正法變化如幻；佛陀是「純真幻相」。

就前面用比喻說明了自性幻相、不淨幻相、方便幻相、本智幻相，這個比喻的意義是什麼呢？接著要說明意義，說明時是分開一項一項個別說明的。

自性幻相

首先是基幻相，也就是自性幻相，兩個句子：

།རང་བཞིན་སྒྱུ་མ་སེམས་ཉིད་འོད་གསལ་ཏེ། །སྦྱང་གཞིའི་དབྱིངས་ཡིན་བདེ་གཤེགས་སྙིང་པོ་ཡིན།

自性幻相心性光明也　　即是淨基法界如來藏

　　基幻相指的是什麼呢？就是我們內心的實相。內心的實相有明分也有空分，是明空雙運的性質，這是基，就是我們常談到的基如來藏，這個部分稱為基幻相（自性幻相）。最主要的原因是因為我們煩惱之所以能夠淨化、清淨的基礎，就是內心實相基如來藏。

　　關於這個部分佛陀在《月燈經》曾經開示：「如來藏遍一切眾生。」就是指一切眾生的內心之中都有如來藏存在。密續《二品續》佛陀也曾經說過：「眾生本來即是佛，偶然汙垢遮蓋之故。」因此在輪迴中，假設去除掉偶然汙垢，眾生本來即是佛。因此，當眾生成就佛果時並不是說本來不是佛，之後新成為一尊佛，因為本來即是佛，只不過被偶然的汙垢（煩惱障、所知障等）遮蓋住了，如果把這些偶然的汙垢排除掉，眾生本來即是佛了。

　　在《寶性論》也曾經這樣開示：「就眾生而言，在輪迴眾生的階段裡，基如來藏絲毫沒有任何改變；在菩薩的階段，基如來藏沒有任何改變；當成就佛果時，基如來藏也沒有任何改變。」我們現在聽聞教法、禪修、努力精進，可以得到佛果，為什麼實修佛法可以成就佛果呢？就是因為眾生都有如來藏之故，「本然即是佛」這個性質眾生都存在的，這點就是實修佛法可以成就佛果的原因了。

　　除此之外，如果我們都不存在有佛陀的功德基如來藏這個部分，眾生如果沒有這個部分，卻說我們實修佛法努力實修，將來會成佛，就完全沒有道理，完全沒有辦法做一個推論了。為什麼呢？因為本然沒有，但是以後又可以得到，那就變成可以成立無心者、沒有心識者（例如泥土、木頭、石頭等）實修佛法也可以成就佛果了。所以，成佛的原因最主要是內心實相（如來藏）裡有法身的性

質、化身的性質、報身的性質，三身五智的性質都存在，基如來藏是這個樣子的。

這個部分在每一個階段的見地上，都要如此明確地做一個決斷。即使我們有佛功德的性質存在，它也不一定要出現，不過現在雖然沒看到，並不是說它沒有。

譬如太陽是存在的，但太陽光我們不一定看得到，因為天空有時有雲朵有時沒雲朵，在有雲朵遮蓋時，即使有太陽光，我們也看不到，但不能說太陽沒有光。

這些比喻有很多，應當把這些比喻經常好好地思維。即使我們現在連佛陀功德的一小部分也沒有出現，但是我們一定要明白、肯定內心實相（基如來藏）本身就是佛，完全包括佛陀的一切功德，毫無遺漏，對這點一定要非常堅決相信。

基幻相指基如來藏，前面解釋過了，它的性質是什麼呢？五個句子解釋：

།དག་དང་མ་དག་གང་དུའང་མ་ཆད་པས། །འཁོར་དང་མྱ་ངན་འདས་པ་གཉིས་ལས་འདས།
　　任不偏於淨與不淨故　　超越輪迴與涅槃二者

།འཁོར་འདས་འབྱུང་བའི་དབྱིངས་ཡིན་འཆར་གཞི་ཡིན།
　　　　輪涅所由法界是現基

།རིག་དང་མ་རིག་རྐྱེན་ལས་དེ་ལྟར་ཡིན།
　　　　知與不知外緣即如彼

།འདི་ནི་གདོད་མའི་གཉིས་ཡིན་གནས་ལུགས་ཡིན།
　　　　此即本然本性即實相

　　就基如來藏而言，不能把它歸納在不清淨的輪迴這方面，也不能把它歸納在清淨的涅槃這方面，它不能歸入任何一方面，那表示它超越了輪迴和涅槃二者的性質。

　　舉個比喻，譬如魔術師用小石頭變出大象變出馬之後，這小石頭本身不能說它是大象，也不能說它是馬，石頭既不是大象也不是馬，所以石頭本身超越了這二者的性質。

　　基如來藏的情況和這個一樣，不能歸納到輪迴的一邊，也不能歸納到涅槃的一邊，基如來藏超越輪迴和涅槃這二邊。但是即使如此，輪迴和涅槃也是由基如來藏而來，換句話說，基如來藏超越輪迴和涅槃二邊，但它也是輪迴和涅槃二邊的現基（出現的基礎）。

　　譬如馬也出現了，象也出現了，為什麼出現呢？因為小石頭，因為魔術師用小石頭這個道具變出了象和馬，小石頭本身不是象也不是馬，它超越了這二者，可是小石頭卻是這二者出現的基礎，因為靠著這個道具才出現了大象和馬，所以小石頭是二者的現基。

　　就如來藏而言，有時候出現清淨的所顯，有時候出現不淨的所顯，這又是為什麼呢？就了悟實相者而言，清淨的所顯就出現了，就不了悟實相者而言，不清淨的輪迴的法就出現了。

　　譬如魔術師用石頭變出了毒蛇猛獸，假設有一百位觀眾，看到毒蛇猛獸時，有人會大笑，有人會大叫，有人會非常害怕到處亂跑，假設有晚到的觀眾，因為他沒有受到咒語威力的影響，他的眼睛沒有產生迷惑，當他去看時，只看到木片、小石頭動來動去而已，他不會看到大象，也不會看到馬，因為這個迷惑的基礎是咒語，他沒有聽到魔術師唸咒語，所以咒語對他沒有發生影響，他只

會看到其他人哭喊、大叫、害怕、奔跑，因為那些人受到咒語影響，看到毒蛇猛獸。

和這個情況一樣，如果是一個了悟實相者，只有清淨的所顯會顯現出來，之所以出現清淨所顯的原因，就是迷惑的基礎——俱生無明和遍計無明這兩種無明不存在，因此清淨的所顯會顯現出來。如果是輪迴者、迷惑者，那就好像前面那些受到咒語威力影響的觀眾，看到毒蛇猛獸，這個時候是輪迴的眾生受到俱生無明和遍計無明二者的影響，因此他所看到的都是六道迷惑不清淨的景象。

基如來藏不能夠成立是輪迴這邊或是涅槃這邊，可是基如來藏卻是輪迴的現基（顯現的基礎）也是涅槃的現基，這部分用五個句子解釋：

|མེ་ལོང་དྭངས་བཞིན་གཟུགས་བརྙན་འཆར་གཞི་ཉིད། |ཁར་དུ་ཉིད་ནས་གང་དུ་འང་མ་ཆད་པས། |

清澈鏡子為影像現基　　　　即於現時不偏任何者

|མེ་ལོང་དངོས་ཏེ་དཀར་ནག་གཉིས་མེད་ལ། |དཀར་ནག་གཉིས་ཀའི་འཆར་གཞི་ཉིད་དང་མཚུངས། |

鏡子本身非白黑二者　　　　作為白黑二者現基般

|འདི་ཉིད་ཤེས་པས་ཀུན་ལ་མཁས་པར་འགྱུར། |

了達此者即通一切法

如果是一個很光亮、沒有汙垢的明鏡，影像當然很清晰，但是不管影像如何清晰，不能說鏡子就是影像，鏡子也不屬於影像的性質。譬如乾淨的鏡子可以出現白色，也可以出現黑色，鏡子是白色出現的基礎，鏡子也是黑色出現的基礎，但鏡子不是白色，也不是

黑色。

　　同理，在基如來藏上面，黑色的部分輪迴的法也可以出現，白色的部分涅槃的法也可以出現，但是即使如來藏顯現出輪迴的法，不能說如來藏屬於輪迴；即使如來藏顯現出涅槃的法，也不能說如來藏屬於涅槃。如來藏即使出現輪迴和涅槃的所顯，它本身也不能夠歸納在輪迴或是涅槃這一邊，這些都不能夠。

　　如果我們好好地了悟基如來藏的實相（指就基如來藏而言，也會出現輪迴的所顯，也會出現涅槃的所顯，但就算出現，二者仍然不能夠成立，如來藏也不屬於任何一邊，但是如來藏是兩邊出現的基礎），把這些都深入了解，差不多可以說就會了悟一切萬法的實相，對一切萬法的實相這部分能夠善巧精通了。

不淨幻相

　　第二項不淨幻相，兩個句子：

|ཨ་དག་སྐུ་མ་འཁོར་བའི་འཁྲུལ་སྣང་སྟེ།　|གཉིས་མེད་གཉིས་སུ་བཟུང་ལས་དེར་སྣང་ངོ་

不淨幻相輪迴惑顯也　　無二取爲二而顯彼矣

　　簡單來講，六道輪迴的一切所顯（惑顯）都是不淨幻相。譬如地獄所出現的炎熱景象、寒冷景象，是地獄有情他自己的迷惑所顯；鬼道所感受到的飢餓、乾渴景象，是鬼道眾生他自己的迷惑所顯；人道的生老病死是人道眾生自己的迷惑所顯；畜牲道的愚昧無知、勞累工作之苦，是畜牲道自己的迷惑所顯；修羅道不管什麼

時候都在戰爭之中，打打殺殺，是修羅道自己的迷惑所顯；天神的快樂幸福，最後死亡又墮入輪迴的痛苦，是屬於天神自己的迷惑所顯，所以，不淨幻相就是六道輪迴的迷惑所顯。

實際上這些都是迷惑，但這些不淨的迷惑所顯，是怎麼出現的呢？出現的原因是因爲我們把有境和對境認定成爲兩個，當二執形成的時候，就會耽著對境本身是諦實成立、自性成立，經由這個耽著，接著就會產生很多的痛苦。

譬如地獄的有情，當熊熊烈火的迷惑所顯景象出現時，內心會產生一個耽著：這火非常炎熱，會讓我受到猛烈的痛苦。這個時候身體被燃燒的感受就出現了，會感受到強烈的痛苦。或者當冰天雪地的景象出現時，地獄的眾生會把它耽著成爲這個冷非常嚴重，會導致我嚴重的痛苦，因此就會感受到寒冷的痛苦。

不管出現熊熊烈火或是冰天雪地的這些所顯景象，實際上都不能夠成立，假設知道這些所顯景象，自性不能夠成立，對它沒有耽著，那這些痛苦就會消失不見了。

我們對於做夢只是沒有仔細去分析、未察覺，我們做了這麼多夢，偶而做到惡夢，在非常恐懼害怕之際，有時候也會知道這只是一個夢境而已，這種了知有時候會出現，在這個了知出現的那一刹那，所有的恐懼害怕同時消失不見了。或者有時候在夢境之中，其實也會覺得這是一個夢，在夢境裡什麼都可以發生，因此會夢到自己在天空飛來飛去，有時候也會出現這樣，只是我們沒有察覺。

和這個情況一樣，假設對境所顯出現時，了解到它的諦實不能夠成立，這個了解產生的時候，能夠脫離一切的痛苦；假設對境出

現時，我耽著對境是自性成立，是諦實成立，若有這種耽著存在，會導致自己受很多的痛苦。

譬如我們自己擁有的物品，假設一個物品比較珍貴，一個物品比較普通，我對比較貴重的物品耽著之心會很強烈，對比較普通的物品耽著之心不會很強烈。如果珍貴的物品摔破了或被小偷偷走了，我內心一定非常痛苦，如果比較普通的物品摔破了或被小偷偷走了，就沒有那麼痛苦，為什麼呢？內心苦樂的強弱其實決定於耽著力量的大小。

因此，印度大博士帝洛巴就對弟子那洛巴開示：「不要耽著所顯，耽著會束縛我們在輪迴裡，因此你要好好地滅掉耽著。」我們無法親自拜見帝洛巴，但是帝洛巴對弟子那洛巴所傳授的口訣，我們可以知道，可以做觀想，也可以做實修，因此應當好好地重視教法，勤做實修。這些能夠滅掉痛苦的正法和實修方式都還存在，應當善加珍惜。

寂天菩薩說過，眼睛所看到的、耳朵所聽到的，舌頭所嚐到的、鼻子所聞到的，這些對境所顯的景象都不能夠把它滅掉，我也沒說要把這些滅掉，那要滅掉的部分是什麼呢？是痛苦的來源，這個部分要滅掉；那痛苦的來源又是什麼呢？痛苦的來源就是耽著色聲香味觸等都是諦實成立，這種耽著、這種諦實成立的想法才要滅掉。不管在什麼時候，如果能夠滅掉這些耽著，即使遇到色聲香味觸，也不會給我們帶來痛苦。

現在很多人都說如果沒有給我們帶來痛苦，那就是快樂。很多人都說自己生活不快樂，那就是有痛苦了，因為有痛苦，所以沒有

得到快樂，假設完全都沒有痛苦，就是快樂了。

我們無法親自拜見寂天菩薩，可是寂天菩薩對弟子所開示的這個教法，我們可以聽到，也可以做實修，靠著對這個教法的實修，才可以滅掉內心的煩惱，而不是說靠寂天菩薩來把我的煩惱滅掉。

所以，不管在什麼時候，任何一個階段，對諸佛菩薩所開示的教法一定要非常重視，因為這些教法可以滅掉我們內心的煩惱。

方便幻相

第三項方便幻相，四個句子說明：

|བབས་ཀྱི་སྒྱུ་མ་གཉེན་པོའི་ལམ་ཡིན་ཏེ། |ཚོགས་དང་སྦྱོར་མཐོང་སྒོམ་པའི་ལམ་བཞི་སྟེ།
方便幻相即對治道也　　　資糧加行見修道四者

|ཚོགས་གཉིས་རིམ་གཉིས་སྒོང་བྱེད་བསྒོམས་པ་ཡིས། |སྤྲིན་བུའི་དྲི་མ་སྦྱིན་འདྲ་སེལ་བྱེད་ཡིན།
二糧二次觀修能淨故　　　消除如雲所淨之汙垢

前面已經談過不淨幻相的段落，在不淨幻相之中，最主要是指六道眾生惑顯的部分，就六道眾生惑顯的部分而言，基礎是煩惱、三毒五毒，這個部分稱為不淨幻相，針對此而言，方便幻相是指什麼意思呢？能夠將不淨幻相滅掉的對治的道路，就稱為方便幻相。

就道路而言，可以分成資糧道、加行道、見道、修道，亦即有學四道，把有學四道做個歸納，也可歸納在有所緣取的福德資糧、無所緣取的智慧資糧兩種類型之中；但若就密咒乘的道路來討論，可以歸納在生起次第及圓滿次第之中。

　　總而言之，方便幻相是指能夠淨化不清淨部分的對治方式，舉例而言，譬如天空偶而出現了雲朵，這個表示不淨幻相；能把這個偶然出現的雲朵消滅去除的是風，所以風就類似方便幻相。

　　前面談到有學四道，如果我們做個簡略的歸納，可以包括在三十七菩提分裡，如果把三十七菩提分配合有學四道來做說明，首先是資糧道，資糧道裡又分下品資糧道、中品資糧道、上品資糧道三項，下品資糧道主要是觀修四念住，中品資糧道主要是觀修四正斷，上品資糧道主要是觀修四神足。

　　其次是加行道，加行道分類成煖、頂、忍、世第一，其中煖位和頂位主要觀修五根，忍位和世第一位主要觀修五力。資糧道和加行道屬於凡夫道，再上去就是聖者道，聖者道就是見道位和修道位，在見道位主要的觀修是七菩提分，修道位主要的觀修是八正道。

　　以上是把方便幻相歸納配合有學四道來做說明；有學四道的所修主要又歸納成三十七菩提分來做說明。

　　就一位行者而言，首先從灌頂方面來看，外密咒乘的灌頂、內密咒乘的灌頂、大圓滿的灌頂，其中還有心部、界部、口訣部的灌頂，從下乘門到上乘門的這些灌頂都得到了之後，還要做聞思，以聞思而言，之前講解過《本智光照──功德寶藏論》❶，是從皈依開始一直到小乘教法、到大乘之中顯教乘門的教法，還有大乘之中密咒乘門的教法，密咒乘門之中外密續、內密續，乃至大圓滿續部

---

❶ 講解內容已於 2014 年由橡樹林文化出版，分為顯宗分講記及密宗分講記共二冊。

裡的心部、界部、口訣部，這些在《本智光照——功德寶藏論》裡都有完整的開示。

其次還有《三句擊要》，由化身極喜金剛將大圓滿的見地、觀修、行持，只用三個句子來表達，所以稱為《三句擊要》，這個見地、觀修、行持方面的口訣，我們也都講解過了，聞思也結束了。

特別是大圓滿元淨堅斷的實修，主要講述這部分的是《自性光明——法界寶庫論》，之前也講解過，大家也都聞思完畢，因此就灌頂及聞思方面而言，從最基礎的部分到最究竟的部分，已經進行完畢了。之後進行實修，無論如何一定要從下乘門到上乘門，按照次第逐漸地做實修，假設不按照順序，不經過下乘門，立刻直接就做上乘門實修，其實沒有什麼用處。

曾經有人也沒做過元淨堅斷的實修，直接就從自成頓超做起，直接要去看太陽，導致眼睛看到各種各類迷惑錯亂的假相，內心胡思亂想陷入瘋狂，這種例子曾經發生過，這種情況就表示他實修的方式不是按照從下乘門到上乘門的次第。無論如何，我們的實修一定要從下乘門到上乘門，按照次第實修。

下品資糧道

下品資糧道主要實修四念住（身念住、受念住、心念住、法念住），在佛陀的時代，有弟子向佛陀請法，佛陀開示了三十七菩提分的觀修方式，其中就談到身念住的實修，最主要內容是要去除掉我們對於身體的貪戀之心。一般而言，我們對身體都有貪戀、耽著之心存在，若仔細分析，身體分成過去的身體、現在的身體和未來

的身體三類。過去的身體是指從媽媽肚子出來一直到今天為止；現在的身體是眼前正在使用的這個身體；未來的身體，假設一個人可以活到七十歲或八十歲，那個時候就是未來的身體了。

我們的內心貪戀、耽著自己的身體，仔細分析一下，所貪戀的身體是過去的身體、現在的身體還是未來的身體呢？假設所貪戀的身體是過去的身體，我們知道剛從媽媽肚子生出來時，身體差不多就是一個手肘長，想一想我所貪戀的身體，那個時間距今太久了，可見不是貪戀這個身體；或者所貪戀的是八歲、九歲時的身體，那個時候的身體也太小了，時間隔太久，所以也不是貪戀那個身體；或者所貪戀的是二十歲時的身體，那離我們現在的時間也是很久遠了，應該也不是貪戀那個身體。

如果是貪戀未來的身體，仔細分析一下，我們未來的身體不要說貪戀，甚至是我們厭惡的對象，為什麼呢？想一想就知道，一個人活到七十歲、八十歲，會是什麼樣子呢？頭髮掉光、牙齒掉光、眼睛看不清楚、臉上佈滿皺紋，那時的容貌一定有點恐怖，想一想那樣的身體會是我貪戀的對象嗎？不會！應該是令人不喜歡的，所以不可能是貪戀的對象。

雖然我們現在心裡會這樣認為，可是等到有一天，自己真的七老八十時，儘管那時的身體已經像上述那樣令人不喜歡的模樣了，但到了那個時候仍然會不由自主，內心仍然會貪戀自己的身體。

如果是貪戀現在的身體，其實我們現在的身體是無常的，隨時在變化，只是我們自己沒有察覺，其實身體是剎那不斷地在變化，所謂現在的身體，剎那就成為過去的身體了。

　　舉個比喻說明，當飛機在天空飛翔時，一個人從地上抬頭看飛機，飛機好像根本沒動，為什麼感覺不到飛機在動呢？因為飛機太高了，距離太遙遠了，看不出來它在動，實際上飛機在天空移動的速度非常快。

　　一樣的道理，昨天、今天和明天這三天內，身體的無常改變很多，只是我們自己沒有察覺，以為昨天、今天、明天我的臉孔完全一模一樣，沒有改變。這就像在地面的人看飛機，太遠了感覺不出它的改變，我們的身體在不知不覺的情況下，也察覺不到昨天、今天和明天三天內的改變。當飛機飛行的高度下降，準備降落機場時，一個人若站在旁邊看就會知道飛機速度有多快。

　　所以如果我們好好觀修佛陀所開示的無常，慢慢就能了解我們的身體從昨天、今天到明天，改變很多，不要說三天，其實在一天裡的改變就非常多了。

　　歸納而言，身體的無常改變是剎那不斷在進行的，可見這個身體沒有精華可言，所以對這個身體不要有貪戀之心，也不要有耽著之心。但是即使身體剎那在改變，沒有精華可言，我們仍要靠著這個沒有精華的身體才能去取得有精華的佛法，所以不要浪費，應當好好地運用身體在正法的實修上，譬如頂禮、繞塔等，如果能運用身體不造作不善業，努力去取得精華的佛法，並勤做實修，那麼未來也能夠成就佛的三十二相、八十種好等身體方面的成就，所以在這個方面要好好地努力。

　　第二項是受念住，一般都是貪戀樂受，厭惡排斥苦受，若產生捨受時則是沒有貪戀也沒有瞋恨，安住在愚癡的性質當中。就現在

而言，大家的情況都是對於樂受抱著期望，希望能夠產生更多的快樂，這就產生了貪戀；對於苦受的部分，都希望永遠不要遇到，大家的想法通常都是這樣。

不過就算現在大家的想法是這樣，但是想一想過去的苦樂，以前遇到的苦受也太多了，以前遇到的樂受也太多了，這些都已經過去。譬如去年感受到的痛苦和快樂，今年想一想，它們都已經過去，現在僅僅只是內心的回憶而已，無論是苦受還是樂受，這一點毫無差別，一切都只是內心的回憶而已。

一般來講，我們目前的情況是對樂受有追求期望的想法，對苦受有排斥不希望遇到的想法，所以對苦受和樂受這個部分，只有排斥和接受這種想法，除此之外，沒有深入去分析，如果樂受是我要追求的目標，那樂受的因是什麼呢？在達成這個因上面，就要非常努力好好地重視它，因為它是我希望得到的；如果苦受是我不希望遇到的，那苦受的因是什麼？在因的方面把它斷除掉，就要好好地努力、好好地重視了。

再仔細分析，譬如樂受，在得到快樂感受時，到底那個感受的情況是什麼呢？一個很快樂的感受，那快樂到底在哪裡呢？是存在於對境上嗎？還是存在於有境的內心上呢？假設快樂是存在於對境上，但是對境是不一定的，譬如同樣吃辣椒，有人覺得非常快樂，這是樂受；但是有人卻很痛苦，不喜歡吃，這是苦受。

在台灣最有名的小吃是臭豆腐，有人吃臭豆腐非常快樂，特別要去找臭豆腐來吃，樂受產生了。但是有人一聞到臭豆腐的味道就想吐，更別說吃了，對他而言，苦的感受就產生了。

　　假設快樂是存在於對境，那在吃辣椒時，不管是誰，每個人都應該覺得非常快樂，因爲快樂存在於對境辣椒上。吃臭豆腐時，也應該不管是誰去吃都覺得非常的快樂，純粹只有樂受，因爲快樂存在對境上，應當是這樣。但是實際上不是，並非任何人去吃辣椒都很快樂，也並非任何人去吃臭豆腐都很快樂，可見快樂不是存在於對境上。

　　那麼，快樂是存在於有境內心上嗎？如果從有境內心上來看，沒有食物這個對象時，肚子飢餓的痛苦沒有辦法排除。肚子飢餓的時候，吃食物「吃飽了」，這個飽是一個樂受，如果欠缺食物這個對象，「吃飽了」這個樂受不可能產生。

　　或者缺水，那能解除口渴的這個快樂的感受又沒辦法產生，因爲欠缺對境，可見樂受存在於對境上也不對，存在有境上也不對。

　　用這個方式仔細分析快樂和痛苦，是存在於對境上嗎？是存在於有境的內心上嗎？仔細分析後，就會發現不管是在對境的那一邊，還是在有境的內心這一邊，兩邊也沒有痛苦也沒有快樂，一定可以得到這樣的一個了悟。當了悟之後，在這種情況之下，對於樂受就不會有強烈的貪戀執著，對於苦受也不會有強烈的排斥厭惡。

　　第三項是心念住，有時候我們心裡想到「我」，這個我主要指的是內心，譬如有時候我們會希望下輩子投生在西方極樂世界，或者擔心下輩子會不會投生在三惡道，或者心裡希望下輩子長得非常美麗、有財富、有地位等，總而言之，我們內心有類似前面種種想法時，所想到的我主要都是指內心。因爲投生在西方極樂世界，當然是指內心去到西方極樂世界，身體已經丟掉了，這是大家所了解

的。所以大多數的情況下都不會認為身體就是我，不會這樣想。

可是有時候提到我的時候，不是指內心卻是指自己的身體，譬如今天我生病了，醫生問：「你哪裡痛？」回答：「頭痛。」這個時候是把身體當作我，把頭當作我，我們當然知道頭其實也不是我，可是這個時候卻執著頭就是我，身體就是我。若是回答：「肚子痛。」這時是把肚子當作我，肚子是身體也不是心。

所以，有時候執著身體是我，有時候執著內心是我。

總而言之，目前的階段，我們的認定、執著常常都是錯亂的，根本就沒有正確的認定。不過無論如何，假設從所執著的我是指針對內心來討論，就算把內心當作是我，心也分成好的心和壞的心兩種類型。

如果認為心裡所想的我是指內心，到底好的心是我？還是壞的心是我？壞的心是指三毒、五毒等類型非常多，若所謂的我是壞的心，那，三毒是我嗎？還是五毒是我呢？若所謂的我是指好的心，好的心很多種，譬如信心、慈心、悲心、菩提心，這些都是好的心，如果好的心是我，到底哪一個是我呢？信心是我嗎？還是悲心是我呢？慈心是我呢？還是菩提心是我呢？通常我們說希望我下輩子投生在極樂世界，指的是我的內心去，不是指身體，如果是內心去西方極樂世界，到底是內心裡壞的心去還是好的心去呢？把這每一項仔細地做分析。

六識都是心，眼識也是心，但是眼識所能夠見到的只有色，色法之中只能夠看到顯色和形色；耳識也是心，但是耳識能夠執取的對境只有聲音而已；鼻識是心，但它只能夠聞到氣味；舌識是心，

但它只能夠品嚐到滋味；身識也是心，但它只能夠領受到所觸，領受到冷熱的所觸；意識也是心，但是意識不能夠去捕捉現前的法，只能去執取義總的部分。所以，耳識是心，耳識是我嗎？鼻識是心，鼻識是我嗎？舌識是心，舌識是我嗎？身識是心，身識是我嗎？意識是心，意識是我嗎？把一項一項做詳細地分析。

不管在什麼時候，我們都執著心就是我，心和我只有一個，我們都有這樣的想法。但是如果心是我，心有過去的心、現在的心、未來的心，過去的心已經過去，消失不見了，根本就沒有；未來的心還沒產生，還沒形成；所以我是指現在的心囉？假設要說是現在的心，現在的心其實是剎那生滅剎那生滅，快速改變中。

一般來講，如果車子開得非常快，對所看到的對境來不及產生貪戀之心，因為移動改變得太快的緣故，譬如看到一朵花非常美麗，這個時候因為車子很快開過去了，所以只能看到有一朵美麗的花，只是這樣而已，來不及產生貪戀之心。因此，假設這個心是現在的心，是剎那剎那很快速在改變，那對這個心我們都還來不及產生貪戀之心，因為改變得太快了。不僅如此，對於這個改變迅速、剎那生滅的這個心，想要執取它當作是我都來不及，因為它的生滅太快速了，時間不夠，還來不及執取它，把它當作是我。

所以假設心是我，那心的形狀是什麼？它的顏色是什麼？可以一項一項做個分析。或者像我們前面所談到的，心是我的話，那是高興時候的心是我？還是快樂時候的心是我？是不高興時候的心是我？還是不快樂時候的心是我？詳細地把這一切都好好地做一個分析，之後，僅僅只能把它放著而已，因為實際上它根本就不能夠成

立，就好像是一個幻相。如果這樣詳加分析得到了悟，這個是心念住的實修。

　　第四項是法念住，我們對自己的父母親、兄弟姊妹、男女朋友、房子、土地、錢財物品等，都有許多強烈的執著，這個是對法的執著，這時要思維一切萬法其實本來不能夠成立，本質都是空性，但是即使在空性之下仍然顯現出來，所以是「無而顯」。就這一切的萬法仔細做分析，通常我們都會執著這些法是我痛苦的原因，或者是我快樂的原因，我們都會這樣想，但其實不一定。

　　譬如男女朋友剛戀愛時，形影不離，非常快樂，但一段時間後，往往反目成仇，這種例子也有，由此來看，給我帶來快樂的一定是這樣嗎？不一定！有時候會變成痛苦；有些人原來是仇人，但是過了一年、兩年，變成親密的好朋友，這種例子也很多；父母兄弟姊妹彼此互相關愛照顧的也有，但是有的之間變成仇敵，彼此傷害非常深，這種例子在世上也很多。

　　此外，土地、房子、車子、錢財等，一般人的想法總認為這些會帶來很大的利益，但其實也不一定，依於錢財、物品、土地、房子、車子，有時候會導致自己生病受到傷害，甚至發生死亡的危險，這種情況也很多。

　　無論如何，對世間一切萬法不要有貪戀之心，把它當作僅僅只是所顯，這樣子就可以了，實際上不能夠成立，因此，好像是夢境，好像是一個幻相，本然就是空性，好好分析這些方面，做觀修，這個是法念住的觀修。

　　我們許多人也得到了大圓滿的大灌頂，也聽聞過了大圓滿甚深

的教法，這些都能夠在內心裡種下很多善的習氣，這個利益一定會有的，但是不是因為這個緣故，我就得到見道位的功德，我就得到修道位的功德，產生了悟呢？

能不能夠得到這些功德，首先我們從前面四念住詳細地分析一下，自己有沒有了解四念住的意義呢？自己能不能做到四念住的實修呢？假設都能做到四念住的實修，都能證悟四念住的意義，那這個人就已經得到下品資糧道的功德了，但是其他功德還沒有得到，加行道、見道位、修道位的功德都沒有得到。

一般來講，對高高在上的功德不要抱著太多期望，應當對小小的功德先產生一點點期望，努力去追求，看看這一點點小小的功德，我能不能了悟，我能不能得到，在這方面善加努力、追求比較重要。

前面講的是下品資糧道，主要觀修四念住。

中品資糧道

其次，中品資糧道，主要觀修四正斷，四正斷意思是指分成兩大類：善法和不善法。第一項，不善法的部分無論如何不管在何時都不要產生，不要去做。第二項，已經產生已經做了的不善法的部分，要把它斷掉。第三項，善法的部分無論如何要使它產生，沒有產生要使它產生。第四項，已經產生的部分要使它不要衰損。

上品資糧道

上品資糧道所要修的內容是欲求、精進、堅定、思維和伺察。

　　首先欲求，渴求之心（有時翻譯成信心），不管在什麼時候，身口心三門都要有信心，都要行善業，心裡要有這種強烈的欲求之心。

　　第二項是精進，是指在行善業時，內心非常喜悅、興奮、快樂，這種情況稱為精進。

　　第三項是堅定，意思是指我們平常對於善法的實修，譬如觀想本尊、持誦本尊的咒語，一定要非常堅定。有些弟子有這樣的情況，修了幾天尊德度母唸誦咒語後，覺得頭昏腦脹不舒服、不快樂、運氣不好，就想：「不能做這個觀修了，這位本尊可能不適合我，我要換本尊，換觀世音菩薩看看。」修了幾天觀世音菩薩還蠻不錯的，很快樂很高興，唸誦咒語非常好，也睡得非常好，也夢到好夢，決定就選觀世音菩薩修吧！

　　這種想法是完全不正確、完全錯誤的實修方式，因為不管自己觀想哪一尊本尊、持誦哪一尊本尊的咒語，順境時也要完全信賴寄託於本尊，逆境時也要完全信賴寄託於本尊，應當內心非常地堅決確定，沒有成就佛果之前完全依靠本尊，完全不捨棄，持咒絲毫不放棄不中斷，這種堅定之心非常重要。而不是順利時我就實修這尊本尊，不順利時就換另一尊本尊。

　　一般來講，這種情況主要都是魔鬼邪祟的干擾障礙，我們做實修時，魔鬼邪祟會先觀察分析這個人內心堅固不堅固，在內心不太堅定穩固的情況下，會給他製造很多障礙，譬如首先他實修尊德度母的時候，肚子痛、頭痛，不順利，讓他喪失信心，改修觀世音菩薩，剛開始先給他一些好徵兆，做好夢，睡覺睡得好，讓他捨棄前

面的本尊，但是這種情況會不斷發生，觀世音菩薩修了一個月、兩個月之後，又肚子痛、頭痛了，因此再放棄這位本尊，改修另外一尊本尊，一開始也是讓他很順利，做好夢，等到過了兩個月、三個月，又開始不順利了，這個人又想要放棄，改修別的本尊。這些都稱之為魔障，就是魔鬼邪祟的干擾。

假設是從這些苦樂、順利不順利來決定自己怎麼做實修，那麼密勒日巴根本不會成就佛果，因為密勒日巴依止馬爾巴時，純粹都處在痛苦、辛勞、困難的處境裡，但是密勒日巴的內心總是這樣想：「無論如何我就是依止這位上師，一直到證得佛果之前，我恆常不捨棄這位上師，我完全信賴寄託，唯有這位上師。」他的內心堅定無比，所以密勒日巴成就了佛果。

假設換成我們，當我依止這位上師的時候，會覺得這位上師對我態度不太好，和他在一起我不太快樂，而且他常常罵我，又叫我做很多事情，我想要換另一位上師，我們心裡會這樣想。

佛陀薄伽梵六年苦行，在即將成佛之前，到菩提迦耶金剛座禪修，入定的時候，魔鬼邪祟製造了很多幻相傷害他，如果換成是我們，看到這些魔鬼邪祟製造出很多干擾、幻相、恐怖的景象，我們就會想：「菩提迦耶這個地方大概不是一個好地方，應該不適合我做實修，因為魔鬼邪祟太多，我應該換到別的地方去實修比較好。」但佛陀有沒有這樣呢？沒有！不管魔鬼邪祟做什麼障礙，變出奇奇怪怪的現象，佛陀打定主意：「我坐下去之後直到身體的大種毀害為止，金剛跏趺坐絕不鬆開！」立下了這樣一個堅固的誓言，不管魔鬼邪祟示現什麼奇怪恐怖的景象，佛陀始終坐著，就是

不起來不離開，因此成就了佛果。

　　所以，當我們實修時，魔鬼邪祟會觀察這個人的內心是否堅固，然後給他製造很多阻礙，製造阻礙的目的就是讓他的內心改變，換別的實修，永遠換來換去，因此就不會有成就。所以，無論如何，做實修時一定要非常地堅固穩定，不要任意改變，這是第三項，堅定。

　　第四項是思維，思維就是經常想一想業力因果的內容，想一想空性的內容，想一想基如來藏，想一想輪迴的不清淨所顯其實都是如夢似幻，都是無常，經常思維這些教法的內容。

　　第五項是伺察，伺察就是詳細地去分析一下。譬如身和心是不是空性呢？為什麼是空性呢？空性的原因何在呢？如果輪迴的萬法都是如夢似幻，為什麼是如夢似幻呢？原因何在呢？這些伺察分析也應當好好地去做。

加行道

　　之後加行道前兩段，煖位和頂位的主要實修信、進、念、定、慧，稱為「五根」，五根的意思是指，譬如一個人眼根如果好，色法看得很清楚，耳根如果好，聲音聽得很清楚，眼耳鼻舌身的根門各自都有他的作用力，根門如果好，作用力好，就能夠非常清晰地執取色聲香味觸。五根也是一樣，如果五根齊備，表示這一個人對於清淨的正見，還有涅槃的法等方面，就有機會可以明白的了悟。

　　首先，信心當然非常重要，因為佛陀曾經講過「依信悟勝義」，依靠信心才能夠證悟勝義諦，如果沒有信心就不可能證悟勝

義諦了，所以信心非常重要。

其次，精進之心很重要的原因，是因爲任何實修都要有精進之心，若沒有精進之心，任何實修都不會有成效。

第三個是念，念指憶念、回憶，就是我修法的時候，這個法的見地、觀修、行持、果位是如何，上師的口訣內容是如何，這些我的內心都不要忘記，一定要常常想到，常常想到才能夠做實修，如果這些都不能夠想到、不能夠回憶到，那就不能夠做實修了。

第四個是定，指安止的觀修，等持的觀修。

第五項是慧，指勝慧，勝慧主要是指實相的了悟，空性的了悟。

以上是加行道煖位和頂位主要實修的內容「五根」。

加行道的忍位、世第一法所修的內容稱爲「五力」，五力就是和前面五根一樣的內容，信、進、念、定、慧，但是後面的根改成力，所以是信、進、念、定、慧五種力量。

首先，信力也是一種信心，但是這個信心能夠把它的反面（不信，沒有信心）的部分完全打敗，不再受到它的影響，表示這個信心是有威力的，所以，在忍位、世第一法的時候，這個信心就稱爲信力。

精進是針對精進的反面懶惰，精進的威力已經可以把懶惰打敗了，不受到它的影響，這時精進就有威力了，所以稱爲精進力。

念，憶念，是指能夠把它的反面忘失、忘記，能夠把忘失這個部分打敗了，這個憶念就很有威力了，所以稱爲憶念力。

定的反面是心識渙散、胡思亂想，禪定等持的力量已經能夠把

心識渙散、胡思亂想打敗了，這個定在忍位、世第一法的時候就不叫定根了，稱爲定力。

慧的反面是無知、不知道，能夠把無知（不知道）這個部分打敗了，所以這個時候的慧不叫慧根，稱爲慧力。

就信心而言，台灣的弟子信根齊備，信心都很強烈，但如果談到信心的力量（信力），那就很困難，可以說大概沒有了，爲什麼呢？許多弟子說今天上師對我微笑，稱讚我非常好，稱讚我心地很善良，因此我很高興，以這些作爲理由，去證明這位上師是一位好上師，有悲心，有菩提心。但是哪一天這位上師對我也沒有微笑，也沒有稱讚，甚至還罵我，以這些條件和理由我就成立出這不是一位好上師，心裡想：我是不是該到另外一個地方去和別的上師學習呢？

可見許多弟子內心認定，對我有稱讚、有微笑的是好上師；沒有稱讚、沒有微笑還罵我的，就是壞上師。標準是用這樣來分析的，而不是從上師內證功德來分析。

一般觀察分析的意思應該是指觀察分析這位上師內心有沒有善心、有沒有悲心、有沒有菩提心？內心裡教證的功德是什麼？應當從這些方面來分析，但是現在的弟子都不是從這些方式來分析，也沒有這種分析的能力。

如果按照前面對上師的分析標準來判斷，看四臂觀音菩薩，雙手合掌在胸前拿著如意寶珠，後面一隻手拿著蓮花，一隻手臂拿著念珠，臉上露出微笑，因此我皈依這尊本尊，因爲祂臉上露出微笑，是悲心的性質。假設觀世音菩薩爲了調伏頑劣的弟子，化成憤

怒恐怖的馬頭明王，就說這不是好的本尊，祂沒有菩提心，爲什麼？因爲臉看起來非常恐怖憤怒。

實際上，觀世音菩薩露出微笑時，內心的悲心、慈心、菩提心，絲毫沒有改變，就算觀世音菩薩露出面目猙獰恐怖的形相，化成憤怒本尊馬頭明王的形相，內心的慈心、悲心、菩提心，也還是沒有改變，所以觀世音菩薩是好的本尊還是不好的本尊，應當分析觀察祂內心的慈心、悲心、菩提心，應當以這個標準來做分析。如果從外相做分析，微笑就是好的，面目猙獰恐怖就是不好的，這種分析完全大錯特錯了。

所以當我們分析自己的上師時，應該著重具有慈心、悲心、菩提心，外在分別解脫戒的律儀、內在菩薩戒的律儀、密咒乘的戒律都持守得非常好，從這些方式來分析他是不是一位好的上師。假設不是用這種內在教證的德行來分析，而是看上師對我有沒有露出微笑，有沒有稱讚我，從這些方式來分析上師是好上師或是不好的上師，這種分析法眞的是大錯特錯。

見道和修道

見道，七菩提分：憶念、擇法、精進、喜悅、輕安、等持，還有等捨，這是七菩提分。之後修道是八正道：正見、正知、正語、正業、正命、正勤、正念還有正等持。關於見道和修道的內容，我們就不做詳細的解釋了。

也許有人會問：那爲什麼把資糧道和加行道詳細地解釋呢？因爲這是我們現階段正適合的教法，在我們能力範圍內剛好符合我們

所能夠做的，就是資糧道和加行道的實修。把這個部分好好地做，後面見道、修道的實修，逐漸就能夠做到。

總而言之，四個有學道的三十七菩提分的實修，都屬於方便幻相，這個方便幻相的內容，首先是對治的方便，但是無論如何它怎麼樣對治方便，都是如幻，如幻的意思就是指它仍然本然不能夠成立。

本智幻相

第四項本智幻相，三個句子：

ཡེ་ཤེས་སྒྱུ་མ་མཐར་ཕྱིན་མི་སློབ་ལམ། ཁྱབ་བདག་སྐུ་གསུམ་ཕྲིན་ལས་ལྷུན་གྲུབ་སྟེ།

本智幻相究竟無學道　勝者三身事業自成也

དག་པ་གཉིས་ལྡན་མངོན་དུ་གྱུར་བ་ཡིན།

即是具二清淨已現前

前面談到方便幻相時，資糧道、加行道、見道、修道這四個階段是有學道，都屬於方便幻相，後面還有一個無學道，無學道就是本智幻相。當有學道的四個階段徹底究竟時那就是無學道，在得到無學道的時候，法身、報身以及化身三身的本質也得到了，這時，兩種清淨的本質也現前。

現在，當我們在輪迴眾生的時候，只有自性清淨，除此之外，離垢清淨（離偶然垢的清淨）並不存在，但是當無學道現前時，在自性清淨上還要再加上一個離偶然垢的清淨功德也能夠得到，這個

時候就稱爲本智幻相。

一般來講，菩薩聖者從初地到十地，其中有一個十地，這十地的最最後面稱爲「十地最後際」，其本智能夠把小小細細的所知障也斷掉，當這個細分的所知障斷掉時，就證得佛果，證得佛果的那個時候，稱爲本智幻相。

導師佛陀薄伽梵在四種幻相裡是屬於本智幻相的階段，就佛而言是本智幻相，但是下乘門主張佛陀首先是一位王子，因此性質應該是屬於凡夫，他投生成爲王子後，在人道之中，逐漸觀察到生老病死的痛苦，對輪迴產生厭離心，經過六年的難行苦行後，逐漸成就佛果。就佛陀導師而言，是輪迴之中投生的最後一次，是「最後生菩薩」，這樣的理論是小乘提到的。

所以在小乘的書裡有這麼一個頌文，意思是指有四種對象，我們獻供養的話，利益廣大無邊，這四種對象，首先是自己的父母親，雖然他們不是聖者也不是阿羅漢，但是因爲對我們的恩惠非常廣大，如果好好孝順父母親，會得到無量廣大的利益。

第二種是無依無靠的病人，如果對他提供幫助，會得到無量廣大的利益。

第三種是對自己講說經教密咒乘門教法的上師善知識，如果向他獻供養，能得到無量廣大的利益。

第四就是佛陀義成太子，這輩子是他輪迴投生的最後一次，因爲以後就不用投生在輪迴裡，已經成就佛果，所以稱爲最後生（最後投生）菩薩，如果對最後生菩薩獻供養，會得到無量廣大的利益。

　　所以小乘的理論裡，明白清楚地把佛陀當作是輪迴最後一次的投生，最後生菩薩，是這樣一個理論。

　　在大乘之中，顯教乘門的理論和密咒乘門的理論主張說法其實也不一樣，但無論如何，大乘裡經教乘門和密咒乘門二者都認為導師佛陀薄伽梵，其實在很久以前就成就了佛果，但是針對我們五濁惡世的眾生，這個時代的眾生沒有救度者沒有依靠之處，觀察到這種情況之後，為了要對五濁惡世的眾生開示佛法、利益這些眾生，產生這種發心之後，因此才在我們這個輪迴世界投生成為義成太子（即悉達多太子），之後六年苦行，這些都只是示現出來的形相，是這樣的一個主張。總而言之，認為佛陀是本智幻相。

　　前面談到幻相有四項，做了四種說明，但是為什麼稱為「幻相」呢？它的相似特性在什麼地方呢？底下要做一個說明：

དངོས་ཡི་སྐྲ་མ་ཉེ་འཕྱལ་སྐྲ་མ་སྟེ།	ཧྲས་སྲགས་དག་ལས་སྲང་བའི་གཟུགས་བརྙན་བཞིན།
比喻幻相緣起幻相也	物咒二者所顯影像般
བདེན་མེད་ཞིད་དུ་ཆོས་ཀུན་ཏན་ལ་ཕེབས།	འདི་དག་སྐྲ་འཕྲུལ་དྲ་བའི་ཚུལ་ལས་ཡིན།
即於無諦抉擇諸萬法	此等出自幻化網道理

　　密咒乘的續部有一部稱為《大幻化網續》，開示一切萬法都如幻，為什麼一切萬法都如幻呢？就是我們現在用幻相來做一個比喻，「如幻」如同幻相，透過這個比喻要了悟什麼意義呢？要比喻的是指輪迴和涅槃的一切法，僅僅只是顯現出來而已，但不如其所顯而諦實成立，假設我們執著它是諦實成立，那就是迷惑錯亂了。

　　譬如魔術師變出了牛羊馬，但是實際上並沒有牛羊馬，假設我執著就如我所看到的一樣有牛羊馬，那就是錯了，實際上只有小木片、小石頭，並沒有牛羊馬，所以我們用這個比喻來做一個說明。

　　這個比喻要說明的意義是指我們所執著的法，我們所貪戀的法，我們所瞋怒的法，這些對象實際上也不能夠成立，就好像是幻相顯現出來一樣。就幻相顯現出來而言，假設它是無而顯，幻相是一個幻影的話，這些貪瞋癡執著的法實際上不能夠成立。那麼，如果幻相無，它如何顯現出來呢？緣起而形成！

　　魔術師變出牛羊馬這個所顯幻相就是緣起而形成，靠什麼緣起而形成？首先它有物質，之後還要加上咒語，再加上唸誦咒語的人，當這三個條件齊備的情況下，一個不成立的法——牛的景象、馬的景象、男生的景象、美女的景象，這些其實不能夠成立，卻仍然可以顯現出來，我們對顯現出來的景象，執著它確實是存在的，不過實際的情況並不如同我們所執著的一樣，我們所執取的對境牛羊馬等，實際上並不能夠成立，也不是諦實存在。

　　用牛羊馬這個幻相的比喻要表達的意義是指，在眼睛等五根識（根門識）所領受的法，這些法僅僅只是顯現，實際上不能夠成立，這點一定要非常的決斷。如果把它執著是真的有，我們就迷惑錯亂了，但是我們看到它無而顯現出來，還是有一個所顯，如何出現的呢？這是因為對境、根門還有我們的心識三者聚集在一起時，就算實際上不能夠成立，還是會顯現出來，當根、境、識三者集合在一起時，讓我們瞋怒的對象也會顯現出來；當三者條件齊備的時候，讓我們貪戀的對象也會顯現出來；當三者條件齊備的時候，引

發我們產生悲心的對象也會顯現出來；當三者條件齊備的時候，讓我們產生信心的對境所顯也都會出現。

前面所談到的比喻的內容，再進一步地做一個解釋說明，一切萬法都好像是幻相，這個部分一定要了悟。

|ཇི་ལྟར་རྫས་དང་རིག་སྔགས་འདུས་པ་ལས།　|གཞན་དུ་སྣང་བ་འཁྲུལ་པར་ཤེས་པར་བྱ།
如何物質明咒聚集後　　　　顯為他者應知即迷惑

|འགྲོ་བའི་འཁྲུལ་སྣང་དོན་ལ་མེད་པ་སྟེ།　|བག་ཆགས་འཁྲུལ་པའི་རྟེན་འབྲེལ་སྣང་བ་ཚ།
有情惑顯實則為無也　　　　唯是習氣迷惑緣起顯

|སྣང་དུས་ཉིད་ནས་སྟོང་ལ་ངོ་གཟུང་མེད།　|ཡོད་མེད་མཐའ་ལས་འདས་པ་ཤེས་པར་བྱ།
即於顯時為空無認取　　　　應知超越有邊與無邊

|སྒྱུ་མའི་ཡུལ་དང་སྒྱུ་མའི་གྲོང་ཁྱེར་དང་།　|སྒྱུ་མའི་སྐྱེ་བོ་སྒྱུ་མའི་ལོངས་སྤྱོད་དང་།
幻相地區幻相之大城　　　　幻相士夫與幻相受用

|སྒྱུ་མའི་བདེ་སྡུག་སྒྱུ་མའི་སྐྱེ་འཇིག་དང་།　|སྒྱུ་མའི་བདེན་རྫུན་ཇི་ལྟར་སྣང་བ་བཞིར།
幻相苦樂幻相生與壞　　　　幻相真假如何顯出般

|འགྲོ་དྲུག་སྣང་བ་དེ་ལྟར་ཤེས་པར་བྱ། །
應知六道所顯即如彼

以前厲害的大魔術師變魔術時，他可以先變出一個廣大的地方，這個幻相地方的上面可以變出很多高樓大廈，幻相之大城，所變出來的高樓大廈裡，還可以再變出住了很多人，男男女女，「幻相士夫與幻相受用」，所住的這些人，還有他們要享用的物品食物等，也都可以變出來，「幻相苦樂幻相生與壞，幻相真假如何顯出

般」，所變化出來的這些人，他的爸爸當然也是變出來的幻相，爸爸也會死掉媽媽也會死掉，所變出來的幻相的這些人，彼此也會打架，彼此也會生下兒女，這都是幻相，因此，所變出來的幻相裡的人，有他們各種痛苦快樂的情形，這些也都可以變化出來，而且變化出來的房子也會舊了、垮了、倒了，也可建新的，這些全部都是幻相，不是真的存在。但就算它是幻相，在幻相裡仍然可以變出各種各樣，有好的也有壞的，有美的也有不美的，有真的也有假的，全部都可以顯現出來。但是無論如何，幻相裡的真假、苦樂、好壞，這些所顯現出來的景象，實際上全部都不能夠成立，始終都是一個幻相。

和這個情況一樣，在地獄道、鬼道、畜牲道、人道、修羅道還有天道，這六道眾生之中，我們可以看到的人道和畜牲道裡，各種各類的差別千變萬化，但是無論差別有多少，和前面談的幻相一樣，實際上不能夠成立，僅僅只是一個幻相而已，這點在見地上一定要了解。

前面所談到如幻所顯的這個部分，和六道所顯也都是如幻的這個部分，應當要了悟，原因何在？再度來說明，五個句子：

།གདོད་ནས་དག་པས་སྒྱུ་མ་ལྟ་བུ་ལ། །མེད་བཞིན་སྣང་བས་སྒྱུ་མ་ཉིད་དང་མཚུངས།

本然清淨故如同幻相　　無而顯出故等同幻相

།རྐྱེན་ལས་སྐྱེས་ཕྱིར་སྒྱུ་མ་དང་འདྲ་ཞིན། །བསླུ་ཞིང་འཇིགས་པ་སྒྱུ་མ་ལྟ་བུ་ཞེས།

由緣而生故猶似幻相　　欺誑且壞而謂為如幻

།འཁོར་བའི་འཁྲུལ་སྣང་སྒྱུ་མར་གཏན་ལ་ཕབ།
抉擇輪迴惑顯爲幻相

　　六道也像是一個幻相，爲什麼相同呢？這也要做一個解釋說明，例如魔術師變出幻相，用小木片、小石頭變出牛羊馬，變出男男女女，首先這些牛羊馬和男男女女最初並不存在，六道所顯也是如此，六道所顯的一切景象，在內心實相上最初也不存在，都不能夠成立，這一點是相同的。

　　如果在最初的階段不能夠成立，後面如何出現的呢？前面說過，因緣和合，因爲因緣條件具備，後面幻相就出現了，牛羊馬和男女生的幻相出現了。一樣的道理，六道所顯現的一切在內心實相上最初不能夠成立，後來因爲因緣和合、因爲俱生無明和遍計無明，六道所顯的景象也顯現出來了，這點也是相同的。

　　就幻相而言，因爲因緣條件齊備就出現。就六道所顯而言，實際上不能夠成立，最初的時候也不能夠成立，但是因爲因緣條件和合，後面仍然顯現出來。

　　就六道所顯的部分及魔術師的幻相，如果我們執著它是眞的，確實是這樣，那我們就受騙上當了。同樣地，如果我們對輪迴的法產生貪戀執著，認爲它是眞的，那也是受騙了，所以從各方面好好思維，現在我們輪迴之中一切的法，輪迴的這些迷惑所顯，實際上都不能夠成立，只是一個幻影，對這點好好做一個抉擇，如此肯定之後，對輪迴所顯的貪戀、執著、耽著，就能夠逐漸減少。

　　現代電影非常多，有些是悲劇，看時，內心覺得難過，邊看邊

流眼淚，但實際上有沒有？沒有！但我們還是流眼淚；有些是喜劇片，看了哈哈大笑，但實際上也沒有；有些是恐怖片，瞇著眼睛不敢看，因為太可怕了，可是無論如何這一切全部都是假的。

輪迴的所顯也是這個樣子，有一些讓我們產生信心，有一些讓我們產生悲心，有一些讓我們產生貪戀，有一些讓我們產生瞋恨，有一些讓我們產生愚癡，各種各類所顯很多，即使它不能夠成立，但是各種各類都可以顯現出來；就算顯現出來各種各類，仍然是一個幻相，仍然是如幻，這點一定要了悟。

其次如幻所顯，就我們現在這個階段而言，我們產生了貪戀、執著、耽著的這些輪迴的法，一定要了悟它都是幻相，如夢似幻；不僅如此，已經了悟這些法都是幻相之後，要對輪迴的眾生觀修悲心，應當要如此來做實修。五個句子：

|འདི་ལྟར་འགྲོ་དྲུག་སྐྱེ་མཆེད་རང་བཞིན་དུ།　དོན་ལ་གནས་ཀྱང་དེ་ལྟར་མ་རྟོགས་པས།
如此六道實際雖住於　　如幻自性不如彼達故

|མཐའ་མེད་འཁོར་བའི་གྲོང་འདིར་རྒྱུན་དུ་འཁྱམས།　འདི་སྡུག་ལས་ཀྱིས་མནར་བས་སྙིང་རེ་རྗེ།
常漂泊此無邊輪迴城　　苦樂業力逼迫實可悲

|འཁྲུལ་སྣང་སྐྱེ་མར་སོམས་ཤིག་སྐྱེ་བོ་དག
盼思惑顯幻相各位們

平常我們貪戀、執著、耽著的這些輪迴的法，六道的這一切輪迴的法，實際上不能夠成立，好像是一個幻相，但是對它以幻相方式而存在的這個部分，我們不了解，因為不了解，對輪迴的法仍然

產生執著、貪戀、耽著，因此形成輪迴，不斷地在輪迴裡流轉，流轉時當然也有快樂，但通常都是小小的、短暫的快樂而已，除此之外，大多數時間都是受到痛苦的逼迫，如此想一想，對輪迴的這些眾生，無論如何一定要產生悲心，但輪迴的這些眾生當然實際上也不能夠成立，也是一個幻相，這個部分也要經常想一想。

　　我們產生悲心時，當然也有許多狀況，譬如有人對一隻狗產生悲心，非常關愛，好像對自己子女一樣愛牠、照顧牠，當狗死亡時，好像自己子女死掉，也非常難過。從一個角度來看，當然這也是悲心，也是好的，可是如果從另外一個角度來看，這個悲心是偏頗的悲心，所謂偏頗的悲心，就是和自己有關係才產生悲心，無關係就不會產生悲心，這種悲心仍然是在貪戀、執著、耽著之下所引發而產生，和前面所談到的思維輪迴痛苦的性質，由這個性質引發的悲心不一樣，所以稱為偏頗的悲心。

　　比起沒有悲心者而言，偏頗的悲心當然是好一點，不過如果和大乘比較，有偏頗的悲心不算是大乘的悲心，因為從大乘的角度來看，悲心產生的同時無論如何一定要有空性的見地。

　　在中觀的教法中都談到空悲雙運，如果僅僅只是依靠悲心進入道路，能不能斷掉輪迴呢？不能！如果僅僅只是靠著悲心進入道路，能不能成就佛果呢？不能！如果只有靠著空性，能不能斷掉輪迴呢？可以！但是只有靠著空性能不能得到佛果呢？不能！例子就是聲聞的羅漢，聲聞的羅漢有了空勝慧，有了空性的見地但是欠缺大乘的悲心，因此走在自己道路之上，最後還是不能夠成就佛果。

　　只有悲心，能不能斷離輪迴呢？不能夠！如果只有悲心，只有

對自己的父母子女產生悲心，由這個悲心、關愛之心，慢慢會產生貪戀執著，由於強烈的貪戀執著，將來還是投生在這個家族裡，因此又墮入輪迴，所以僅僅只有悲心一項，還不能夠離開輪迴。無論如何，空性和悲心二者一定要同步，在悲心產生的同時一定要思維萬法自性不能夠成立，如夢似幻，這兩項一定要同時在一起，才算是進入大乘的正道。

當悲心產生的時候，自己不會產生不能夠忍受的痛苦，相反地，應當領受到快樂，應當有安樂存在，假設悲心產生的時候，自己內心產生難以忍受的痛苦，那就表示不是走在正確的道路上，因為這樣的悲心不是一個純正的悲心，是一個偏頗的悲心。

因此，我們前面所談到很多佛陀所開示的法，菩薩所開示的法，多聞是非常重要的。在多聞之後，悲心這方面我們也會有深入的認識，空性這方面我們也會有深入的認識，就不容易走在顛倒的道路上。

假設沒有廣大聽聞，可能產生偏頗的悲心，偏頗悲心產生時，會自認為走在正確的道路上，產生這種執著。假設沒有廣大聽聞，我們可能產生偏頗的空性的證悟，也會認為自己走在正確的道路上了，產生這種執著；或者是有時候修安止，完全不做任何思維，認為這個安止是正確的道路，也產生這種執著，其實這些都是顛倒的道路，因為自己沒有多聞義理，在沒有多聞義理的情況下，就觀想實修，才會導致走在顛倒的道路卻完全不自知。

假設上輩子廣博多聞，這輩子不需要多做聽聞，靠著上師的純正口訣也能夠立刻做觀想實修，這樣也可能走在正道上；假設上輩

子沒有廣大聽聞，這輩子靠著一些緣分，突然間就打坐參禪，觀修空性，觀修悲心，大多數都有走在顛倒道路上的危險，所以無論如何，廣大聽聞相當重要。

　　經由前面的比喻，要了悟我們所執著、貪戀、耽著的這些輪迴的法，就好像是一個幻相，但僅僅只是了悟還不能發揮大的效果，無論如何要讓了悟的見地再進步，再增長增廣，這就必須內心再三分析萬法，分析它為什麼如同一個幻相呢？它如何是一個幻相呢？這部分的說明，四個句子：

|གང་ནས་མ་བྱུང་གང་དུ་མ་སོང་ཞིང་། |གར་ཡང་མི་གནས་ཆོས་ཀུན་ཆོས་ཉིད་དང་།

不從何來不去往何處　　未住何處萬法之法性

|རང་བཞིན་གདོད་ནས་དག་པའི་སྒྱུ་མ་ནི། |སྐལ་ལྡན་རྣམས་ཀྱི་ལྟ་བས་ཐག་ཆོད་ཅིག

自性本然清淨之幻相　　盼有緣眾以見地決斷

　　因為上輩子有一些善好的習氣，這輩子我們才能夠聽聞到大遍智龍欽巴尊者的開示，能夠有學習他教法的機會，就此而言稱為一位有緣者。但是有緣者不能停留在只是一位有緣者，應當好好運用這個機會，好好發揮有緣者的功效，這應該怎麼做呢？應當好好分析一下萬法。

　　譬如魔術師所變出來的牛羊馬，最初從何而來呢？如果仔細分析，這些牛羊馬最初的來源之處了不可得，怎麼找都找不到。這些幻相存在的時間長短不一，有的十分鐘，有的半小時，有的經年累月，幻相仍然存在，但無論如何，最後一定消散不見，當幻影消散

不見時，牛羊馬跑到哪裡去了呢？它的去處怎麼尋找也了不可得。假設是存在半小時，那這段時間裡，存在什麼地方呢？如果最初沒有來源之處，最後沒有去往之處，中間當然也就不會有停留之處了。

　　所以以這些幻影的情況做一個比喻，要說明現在我所貪戀的對象、我所瞋恨的對象、我所產生愚癡的這樣一個對境，這些對境最初從哪裡來？最後到什麼地方去？中間停留在什麼地方？仔細地做一下分析。

　　譬如我對一個人非常生氣，這個時候我就想一想，我是對這個人的手產生憤怒？還是對這個人的腳產生憤怒？我瞋恨的對境（對象）到底在哪裡？仔細分析，會發現瞋恨的對境在這個人的身上怎麼找都找不到，了不可得。因此應當再三地分析輪迴的法，透過再三分析，讓自己內心產生一個定解，而且無論如何也都要把懷疑去除掉，這個就必須透過再三地進行分析，經由再三分析，也能夠產生「空」的見地。所以，輪迴的一切萬法都像是一個幻相，這個見地也能在內心產生。

　　輪迴的法及涅槃的法這一切實際上都不能夠成立，就像一個如幻的所顯，這個部分再做一個開示，四個句子：

|ཤེས་ཅན་རང་བཞིན་སྒྱུ་མ་ལྟ་བུ་ལ།　| བྱང་ཆུབ་རང་བཞིན་སྒྱུ་མའི་ངང་ཉིད་དོ།
有情自性即猶如幻相　　　菩提自性幻相狀態矣
|འཁོར་འདས་གཉིས་མེད་སྒྱུ་མའི་རོལ་པ་ར།　| སྐལ་བཟང་རྣམས་ཀྱིས་དེ་ལྟར་ཤེས་པར་བྱ།
輪涅無二幻相之遊戲　　　盼有緣眾應如彼通達

　　六道所顯、六道所攝的這些眾生，當我們不做觀察、不做分析的情況下是有的，可是如果我們再仔細做分析、做觀察，就會發現實際上六道所顯的這些法根本不能夠成立，是如幻所顯而已。

　　涅槃的法也是這樣，當我們不做觀察、不做分析的情況下，涅槃的法出現了，可是我們仔細做分析時，會發現雖然它顯現出來了，不過實際上是不能夠成立的，因此是一個如幻的所顯。

　　就此而言，輪迴和涅槃的法二者，就毫無差別了。

　　譬如輪迴的法不能夠成立，涅槃的法才能夠成立，會不會有這種差別存在呢？不會！輪迴的法不好不美麗，涅槃的法才好才美麗，會不會有這種差別存在呢？不會！二者毫無差別，都是如幻所顯，實際上不能夠成立，但在不能夠成立之下依然顯現出來。

　　就我們內道佛法學習者而言，宿世有一些緣分之故，因此在今天，對於我們所貪戀的、輪迴所顯的這些法，無論如何一定要了悟是一個如幻所顯，為什麼呢？因為我們的一生多麼地短促，在短促的一輩子裡，大多數的時間都忙碌於輪迴的事，至於去做對下輩子有利之事的時間短的不得了，因此我們就要好好想一想，「應如彼通達」，萬法都如幻，對於萬法如幻的這個部分自己好好分析檢查；或者是對於諸佛菩薩曾經如此開示過，對這點產生信心，相信確實是這樣。無論如何，在短促的時間裡，一定要了悟萬法都如幻。

　　現在我們對一切萬法如夢似幻這個部分也不能夠了悟，內心也不太相信，這是因為自己的煩惱過於沉重的過失，所以這個時候思維：諸佛菩薩的開示一定是真的，至於我認為萬法不是如夢似幻，也不太相信，這可能是因為自己煩惱的沉重，因此沒辦法有這種了

悟，不過諸佛菩薩所開示的一定是對的，一定是眞的。要像這樣對
諸佛菩薩的開示產生強烈的信心，之後去了悟一切，決斷了悟萬法
都如夢似幻，仍然要這樣做。四個句子說明：

|རྒྱལ་བས་ཆོས་ཅན་རྒྱུ་མ་ཉིད་ལས་གཞན།　|དངོས་ཚམ་དམིགས་སུ་མེད་ཅེས་གསུངས་པ་བཞིན།
如勝者宣法理即幻相　　　此外即無可緣毫塵矣

|གང་སྣང་བདེན་མེད་རྒྱུ་མའི་ཆོས་ཉིད་དུ།　|ཐར་པ་འདོད་པ་དག་གིས་ཤེས་པར་བྱ།
任顯無諦幻相之法性　　　希求解脱眾士應通達

　　釋迦牟尼佛曾經開示，我們所耽著、所執著的這些法都是「唯
顯」，僅僅只是顯現，唯有顯現出來而已。意思就是指它實際上不
能夠成立，好像是一個幻影，如夢似幻，像是一個幻相，僅僅只是
顯現，因此，眼前所顯現的法以及幻相，實際上二者沒有差別。

　　佛陀曾經這樣開示過，在《中品般若經》中，佛陀對了空第一
的弟子須菩提說：「萬法如夢似幻，也顯現成爲法者，自性不生之
故。」這些萬法都如夢似幻，因爲顯現出來成爲法，這些法其實自
性都不生，因此，應知爲如夢似幻，不應當產生執著。

　　就我們現在而言，覺得眼前所看到的法和夢境的事物，差別實
在太大了，我們的想法是這樣，但事實上沒有任何的差別，萬法就
是一個幻相，除了萬法這個幻相之外，沒有任何其他的幻相存在。

　　不管在何時，我們都很誠懇地祈請佛陀，頂禮、供花、供香，
做各種供養，如果是這樣，對於佛陀所開示的法一定要堅決地相
信。假設自己對於佛陀所開示的法不相信，就算對佛陀頂禮、供

花、供香，佛陀也無法來利益自己。

　　為什麼呢？因為佛陀曾經開示：「我不能夠用手拔除掉眾生的痛苦，我也不能夠把我內心證悟的功德送到眾生內心裡，使他遠離痛苦。」所以佛怎麼利益眾生呢？佛陀說：「我能夠把眾生痛苦滅掉，所靠的方法只有解釋說明，我可以告訴眾生罪業是什麼樣子，應當要把它滅掉；善業是如何，應當要好好做；想把貪心滅掉的話，要怎麼觀想，有什麼方法；想把瞋恨心滅掉的話，要怎麼觀想，有什麼方法；想把愚癡心滅掉的話，應當如何觀想。」

　　所以，佛陀開示很多學處，弟子對於佛陀的開示完全堅決地相信，並按照佛陀所開示的學處如理而做，就會得到證悟，去除痛苦，佛陀就是如此來利益眾生。

　　接著，再把幻相分成大解脫幻相、種種幻相、輪迴涅槃法界幻相三種，首先，第一個大解脫幻相，六個句子：

幻相道理亦應如此知	菩提幻相自成無邊變
未誑遍性常時如天空	如日猶如寶珠滿求願
無邊功德事業圓遊戲	淨明已離戲論自性矣

　　這個段落主要是指一切眾生原來就有的內心實相（基如來藏），稱為大解脫幻相。就內心實相而言，實際上也是如幻所顯，

不過就算是如幻所顯，可是在內心實相上，以自成方式而存在的功德仍然有，而且這些功德絲毫不會改變，不會有時候有，有時候又消失不見；這些功德也不會只有在得到菩薩果位時才有，在輪迴凡夫就沒有，不可能有這種情況，佛也有，輪迴的凡夫也有。這就好像天空的本質，對天空而言，沒有任何差別，內心實相（基如來藏）也不會有任何差別。

而且就好像天空有太陽、月亮，或者說如同如意寶珠，可以利益眾生，太陽以去除黑暗的方式利益眾生，月亮以帶來清涼的方式利益眾生，如意寶珠以能夠讓人心想事成的方式利益眾生。和這個情況完全一樣，內心實相沒有任何的妄念，仍然有利益眾生的功德和事業，因爲順著眾生的程度如何，這些利生的功德事業仍然會顯現出來。

因此，內心的本淨，還有明分本智的部分，這些部分說是有嗎？無嗎？二有嗎？二無嗎？都不對，因爲它超越了內心的思維。

第二個，種種幻相，六個句子說明：

輪迴幻相無諦欺誑也　　性相斷絕無顯幻相般

惑妄沒時惑顯沒法界　　明咒力失馬象未顯般

不淨顯境取執本解脫　　淨故空而無本質一般

　　輪迴萬法都如幻，雖然顯現出來，但是諦實不能夠成立，假設我對它產生執著，執著如其所顯而成立，那就是自己受騙上當。就所顯而言，它的自性根本就不存在，根本就沒有，可是這是如何知道的呢？這是因為我們現在都有一個迷惑的心，有一個迷惑的心識存在，如果以後迷惑的心識、迷惑的心滅掉不存在時，這一切所顯完全消散不見。

　　舉例而言，魔術師變出牛羊馬的時候，為什麼觀眾看到牛羊馬顯現出來呢？是因為魔術師的咒語影響到觀眾的眼識，受到咒語影響的眼識就會看到牛羊馬的幻影。那麼，幻影什麼時候消散掉呢？當這個咒語的威力消散了，眼睛就看不到牛羊馬這些幻影了。

　　一樣的道理，六道所顯的這一切是因為有一個迷惑錯亂的心，什麼時候這個迷惑的心消失不見了，那六道所顯就會完全都消散不見了，因此可以了知六道所顯的這一切，本質不能夠成立，是空性，雖顯而不能夠成立。

　　第三個，輪迴涅槃法界幻相，八個句子說明：

ཁ་ཡིས་ཀྱི་སྟུ་མ་ཚོས་ཞིད་འཕོ་འགྱུར་མེད།	དག་དང་མ་དག་ཀུན་ཀྱི་ཚོས་ཞིད་དེ།
本性幻相法性無遷變	淨與不淨一切之法性
ཇི་སྲོད་གསེར་སྣོད་ནང་གི་མཁའ་དབྱིངས་བཞིན།	སྣོད་དང་སྣོད་ཆག་རྐྱེས་གྱིས་འཕེལ་འགྲིབ་མེད།
陶器金器內在虛空般	不因器存器破而增減
དེ་བཞིན་འཁྲུལ་དང་གྲོལ་བའི་རང་དུས་ཀྱི།	ཚོས་ཞིད་འཕེལ་འགྲིབ་བཟང་ངན་མེད་པར་གནས།
同理迷惑解脫之其時	法性無增減好壞而住

|འདི་ནི་གནས་ལུགས་དོན་གྱི་དགོངས་པ་ཡིན། དེ་ལྟར་ཤེས་ན་སྒྱི་པོ་མཁས་པ་ཡིན།

此即實相意義之尊意　若如前知即爲善巧士

　　這裡所要講的仍然是內心實相（基如來藏）的意義，不過最主要的內容是講佛寶、法寶、僧寶，以及法身、報身、化身三身，這些都不會離開內心實相，不是在基如來藏之外的。皈依處不管是如何，上師、本尊、空行，無論如何也不離開內心實相，因此就內心實相而言，在見地之中，是見地之王，是最重要的；在道路之中，是道路之王，是最重要的。所以有必要再三說明內心實相的意義。

　　就我們的本性內心實相而言，本質絲毫不會有任何改變，在成就佛果的階段或是陷入輪迴眾生的階段，本質都不會有任何改變。

　　舉例而言，譬如黃金所做的瓶子和泥巴所做的瓶子，外表看起來不同，因爲材質不一樣，可是瓶子裡的空間絲毫沒有差別，這是要用來比喻佛和眾生，佛就好像是黃金的瓶子，眾生就好像是泥巴捏成的瓶子，但是無論如何，在成就佛果的那個時候，佛陀的內心實相（基如來藏），和墮入輪迴的眾生心續中的內心實相（基如來藏），二者沒有任何差別。當這個瓶子破掉時，空間不會有任何改變，就算瓶子沒有破掉，內在的空間也不會有任何改變，瓶子破掉和沒破掉，瓶裡的空間都不會有任何差別。

　　因此，在迷惑的眾生的那個階段裡的如來藏，和迷惑去除後證得佛果那時的如來藏，二者其實沒有任何的差別，功德也沒有高低的差別。因此，不應當離開內心實相（基如來藏）到外面去尋找佛，也不應當離開內心實相到外面去尋找皈依處的三寶，也不應該

離開內心實相到外面去尋找法報化三身的果位，這些應當都在內心實相上去尋找，就可以找得到。有這種了解的話，就是一個善巧者、通達者了。

第二部分：實修

在見地上已經決斷一切萬法都如幻之後，實修應該怎麼做呢？

།གང་ཚེ་སྒྱུ་མའི་ལྟ་བ་རྟོགས་རྗེས་སུ། །སྒྱུ་མའི་བསྒོམ་པ་བདེན་མེད་ཆེན་པོ་ནི།
某時證悟幻相見地後　幻相禪修大無諦者

།སྔོན་འགྲོ་སྔར་བཞིན་སྒྱུ་མར་གསོལ་བ་བཏབ།
前行如前為幻相祈請

「為幻相祈請」意思是為了成就如幻的了悟而祈請。一切萬法都如夢似幻，這個時候在見地上要了悟，但是僅僅了悟還沒有什麼用處，因為後面還要做禪修、做觀想，禪修觀想要怎麼進行呢？有一個前行法（詳見附錄），在「如夢品」已經講解過了，前面有皈依，發菩提心，觀想自己是觀音菩薩，唸誦瑪尼咒語，再觀想前方虛空有上師，三根本壇城聖眾，之後獻上七支分，要念誦三遍，之後對上師進行祈請，祈請完畢後要念誦持咒，持上師咒，之後再祈請賜給我加持，加持我能夠了悟如幻，這個過程和前面都一樣。

前行法實修的時候，要觀想上師在前面虛空之中，但是有人認為不要觀想成人類的形相，因為人類的形相是一個不清淨的形相，應該觀想上師轉變成清淨的形相，例如古魯仁波切、大悲觀世音、

金剛薩埵，其實這種說法是錯誤的。

　　大遍智龍欽巴尊者不如此主張，因為這裡談到上師是三寶的性質，指上師的內心是上師、本尊、空行等三寶（三根本）的性質，除此之外，並沒有談到上師的外型是三寶的性質，因此，觀想上師時，我的眼睛所看到的上師，他是如何就是如何，應當這樣來做觀想，此外，並不需要改變上師的外型，把他轉變成為古魯仁波切或觀世音菩薩等，這些都不需要。因為如果外型改變了，那這個時候我們不是對上師產生信心、恭敬和勝解，而是對蓮花生大師、對大悲觀世音產生信心、恭敬和勝解，可是我們現在是修上師相應法，修上師相應法的時候，最重要的關鍵重點是對上師的信心、恭敬心非常強烈，以這個方式使弟子的內心解脫，而不是在上師法的部分，靠著本尊的加持，靠著對本尊的信心恭敬心非常強烈，因此得到本尊的加持，使弟子的內心解脫，並不是這樣的。

　　因此，以上師相應法進行觀想實修時，上師的外型不必做任何改變，外型如何就如何，不過有時候，譬如《心滴前行法》也有上師相應法，在那個部分裡，就必需把上師的外型觀想成古魯仁波切，要那樣觀想實修。但是現在這個段落修上師相應法時，就大遍智龍欽巴尊者的主張，上師的外型不能改變，自己眼睛所看到是什麼樣子就是什麼樣子，就以看到的形相做觀想實修。

　　《心滴前行法》的內容是持明吉美林巴所做的開示，有人也許會這樣想，大遍智龍欽巴尊者講不要改變外型，上師的外型是如何就如何，那持明吉美林巴的開示錯了，我修《心滴前行法》時還是要堅持上師的外型是如何就如何做觀想。

　　因為諸佛菩薩大成就者都有基於對所調伏眾必要性的考慮，因為這一點，在修《上師相應法》時，有時候外型要變成古魯仁波切來做觀想，有時候外型不必改變，照本來的外型來做觀想，這些都是上師針對弟子實修時必要性的考慮，什麼方式讓他的禪修能夠產生最強烈的信心，就如此而做開示。

　　就現在這個段落而言，應當上師是什麼樣子我們就如此做觀想，這一點能夠讓我們產生強烈的信心，對這一點要做一個決斷，不必追問道理何在，為什麼這個人這樣講、那個人那樣講？我要做一個分析，透過分析來得到了解，這些都不需要，一切依上師為主，上師怎麼開示就怎麼做，上師說觀想時外型要改變就改變，不用改變就不用改變，這樣，信心才會非常強烈。

　　為什麼不能夠透過我們自己的分析去看道理何在，應該怎麼樣呢？因為我們現在的心有所錯誤，我們內心都陪伴著迷惑錯亂，分析不一定是正確的。

　　在現在這個上師法的部分，就上師而言，灌頂，為自己灌頂的上師很多；聽聞教法，為自己講法的上師也很多，這樣的話那要觀想誰呢？大家一定也有這個疑問存在，應當觀想一位主要的上師，其他上師全部都是這位上師的支分。

　　譬如一棵大樹非常大，它的分枝一定很多，一樣的道理，自己得到灌頂的上師非常多，聽聞教法的上師非常多，但是只要以一位主要的上師為主，然後觀想其他上師都是這位主要上師身的支分、語言的支分、心意的支分、功德的支分、事業的支分等，一切全部收攝在一尊，如此產生強烈勝解來做觀想就可以了。

　　從我這裡傳給大家的法和灌頂，你們觀修時應當觀想貝諾法王❶，因爲在法王之下有那麼多的堪布、祖古等，都做了很多灌頂、開示，可以觀想他們有一些是法王事業的支分，有一些是法王功德的支分、語言的支分、心意的支分、身體的支分等，應當如此思維，在這個思維之下做觀想，那就可以說是觀想了所有的上師，對於一切上師都修了清淨之心，對一切上師都產生了強烈的信心。

　　如果就寧瑪派的角度來看，現在這個時代，像貝諾法王一樣弘法利生事業做得如此廣大，發願的力量如此強大的，大概再也沒有了，因此，大家好好地觀想法王，也有一個好的緣起，就是未來我們也能夠像法王一樣做廣大的利生事業。

日間上座實修

　　關於一切萬法如幻的性質這個部分，主要分兩個大綱，第一項，見地方面的抉擇，第二項，講說實修的方式。實修的方式分成白天實修的方式和晚上實修的方式，白天實修方式裡又分上座、下座兩種，上座是等置階段的實修怎麼做，下座是後得階段的實修怎麼做。

|དངོས་གཞི་ཕྱི་ནང་སྣ་ཚོགས་ཆོས་འདི་རྣམས། ｜ ｜རྒྱུ་རྐྱེན་དབང་གིས་སྒྱུ་མར་སྣང་བ་སྟེ།
正行外內種種此萬法　　因緣之故顯爲幻相也

---

❶編註：本課程爲 2007 年講授。

ཁོན་ལ་མི་བདེན་འལ་འོལ་ཟང་ཐལ་དུ། །སྐད་ཅིག་སྐད་ཅིག་ཉིན་མཚན་དུག་པར་བསྒོམ།
實無諦實模糊通澈狀　剎那剎那日夜常觀修

　　這講的是上座等置階段的實修，當我們正行上座，正式做實修時，應該怎麼做呢？應當觀察外在的實有法，內在的實有法，各種各類不同的很多，這些各種各類不同的法全部都是因緣和合所形成，屬於無常生滅的性質，僅僅只是顯現出來而已，假設我們用邏輯推理仔細分析，會發現它根本就不能夠成立，這一切的法，不是恆常堅固，是剎那生滅的性質。在上座時應當好好如此觀察。

日間下座實修

　　等置禪定之後，是下座後得位的實修，六個句子：

ཆགས་སྡང་དགག་སྒྲུབ་ཅིན་མོངས་ཅི་ཤར་ཡང་། །སྒྱུ་མ་ཉིད་ཅེས་བདེན་པ་མེད་པར་སྦྱོང་།
貪瞋破立任現何煩惱　謂即幻相練習無諦實

ཕྱི་རོལ་དངོས་ཀུན་སྒྱུ་མ་ཉིད་དང་ནི། །ནང་གི་ཀུན་རྟོག་སྒྱུ་མ་ལྟ་བུ་སྟེ།
外在實有即幻相及與　內在遍妄即如幻相也

རྐྱེན་ལས་སྐྱེས་ཕྱིར་མི་བདེན་བསླུ་བའི་ཕྱིར། །སྣང་ཙམ་ཉིད་ཕྱིར་སྒྱུ་མའི་དཔེ་བསྒོམ་མོ།
緣所生故無諦欺誑故　唯顯現故修幻相喻矣

　　從等置禪定出定之後，就是下座後的後得階段，例如走路來往時，說話時，穿衣服時，上班工作時，這個階段有時會因為外緣好的情況之下，順應自己內心引發貪戀，或者是外緣不好的情況之

下，內心產生瞋恨。當貪戀產生時，我就想要得到那個對境，因此努力去追求；當瞋恨產生時，我就想要離開那個對境，因此想把它遮滅掉。不僅如此，內心產生很多期望或懷疑，想要得到或想要遠離，各類妄念都會出現，不過就好像是如幻所顯，一個幻相一樣，如幻所顯顯現出來的這些幻相，即使非常美，產生想要得到它的想法，不過實際上它仍然不存在，就算是不美，很醜陋，產生想要離開它、把它消滅掉的想法，其實它仍然是沒有。

同樣道理，不管我們貪戀或瞋恨的對境如何，實際上也不能夠成立，都是幻相，毫無差別，這一點在見地上做一個抉擇，抉擇之後，外在的事物不管是美、不美、是好、不好，一切都是因緣所生，就好像是魔術師所變出來的形體，好好壞壞，各種各類，都是變出來的，都是因緣和合而形成的，它不是真的，不能夠成立。假設我執著是真的，那只會自己受騙上當。譬如魔術師變出來的牛羊馬，如果我執著為真，花了幾萬塊買回家，過了幾個小時，就消失了，再也不存在。

現在我們貪戀或瞋恨的對境，其實本身不能夠成立，幾年之後，也消散得無影無蹤，比喻就像是這個幻相一樣，因此，應當由這個比喻了解意義，一切萬法自性不能夠成立，好好思維這個部分，也能夠逐漸減少自己的貪心，也能夠逐漸減少自己的瞋恨心。

夜間實修

晚上實修的方式，以六個句子說明：

|ཁལ་ཚོའང་ཕྱར་བཞིན་ཁྱད་པར་སྐྱ་མཐེ་དང་།　|བདེན་མེད་སྤྲོས་དང་བྲལ་བར་ཆོད་ཀྱིས་གློད།

眠時如前尤於幻相況　　無諦已離戲論放輕鬆

|དེ་ནས་འཁྲུལ་པའི་རྨི་ལམ་ཅི་ཤར་ཡང་།　|སྒྱུ་མར་ཤེས་པས་བདེན་ཞེན་འཇིགས་དངངས་གྲོལ།

隨後任現迷惑夢境時　　知幻相故諦耽恐慌解

|སྒྱུ་མར་སྦྱོང་དང་སྤེལ་བསྒྱུར་དག་པའི་ཞིང་།　|སྒྱུ་མ་ལྟ་བུར་བགྲོད་ཚུལ་སྔར་བཞིན་ནོ།

練習幻相增變清淨刹　　如幻晉升道理如前矣

　　實修的時候，首先應當像佛陀圓寂時所示現的右脇著地而眠，這點和第一品開示的一樣，那和第一品不一樣的內容是什麼呢？就是現在這個段落所要觀想的，觀想從密輪直通到頂輪梵穴有一個中脈，關於中脈的觀想有許多指導文都有講解，這裡和其他指導文有一點點不同，一般來講，觀想的方式都是依照自己上師的開示，上師如何開示就如何觀想，不能說這本書這樣開示，那本書那樣開示，那是不是這本書錯了呢？不能夠有這種想法。

　　一般的指導文，談到中脈的觀想，外白內紅，這種說法很多，現在這個段落觀想中脈是純粹的白色，內外透明清澈，裡面空空洞洞，從密輪直接通到頂輪梵穴，如此做觀想，但是其他指導文的中脈是從臍輪到頂輪梵穴，有一點點出入，不太一樣，但也不需要產生疑問，爲什麼呢？

　　我們觀想中脈的時候，把中脈觀想成什麼形相，什麼顏色，是因爲前輩上師聖者開示如此觀想，就中脈而言，顏色也不能夠成立，形狀也不能夠成立，它不是一個色法，所以沒有顏色也沒有形相，但是因爲前輩聖者開示：你要這樣觀想，你要那樣觀想，所以

我們也就這樣觀想，那樣觀想，因此不需要有疑問，質疑這個觀想爲什麼和那個觀想方式不一樣。

我們現在所要觀想的是中脈從密輪一直通到頂輪梵穴，觀想完之後，在密輪位置有一個強烈的亮光，繫心在光的明點上，一心專注，之後這個光的明點逐漸縮小，逐漸縮小，到最後消散得無影無蹤，在無影無蹤無所緣取之中入眠。

一般來講，夢境之中，有時做了惡夢，景象很恐怖，有時做了美夢，雀躍萬分，這些實際上都不能夠成立，是如幻的性質，如果能夠以上述方式入眠，即使在夢境之中，也會得到這種了悟。如果得到這種了悟，就算是惡夢出現，也不會害怕，美夢出現，也不會雀躍萬分，不會產生貪戀執著，也就能夠解脫痛苦。

痛苦解脫的話，那就會像第一品所談到的關於夢的部分，首先做夢的觀修，之後能夠執取夢境，之後修夢要能夠修通，在夢中要能夠變化，之後能夠轉變，之後能夠增長，之後能夠自在，到達這個程度的話，夢境之中就能夠到諸佛菩薩的淨土，拜見諸佛菩薩聽聞教法，能夠到善惡道去利益眾生，就具有這種能力了。

也許有人會這麼想：就夢而言，當然它是一個迷惑，它是一個迷惑顯現的假象，如果這樣，那我們修夢，要使夢在夢之中能夠增長，能夠自在，能夠變化，那就沒有必要性了，因爲夢已經是一個迷惑了，在夢裡還要變化、轉變、增長，那不是迷惑裡的迷惑嗎？就沒有什麼用處了。

但是情況是這樣的，我們現在是凡夫，是一個初機行者，就初機行者而言，內心純粹都是迷惑煩惱，僅僅只是如此而已，內心根

本一點本智都沒有，仔細看我們的內心，這個也是煩惱，那個也是煩惱，不管怎麼看都是煩惱，假設因為都是煩惱不能滅掉，那放著就好了，如此的話，一個煩惱也無法滅掉。

在這種情況下，就必須：首先這個部分的迷惑是所應斷，然後那個部分的迷惑是對治法門，用這個對治法門的迷惑，把煩惱的迷惑消滅掉，所以在我們目前的情況，內心只有煩惱，應該把一些煩惱歸納為所應斷，另外一些煩惱歸納為對治，用對治把所應斷滅掉，這仍然是可行的。

仔細分析，我們心裡想到要安置遍滿虛空的眾生證得佛果，這是願菩提心，這個願菩提心也是屬於妄念的本質，最後仍然是屬於細分的煩惱，《現觀莊嚴論》談到，心裡產生「我要得到佛果」這種想法，仍然是屬於細分的煩惱，甚至我們對三寶產生信心，或者我要供養三寶，或者我要做實修，實際上所有這一切都屬於妄念，凡是屬於妄念最後全部都是要丟掉的，因此，不能夠把這些妄念的心，煩惱的心帶著然後到佛果。佛果有沒有這些心存在呢？絕對不可能的，所以在斷除的時候，當然我們就有一個這樣的方式了。

就前面所談到的，用一些煩惱把另外一些煩惱滅掉，《入中論》談到：「斷心得佛果」，斷掉這些煩惱的心之後，最後才能夠得到佛果，我們現在內心都是煩惱，煩惱應當滅掉，不過現在我們內心沒有本智，在我們初機的階段裡，只能說某一些煩惱是應斷，某一些煩惱是對治，用一些煩惱把一些煩惱滅掉，這是非常合理的，所以夢境本身當然是迷惑，在夢境裡的變化也是迷惑，但是一些迷惑當做應斷，一些迷惑當做對治，這樣子逐漸地來進行。

譬如在世俗之中，上師也是凡夫，弟子也是凡夫，凡夫依止凡夫，仍然得到利益；又譬如醫生也是凡夫，病人也是凡夫，但是凡夫依止凡夫，不是也治好病了，得到利益了嗎？一樣的道理，用一部分的煩惱把另一部分的煩惱滅掉，用一部分的迷惑把另一部分的迷惑滅掉，這當然都是可以的。

第三部分：果

第二品如幻的自性，見地上進行了抉擇，道路上也進行了觀修，之後會得到什麼果呢？最後要說明果：

དེས་ནི་འཁོར་བའི་ཞེན་འཛིན་རང་གྲོལ་ཏེ།		སྒྱུ་མར་གྲོལ་ནས་མི་གནས་རྒྱུ་དང་འདས།
彼故輪迴耽執自解也		幻相解脫無住而涅槃

སྒྱུ་མ་ལྟ་བུའི་དོན་གཉིས་ལྷུན་གྲུབ་སྟེ།		དེ་ཕྱིར་སྒྱུ་མ་ལྟ་བུའི་དོན་བསྒོམས་ཤིག
猶如幻相二事自然成		彼故請修猶如幻相義

རྫོགས་པ་ཆེན་པོ་སྒྱུ་མ་ངལ་གསོལ་ལས།		སྒྱུ་མ་ལྟ་བུའི་ལེའུ་སྟེ་གཉིས་པའོ།། ॥
大圓滿如幻休息論中		如幻之品是爲第二也

首先一切萬法自性不能夠成立，不清淨輪迴的法也是如幻的自性，清淨涅槃的法也是如幻的自性，但是就如幻自性而言，唯有觀修它是如幻自性，如幻自性一樣的己事，也可以徹底究竟，如同幻相一樣的，它也可能徹底究竟，最後也會得到像幻相一樣的解脫，而且對像幻影幻相一樣的輪迴的法，對這些法的貪戀、執著、耽著，也是一樣可以滅掉的，當然實際上幻相本身是不能夠成立的，

但是就輪迴和涅槃的法而言，按照如幻自性的意義去觀修的話，那如幻的自他二事仍然可以徹底究竟。這個部分談到的是果。

3

如光影

第一部分：見地

　　光影就是在外緣影響下，所看到的一些虛假的影像，一切萬法如同光影的性質，在眼花撩亂之下所看到的，這一點應當要了解。了解之後如何做實修，則分為兩項，第一項，界如來藏之中迷惑所顯如何出現，第二項，此迷惑所顯實際上不能夠成立，是空性，在見地上做一個抉擇。

｜ཡང་འདིར་རྒྱལ་བས་མིག་ཡོར་ལྟ་བུ་ཞེས།　｜གསུངས་པ་གང་དེ་ལེགས་པར་བཤད་ཀྱི་ཉོན།
勝者宣謂猶如光影矣　　此又妥善釋彼請諦聽

　　佛陀在中轉法輪開示般若教法時，針對聽法的弟子開示了：「一切萬法如光影」，用比喻的方式對弟子介紹萬法的實相，所介紹的理論當然廣大無邊，因此，大遍智龍欽巴尊者把它做一個歸納，要在這裡說明，首先，對有緣的弟子和後代的追隨者說：應當好好地、專注地聽聞。

　　第二品談到的如幻所顯，何時都不會滅掉，是謂不滅；第三品要講的光影所顯，是何時都不會來，是謂不來。

　　如幻所顯何時都不會滅掉，如果這樣講，有人會問：那魔術師變出來的牛羊馬，是何時都不滅嗎？是啊，何時都不滅。牛羊馬的所顯會滅掉，但是牛羊馬不管何時都不滅，為什麼牛羊馬的所顯會滅掉，牛羊馬何時都不滅呢？因為根本就沒有，本來沒有就不能說滅掉了，因為真正存在的只有小木片和小石頭，根本就沒有牛羊馬，所以牛羊馬什麼時候滅掉呢？根本不滅！如果它根本沒有，明

明看到牛羊馬的所顯，這些顯現的景象出來了，為什麼說它不能夠成立呢？是這樣的，實際上是沒有，但是迷惑所顯，是無而顯現出來，只是一個迷惑而已，既然是一個如幻的所顯，所顯本身不能夠成立，如果不能夠成立，就不能夠說它滅掉了，所以說牛羊馬何時都不滅。

舉例而言，譬如一個沒有生過小孩的女性，夢到生兒子，在夢境中高興無比，雀躍萬分，之後兒子死掉了，她在夢境中非常難過，痛哭流涕，當她醒過來，枕頭上淚水濕了一片，旁邊朋友就問她：「為什麼哭呢？」，「我做了一個夢，夢中生了一個兒子，非常高興，之後兒子死了，我非常難過，痛哭流涕。」

在夢境之中，是夢到這個兒子，也夢到兒子生下來，也夢到兒子死掉了，因此為了兒子死掉痛哭流涕，在夢境裡是個迷惑錯亂，實際上哭的這個人，她是不是因為兒子死亡而哭呢？不是！因為根本沒有兒子，所以也沒有兒子死亡，為什麼兒子沒有死呢？因為根本就沒有生下這個兒子，假設兒子沒有生下，那當然就不會死了，因為根本就沒有。但是她哭了，這是迷惑錯亂而哭。所以如幻所顯，當然也不會滅掉，如幻所顯應該說本來就不能夠成立，因此不能說它滅掉了，所以不滅。

第三品所要講的光影，是不管何時都不來，這個光影是指我們來來去去走路，看到影子，這是光影；我們的影像會在鏡子裡出現，這是光影；或者是照著非常清澈的溪水，自己的臉孔出現在水裡，這也是光影。

首先，我的身體沒有進入到對面去，其次，鏡子也沒有跑到我

這邊來，那到底光影是什麼？如何形成的呢？這是因為因緣條件和合而形成的，因為從鏡子的影像來看，自己的臉加上鏡子有一個照明的能力，這些加起來，形成我們內心的迷惑錯亂，因此形成了光影。

如果是水裡的影子，清澈溪流的水加上我的臉孔加上我的眼識，這些變成迷惑錯亂的因，由這些因素，因緣和合，迷惑錯亂的假象就形成了，因此我就看到自己的影像，在鏡子裡，在水裡，可是仔細分析這個影像，怎麼分析都不能夠成立，都找不到，從這個方面好好地進行一個抉擇，四個句子：

|ཇི་ལྟར་གཟུགས་ལས་འོག་འོར་ཤྱུང་བ་བཞིན། | སེམས་ཉིད་ངང་ལས་བག་ཆགས་འཁྲུལ་བའི་མཐུས།

如何色法顯出光影般　心性狀中習氣迷惑勢

|འཁོར་བའི་འོག་འོར་མེད་ཤྱུང་འཁྲུལ་བ་ལྟུ། | གང་ལྟར་ཤྱུང་བ་དེ་ལྟར་ཨིག་འོར་བཞིན།

輪迴光影無顯成迷惑　任何顯出彼如光影般

鏡子加上臉加上眼識，三個合在一起之後，我們才可以看到鏡子裡有一個我的臉，所以這是因為因緣條件和合，迷惑就形成了。

和這個道理一樣，我們內心累積很多的習氣，經由內心所累積的習氣，就會出現很多的迷惑所顯，六道的景象都是因為有一些條件因緣和合所形成的，但是這些因緣和合所形成的迷惑所顯，譬如三善道的所顯，三惡道的所顯，不管顯現的是什麼樣子，實際上都不能夠成立，原因就是它是一個迷惑的幻影，譬如我們所看到的影像，不管多麼美麗或不美麗，不管它出現的影像是白色、紅色、黃

色，它始終都不能夠成立，因爲它只是一個迷惑的所顯。

　　因此，可以了解一切萬法都像光影，這用光影來做一個比喻，靠著光影這個比喻要了解凡是我們眼睛所看到的所顯、耳朵所聽到的聲音、鼻子所聞到的氣味、舌頭所品嚐到的滋味、身體所接觸到的所觸，這一切都像光影，根本就不能夠成立，應當要了悟。

　　其次，對迷惑所顯的這方面，我們又再度形成迷惑，針對這方面的說明：

ཨི་མ་ཁས་བདེན་པར་ཞེན་པས་བྱིས་པ་བསླུས།　ཕྱུལ་ལྔའི་མིག་ཡོར་གཟེབ་ཏུ་བཅིངས་པ་ན།

不學耽諦實故誑童蒙　縛於五境光影樊籠時

དོན་མེད་བདག་ཏུ་བཟུང་བས་འཁྲུལ་ལ་ལྟོས།

但看無義執我故迷惑

　　就凡夫而言，無論任何對境顯現出來時，都把它執著爲諦實成立，因爲耽著它是諦實成立，因此墮入輪迴迷惑之中，受騙上當。實際上我們所接觸到的色、聲、香、味、觸等這些法，和光影毫無差別，不能夠成立，卻執著它是諦實成立，因此，沒有我，執著有一個我可以成立；沒有他，執著有他可以成立；自他二者本來不成立，執著有自他二者的成立。因此，凡夫都在迷惑之中，這種情況就好像一個小孩子在沙灘堆了一棟高樓，看起來非常雄偉美麗，小孩子非常高興，認爲這是我的房子，但是沙子本身並不堅固，堆太高後，可能就倒了，這時小孩子就非常難過，痛哭流涕，說：「我的房子倒了！」

和這情況一樣，一切的法本來自性不能夠成立，但是凡夫執著是自性成立，因此，自己的錢財丟掉了或物品壞掉了，就會痛哭流涕；自己的家人死亡時，也會痛哭流涕，實際上不是諦實成立的法，但是我把它執著爲諦實成立，眞的存在，有這種執著，就會受到這種痛苦，就好像實際上沒有生兒子，但是夢中生了一個兒子，在夢境裡執著這是眞的，夢中兒子死掉之後，當然內心非常難過，痛哭流涕，這些痛苦都會形成。

對凡夫而言，一切萬法自性不能夠成立，無而能顯現出來，但是對這像光影一樣的法，凡夫會產生貪戀，也會產生耽著，之後就遇到很多的痛苦。可是，登地以上的菩薩了悟一切萬法就像光影，不會產生貪戀之心，也不會產生耽著之心，因此就不會受到任何的痛苦。關於這個部分的開示，八個句子：

|སྣང་སྲིད་སྣོད་བཅུད་བདེ་སྡུག་མཐོ་དམན་རྣམས། |མེད་བཞིན་སྣང་བ་མར་མེའི་གྲིབ་མ་དང་།
顯有情器諸苦樂高低　無而顯出油燈之影子

|མིག་བཙིར་བ་ལས་གཟུགས་བརྙན་གཉིས་པ་དང་། |ཉོན་མོངས་ཚོགས་མང་མཚན་མོའི་མུན་པ་བཞིན།
擠壓眼角所成二影像　煩惱多聚夜間黑暗般

|མ་བརྟགས་སྣང་ལ་བརྟགས་ན་ངོས་ཟུང་མེད། |ཤིན་ཏུ་བརྟགས་ན་རང་བཞིན་མཐའ་ལས་འདས།
不察則顯察則無認取　深觀察時自性離邊際

|མཁའ་འདྲ་མ་སྐྱེས་གདོད་མའི་ཆོས་ཉིད་དུ། |དེ་རིང་ཉིད་ནས་ངེས་པར་རྟོགས་པར་གྱིས།
如空不生本然之法性　即於今日請定當證悟

就顯有情器輪涅所包括一切的法，有時候痛苦，有時候快樂，

如果是在天界或人道，暫時的快樂有時候也會出現，如果在三惡道之中，無論何時僅僅只是痛苦而已。就人類而言，有的地位很高，有的地位很低，種姓高低也有很多差別，雖然有諸如此類很多差別，但這一切實際上都不能夠成立，在不能夠成立的情況之下顯現出來了，那是如何顯現出來的呢？

舉例而言，因為光的緣故，身體才會出現影子，如果用手指頭擠著眼角或眼尖，就會把月亮看成兩個月亮，看人看成兩個人，會這樣顯現出來，事實上有沒有兩個月亮、兩個人呢？沒有！這也是幻相幻影，在因緣條件聚集的情況下，即使無，也能顯現出來，所以是一個迷惑所顯。假設執著這個迷惑所顯為有，那只會給自己帶來痛苦。

對一切凡夫而言，內心煩惱都非常多，就好像太陽下山後的黑暗，在黑暗中不知道要往東往西，也不能做任何工作了，因為一片黑暗，眾生內心就像這樣，純粹只有煩惱，不會有任何了悟出現。

假設這一切都是不清淨的，好好地把它放著，僅僅只是放著，它就僅僅只是顯現而已，之後再做個分析，會發現它僅僅只是顯現，實際上我們不能去認取它，如果再仔細進一步分析，就會發現一切萬法其實超越我們內心思維的對境，就好像天空，不管在什麼時候，也不生，也不滅，對於這個實相，今天要下定決心，我一定要去了悟它。

關於光影的部分，譬如有些鳥，當牠飛到鏡子前面，看到自己的影像，不知道鏡裡是自己的影像，會執著是另外一隻鳥，內心產生憤怒，用嘴去啄這隻鳥，啄到最後，自己的嘴裂開也流血了；或

者像老虎獅子，走在山裡，經過池塘時，看到自己的影像在水裡，牠會以為是另外一頭猛獸，恐懼的趕快逃跑，或者跳進池塘，想要和牠打架一較高低，最後淹死在池塘裡。動物會這樣因光影而受苦，人就比較聰明了，能夠明白那只是一個影像而已，不會受騙上當。

譬如很多少女喜歡帶一面鏡子，隨時隨地拿出來照一照，從鏡裡可以看自己的臉有沒有不好看的地方，有沒有什麼汙垢，要不要補妝等，這就是她了解鏡子裡僅僅只是臉的一個影像而已，運用這個影像改進自己，讓自己變得比較美麗，這就是人比較聰明的一個徵兆。

假如是聖者，那就更加進步了，月稱菩薩了悟一切萬法都像是光影的影像，當他擔任那爛陀佛學院廟祝時，每天提供奶茶給所有僧眾喝，大家覺得奇怪，因為奶茶要放奶，可是他每天都把所有的牛放到山上吃草，那他怎麼作奶茶呢？牛奶從哪裡來呢？很多人感到懷疑，跑去月稱菩薩房間偷看，看到在他房間牆壁上畫有一頭牛，那頭牛會流出牛奶，這就證明他已經了悟一切萬法都是如夢似幻，只是一個幻相，只是一個光影而已。在了悟一切萬法都是幻影、都是光影的情況下，幻影也能夠發揮作用，所以牆壁上畫的一頭牛也會發揮牛的作用流出牛奶。

許多前輩聖者也都是證悟一切萬法都像光影，都像幻相，幻相不是實質體，當然沒有阻礙，因此土石牆壁也是光影、也是幻相，也不是實質體，所以就能夠穿越來往沒有阻礙，許多證悟的前輩聖者不都是這樣嗎？這是內心的聰明程度更加進步的一個徵兆。

接下來，一切萬法實際上不能夠成立，但是眾生執著這些法都

是成立的，這就是一種迷惑，那麼，迷惑的情況是什麼樣子呢？例如動物，會把自己的影像看成是仇敵，因此，產生恐懼害怕，實際上，如果仔細分析，這個影像本身不能夠成立，在不能夠成立的情況之下，卻顯現成為仇敵的樣子，當然給自己帶來很多痛苦，痛苦就是如此形成的。同理，一切眾生痛苦的因其實也不能夠成立，這方面的解釋，四個句子：

འཁྲུལ་སྣང་གཞི་མེད་མིག་ཡོར་ལྟ་བུ་སྟེ།	ཆུ་བ་བྲལ་ཞིང་མཚན་ཉིད་ཀུན་དུ་ཆད།
惑顯無基猶如光影也	已離根本斷一切性相
བརྟགས་པས་སྟོང་ལ་མེད་བཞིན་སྣང་བ་སྟེ།	རང་བཞིན་མ་སྐྱེས་གདོད་མར་རྟོགས་པར་བྱ།
察而爲空無而顯出也	自性不生當證悟本然

　　就六道而言，地獄是迷惑所顯，鬼道也是迷惑所顯，畜牲道也是迷惑所顯，人道也是迷惑所顯，阿修羅道也是迷惑所顯，天界當然也是迷惑所顯，這一切迷惑所顯的基礎，其實根本不存在，譬如鏡子裡出現自己臉的影像，我可以看到自己的臉，那這個臉到底在什麼地方呢？把鏡子打碎，不管如何找，都不可能找到這個臉，那表示這個臉的影像實際上並不存在，可是在無的情況之下，它仍然顯現出來，所以如果我們仔細去分析，這個鏡子裡的影像是空性，在無的情況之下，卻還是顯現出來，顯現的原因就是因爲我們內心迷惑錯亂之故。

　　到目前爲止，我們的內心都是迷惑的，在迷惑的情況下，當然迷惑所顯不可能滅掉，會經常顯現出來，但是就算是迷惑的心上

面，這些迷惑所顯不滅而出現，也要了解這些迷惑所顯其實本然不生，這點要了悟。

　　其次，就惑顯的顯分而言，它的基不存在，不能夠成立，在不能夠成立的情況下，爲什麼還會顯現出來呢？惑顯是如何形成的呢？就迷惑的所顯而言，不需要基礎，即使在沒有基礎的情況下，還是可以顯現出來，四個句子：

ཇི་ལྟར་ཐག་རིང་ཀྱི་ལམ་ཐང་དགྱིལ་ན། 　ཆུང་དུའང་ཆེན་པོར་སྣང་བ་ཞིན་བཞིན་དུ།
如何遠距曠野荒原中　　　雖微小亦顯爲巨形般
བདག་མེད་བདག་ཏུ་འཛིན་པ་ཆུང་དུ་ལས། 　འཁོར་བའི་འཁྲུལ་སྣང་ཆེན་པོ་འདི་དག་སྣང་།
執無我爲有我由微小　　　顯出此等輪迴大惑顯

　　在一個非常遼闊、一望無際的大平原中，遠遠有一隻小鳥，可是自己看去時，看到的卻好像一頭氂牛那樣大，對自己顯現出來；有時候是一粒小石頭，可是在自己眼前，自己看到的好像幾層樓高的巨石，這種假相有時候也會出現的。我們內心，有煩惱和我執的這一個心，實際上就只是小小的一顆心而已，但是因爲有我執和煩惱，六道的迷惑所顯都會出現，不僅如此，六道的迷惑所顯顯現出來的樣子，非常的廣大，各種各類，這些都是迷惑所顯。

　　所以，就我們而言，迷惑所顯本身顯現出來的這些對境，其實都不存在，不能夠成立，對境在不能夠成立的情況之下，對我們還是可以顯現出來，無而顯現，譬如在夢境裡，可以夢到一望無際的草原、高山、河流，但是實際上房間裡就是自己的臥床，自己也就

睡在床上而已，房間裡沒有山河大地，也沒有草原，但是在做夢時還是可以出現，也就是在夢境之中，無還是可以顯現出來。

　　同樣的道理，現在這一切的法，對我們眾生也都是這樣，無而顯現，所顯現出來的對境它不需要存在，迷惑所顯的部分實際上不能夠成立，但是在不能夠成立的情況下，它還是可以顯現成各種各類。

　　針對這個部分，我們的妄念心不需要勞累地做各種各類的分析，不要管它，簡簡單單把它放著，這個迷惑所顯逐漸就會沉沒，消失不見了。

　　譬如混沌的水，若一直搖動，水始終都是混濁的，不可能變成清澈，若不搖動，不干擾它，逐漸地，汙垢就會沈澱了，水就會轉變爲清澈，這方面的說明，四個句子：

|འཁྲུལ་པར་སྣང་འདི་བརྟགས་ན་དངོས་མེད་དོ། |ཁ་བ་གཞིན་བྱེད་པོ་མེད་པར་མཐོང་བས་ན།
此惑所顯察則無實矣　　如空無作者而現出故

|མེད་སྣང་མིག་ཡོར་ལྟ་བའི་སྲིད་པ་ལ། |དོན་མེད་བདག་ཏུ་མ་འཛིན་ཇི་བཞིན་ཞོག
無顯猶如光影三有中　　請莫無義執我如實置

　　就迷惑所顯而言，我們了悟這是一個迷惑所顯，一切萬法本然不能夠成立，因此它是空性，就好像天空一樣，天空本然不生也不滅，這點應當要了悟。假設不了悟，在無之下顯現出來，這些無而顯現的一切的法，我們對它產生貪戀執著，那就會把沒有我執著爲有我，僅僅基於這個我執，逐漸地形成三有輪迴一切的迷惑所

顯。因此，對於無而顯現的這些法，無論如何都不要執著有一個我存在，不要貪戀也不要耽著，自自然然把它放著，不要管它，慢慢地，這個迷惑所顯逐漸就會消滅不見了。

　　迷惑所顯的這個部分，我們如果仔細分析，也不能夠去思維，也不能夠用詞句給它做一個解釋說明，假設我們再深入分析，會發現任何的本質都不能夠成立，不能夠指出來，這些本質根本沒辦法成立的，這方面的說明：

|ངང་ཡིན་ཡེ་ཡིན་གདོད་ནས་དག་པ་ཡིན། |གར་ཡང་མ་འཛིན་ཅིར་ཡང་མ་ཆགས་ཤིག
性是本是是本然清淨　　　　　請莫任執任不起妄心

|དོ་པོ་ངོས་གཟུང་མེད་པའི་རྣང་བ་ལ། |ཕྱོགས་འཛིན་ཞེན་པའི་གཟེབ་ཀྱིས་ཅི་བྱར་ཡོད།
無可認取本質而顯出　　　　　偏頗耽著樊籠何作為

|དེ་བས་ཆེད་དུ་དམིགས་པ་ཀུན་བཏང་སྟེ། |གང་སྣང་བདེན་པས་སྟོང་པར་ཤེས་པར་བྱ།
彼故盡棄特別而緣取　　　　　任顯諦實為空應當知

　　就內心的實相（如來藏）而言，它是本然成立，本然清淨的本質，沒有執著輪迴也沒有執著涅槃；沒有執著清淨的法也沒有執著不清淨的法，因為它已經超越一切的執著，沒有任何的執著。

　　如果仔細分析這個迷惑所顯，發現不能夠去辨明它，或說出它到底是什麼，對於這種不能夠分辨、說明的法，我卻執著它是好的，它是壞的，這是我們這個派系，那是另外一個派系，因為有種種執著，才會將我們束縛在輪迴裡，所以應當要盡我們所有最大的努力，無論如何要斷掉這個束縛，假設斷掉了這些執著的束縛，

就會了悟一切的所顯都是諦實不能夠成立，雖然無而顯現，顯現出來的色法本身仍然是空性，雖然是空性，還是要以色法的方式顯現出來，就像《心經》：「色不異於空，空不異於色。色即是空，空即是色」，除了色法之外，不能夠離開色法之外，另外尋找一個其他的空性，也不能夠說，在空之外，還能夠再尋找一個色法，這是《心經》所談到的內容，那時就可以了悟了。

　　一切萬法就像光影，第一部分在見地上進行抉擇，到這個段落講解完畢。

第二部分：實修

　　第二部分，實修的內容如何進行？仍然分為白天實修的次第和晚上實修的次第。白天實修的次第裡，又分成上座的等置階段如何實修以及下座的後得階段如何實修。

　　首先，上座等置階段如何實修：

ཏེ་ལྟར་ཆོས་རྣམས་མིག་ཡོར་ལྟར་རྟོགས་ནས། ཏེ་ཉིད་དོན་ལ་རྗེ་བཞིན་བློ་གཞག་ཅིང་།
如前證悟萬法為光影　　心應如實置於其義上

སྔོན་འགྲོ་ལྟར་བཞིན་མིག་ཡོར་གསོལ་བ་གདབ།
前行如前為光影祈請

　　見地上要了悟一切萬法都如同光影，一切萬法如同光影這個意義是萬法的實相，心應當等置在萬法的實相上而做觀修，可是要等置在萬法如光影這個意義上的話，前面有前行的準備，就是我們第

一品所修的前行法，皈依、發菩提心，觀想自己是觀世音，前面虛空觀想上師、三寶、三根本，之後獻上七支分，之後念誦上師的咒語，之後誠懇的祈請，祈請加持我能夠證悟萬法如光影。

｜དངོས་གཞི་ཆོས་ཀུན་མིག་ཡོར་ལྟར་བསྒོམས་ཏེ｜　｜གཟུགས་ནི་བདེན་པས་སྟོང་སྟེ་མིག་ཡོར་འད｜
正行觀修萬法如光影　　　色者諦實空也如光影

｜སྒྲ་ནི་གྲགས་པས་སྟོང་སྟེ་མིག་ཡོར་བཞིན｜　｜དྲི་རོ་རེག་ཀྱང་མིག་ཡོར་དང་འད་ཞིང་｜
聲者發聲空也如光影　　　香味觸亦猶如光影矣

｜ཡིད་དང་ཆོས་ཀྱང་མིག་ཡོར་ལྟ་བུ་སྟེ｜　　｜གང་ཡང་བདེན་པ་མེད་པའི་ངང་ཉིད་དུ｜
心意與法亦猶如光影　　　於之任無諦實狀態中

｜བློ་ཡང་ཞེན་འཛིན་མེད་པར་སྟོང་ལ་གཞག｜
心亦無耽無執放輕鬆

　　下座應該怎麼實修呢？下座時，我們眼睛會看到各種形體，看到時，內心應當思維：這個形體本身諦實不能夠成立，它是空性，就像光影。來往走路時，耳朵會聽到聲音，也要思維所聽到的聲音也是空性，它也是自性不能夠成立，就像是光影。同理，鼻子聞到氣味，舌頭品嚐到滋味，身體觸摸到冷熱等，接觸這些對境時，都應當思維這些對境本身也是無而顯，諦實不能夠成立，就像是光影。

　　無論進行任何思維，想到自他、好壞、高低等任何法的時候，心裡要明白了解，我所想到的這一切法，其實都是空性，自性不能夠成立，就像光影。

　　總而言之，任何時候所接觸到的任何對境，都應當知道這些法諦實都不能夠成立，是空性，就像是光影。不僅針對我們接觸的對境要如此思維，思維者本身，能夠思維的心識本身，也是諦實不能夠成立，也是空性，也是像光影。無論在任何階段，無論何時，內心都應當安住在這點上面。

｜ཉིན་བཞིན་མནལ་ཚེ་འང་སྙིང་གར་སེམས་བཅུང་ལ།｜ ｜ཆོས་ཀུན་མིག་ཡོར་འདྲ་བའི་ངང་དེར་ཉལ།｜
每日臥時心亦繫心間　　萬法猶如光影狀中眠

｜རྨི་ལམ་ཟིན་སོགས་སྔར་བཞིན་ངེས་པ་འཆར།｜
執夢境等如前必現出

　　晚上睡覺時，首先要像白天一樣，確定一切萬法諦實不能夠成立，是空性，像光影，應當安住在這個見地之中。睡眠時，要像佛陀涅槃吉祥臥的姿勢，先觀想自己心坎正中間有五光明點，像拇指一樣大小，一心專注繫心在五光明點上，在即將進入睡眠時，要觀想五光明點慢慢消散，最後消散得無影無蹤，之後就入眠了。

　　如果這樣做，能夠證悟一切萬法都如夢，如光影，諦實不能夠成立，當這種了悟產生時，也會像前面段落所談的一樣，修夢、知夢、練習、變化、轉變、增廣、自在，這些都逐漸能夠達成。

第三部分：果

　　觀修的果，成效何在呢？

|ཆོས་ཉིད་རྣལ་འབྱོར་ཉི་ལ་ཤ་བུ་སྟེ།
覺證顯出亦如夢境也

|གང་ལ་འབད་མེད་ཆོས་པ་ཕྱགས་ལས་འབྱུང་
大力證悟任皆無諦實

|འཛིན་མེད་ཟང་ཀ་དགག་སྒྲུབ་འཁྲུལ་པ་འཇིག
無執通澈破立迷惑壞

|སྤྱན་དང་མངོན་ཤེས་ཏིང་འཛིན་ཡོན་ཏན་འགྲུབ
天眼神通等持功德成

|རྒྱལ་བའི་ཆོས་མཛོད་འགྲོ་ཀུན་འདྲེན་པ་ཡིན།
勝者法庫引領有情眾

|དེ་ཕྱིར་མིག་ཡོར་ལྟ་བུའི་དོན་སྒོམས་ཤིག
彼故請修如光影之義

|རྫོགས་པ་ཆེན་པོ་སྒྱུ་མ་ངལ་གསོ་ལས།
大圓滿如幻休息論中

|མིག་ཡོར་ལྟ་བུའི་ལེའུ་སྟེ་གསུམ་པའོ།། ||
如光影品是為第三也

當我們實修如光影時，當然按照自己精進的程度，逐漸地，自己心中的覺受和證悟的功德就出現了，針對這些出現的覺受、證悟的功德，不應當有任何執著耽著，應當了悟這些其實也是自性不能夠成立，也是像光影一樣。

自己內心如果有缺點毛病，也應當了悟這些缺點毛病的自性不能夠成立，就像光影一樣；自己心續所擁有的功德優點，也應當了悟這些優點功德也是自性不能夠成立，也不是諦實，就像光影一樣。

無論是自己的缺點毛病或功德優點，都不要有任何執著，也不要有任何耽著。不需要執著的想：這些是過失毛病的部分，我要把它滅掉！也不需要執著的想：自己必須要得到什麼功德，我要去追求我要去成就！應當把破和立的執著都去除掉，因為這些執著本身都是迷惑。

譬如，一位女姓夢到自己生了一個兒子，夢裡想：「將來要讓

這個小孩出人頭地，要很成功。」這種想法當然是迷惑。或者在夢裡想：「將來這個孩子普普通通也就可以了。」這種想法也是一種迷惑。

如果夢到自己得到很多金銀珠寶，在夢境裡我要好好地保管這些金銀珠寶，不要丟掉了，這種想法也是迷惑。或者是夢境裡覺得自己不要重視錢財，把金銀珠寶都丟掉，這種想法也是迷惑。

因此，暫時所產生的這些過失功德等，對它都不要有任何的執著，在沒有執著的情況下，應當安住在一切萬法是空性，諦實不能夠成立，如同光影，安住在這個意義上做實修。如果這樣實修，久而久之，將來眼睛會得到天眼，會得到神通的內心，而且很多的等持，證悟的功德也會產生，逐漸地就會得到佛果。

成就佛果時，是指內心實相上原來就有的功德都現前呈現出來，得到這種果位的時候，就能夠利益無邊的輪迴有情眾生，接引眾生到淨土去，也有這種能力，因此，應當好好地做觀修，對於一切萬法不要有執著貪戀，一切萬法諦實不能夠成立，自性不能夠成立，是空性，像光影，應當對這些再三地觀修。

第三品的內容講解完畢了，總而言之，不是口頭教導完畢，就僅僅只是這樣而已，弟子也不能只是聽完就結束了，應當要多做一點實修，這是非常重要的，不過平常大家非常忙碌，工作之餘回到家裡非常勞累，想要有一些實修的時間大概也非常困難，特別是按照習慣而言，譬如要以獅子吉祥臥姿入睡，很多人可能反而睡不著，因為右脇著地不動，在不動之下大概就睡不著了，可是因為佛陀是這樣入滅的，而我們都是佛陀的弟子，所以在還沒有睡著之

前，應當好好地努力右脇著地獅子吉祥臥，如果睡著了，翻來覆去怎麼睡都可以。將來我們死亡時，能夠在這樣的情況下，右脇著地而亡，那就非常好了，大家在這方面應當多做一些準備，抱著期望善加勤修。

4

如陽焰

第一部分：見地

།ཁྱང་འདིར་རྒྱལ་བས་སྨྲིག་རྒྱུ་ལྟ་བུ་ཞེས། །གསུངས་པ་དེ་ཡང་རྗེ་བཞིན་བཤད་ཀྱིས་ཉོན།
勝者宣謂猶如陽焰矣　　此又如理釋彼請諦聽

　　佛陀在中轉法輪時講般若教法，曾對弟子開示：「萬法如陽焰」，這是一個比喻，透過這個比喻要說明萬法自性不能夠成立，由於內容廣大無邊，因此，大遍智龍欽巴尊者歸納這個內容，在此做一個解釋說明，特別是還要配合實修的方式講解。

།རྗེ་ལྟར་སོས་ཀའི་ཉི་མ་ཕྱེད་དུས་ན། །ཐང་རྣམས་སྨྲིག་རྒྱུ་ཆུ་ཡི་ཕྱུང་པོ་བཞིན།
如何春末日正當中時　　沙漠陽焰猶如河流般

།སེམས་ལ་བདག་འཛིན་ཤིན་ཏུ་གོམས་པའི་མཐུས། །སྒྱུ་པའི་འཁྲུལ་སྣང་སྨྲིག་རྒྱུ་ལྟ་བུར་སྟང་།
心中最極串習我執勢　　變出惑顯顯出如陽焰

　　春末的時候，已經進入炎熱的季節，大概下午兩、三點，在一片沙漠上，陽光非常強烈的照射，遠遠看去好像看到河流蜿蜒流動的影像，實際上沙漠裡並沒有河流。

　　同理，從無始輪迴以來到現在，我們這個身體本來沒有我，可是我們會執著這個身體就是「我」，或者有時候執著身體是「我的」身體，由這些習氣串習越來越強烈，導致我們不斷地投生在三有輪迴之中，這種投生沒有停止過，而且投生在三有輪迴裡時，由於輪迴的迷惑所顯，還繼續不斷地造作很多罪業。

其次，就沙漠上的河流（陽焰）顯現出來時，如果我們移動步伐向那裡走過去，用手去觸摸，想要看清楚河流在什麼地方，也會找不到，因為根本沒有河流，但是離開那裡退回原處，遠遠看過去時，又看到了河流，因此，所顯現的陽焰影像和河流影像，係因對境及有境的心識，根據一些錯亂的因素而顯現出來。

同理，在我們的內心有時候執著身體是我，就身體而言，所執著的這個我到底在什麼地方呢？仔細分析，「我」是在哪裡？在頭嗎？在手嗎？在腳嗎？在肚子嗎？若仔細用邏輯推理詳細分析，實際上所執著的我並不存在，但是因為有這種想法，執著已經產生了，之後串習久遠，在不分析的情況下，「是我啊」、「是我的」這種執著自自然然就浮現出來，但是即使浮現出來，這裡面所執著的我實際上仍然不能夠成立。這個部分的開示，四個句子：

|འདི་ལ་ཙོ་བོ་ངོས་གཟུང་འགའ་མེད་དེ། ｜ རང་བཞིན་གཉིས་མེད་སྟོང་པ་ཞི་བའི་ཆོས།
此無略可認取本質也　　自性無二空性止息法

|མ་སྐྱེས་ནམ་མཁའ་འདྲ་ཞིང་བདག་མེད་ལ། ｜ སྐྱེ་མེད་བསམ་ཡུལ་འདས་པ་ཤེས་པར་བྱ།
不生如同虛空且無我　　無生超越思境應當知

當我們靠近陽焰的河流時，想要看看它在哪裡，能不能找到一個東西用手把它指出來說，這是河流呢？能不能這樣把它辨認出來呢？不能！

同樣的道理，我們的腦袋裡總是想到「是我啊」，有這種執著，把這個執著仔細分析看看，其中「是我啊」這個我的本質能不

能辨認出來或用手指頭指出來呢？不能！就像陽焰是空性的本質，我們內心所執著的我也是空性的本質，因此，陽焰或是所執著的我，二者其實都像天空，因為所謂的天空，我們嘴巴上說天空如何如何，僅僅只是如此而已，實際上如果用邏輯推理仔細分析，我所談到的天空是顏色的本質嗎？是形狀的本質嗎？都不是！天空不屬於顏色的本質，也不屬於形狀的本質。

同樣的道理，現在我們所能見到的一切，我的內心所貪戀、所執著的這一切，都好像是天空，只是顯現出來，僅僅只是如此而已。天空自性不能夠成立，也不能夠說是由這些或那些因緣條件組合所形成；陽焰也是一樣，不能夠說是由這些或那些因緣條件組合所形成；或者是我們平常所執著的我，也不能說是靠這些或那些因緣組合起來因此而形成。因此，這一切都超越了我們內心的思維，都是不屬於內心思維的對境，都是屬於空性的本質。

其次，如同陽焰所顯現出來的河流影像，有時候顯現為大河流，有時候顯現為小溪，有時候顯現河流非常長，有時候顯現河流非常短，無論如何，這一切我們都把它執著是河流的影像顯現出來。

一樣的道理，就我們的身體而言，我們從媽媽肚子生出來時，就開始執著這個身體，緣取這個身體之後就認為：「是我啊！」這種執著就產生了。在開始有回憶、能夠回憶時，這種執著已經形成，當時所執取的身體就只是小小的身體而已，之後過了五年、十年，身體慢慢長大，到了二十歲、三十歲，身體已經長大成人了；到了四十歲、五十歲，身體就慢慢衰損了；到了七十歲、八十歲，

身體衰老了，從出生到八十歲之間，身體大小、膚色、外貌的改變非常大，但是從頭到尾，我們內心仍然執著這個身體是我，這種內心的貪戀、耽著、執著其實都沒有改變，隨時都在進行，實際上這是一個迷惑錯亂。這方面的解釋：

|ཇི་ལྟར་སྣང་འདི་སྣང་བའི་དུས་ཉིད་ནས།　།ཆྱེ་བར་སྣང་ཡང་མ་སྐྱེས་སྨིག་རྒྱུ་ལྟར།
如何此顯即於顯時起　　雖顯有生不生如陽焰

|གནས་པར་སྣང་ཡང་མི་གནས་སྨིག་རྒྱུ་འདི།　།འགགས་པར་སྣང་ཡང་མ་འགགས་སྨིག་རྒྱུ་བཞིན།
顯爲安住未住如陽焰　　顯爲已滅不滅如陽焰

|སྣང་ལ་རང་བཞིན་མེད་པར་ཤེས་པར་བྱ།
雖顯而無自性應當知

　　就在陽焰顯現出來的那個時刻，如果我們閉上眼睛，陽焰好像不見了，再張開眼睛時，陽焰好像新形成、新出現，一般我們都會有這種感覺，不過這其實只是我們自己內心迷惑的所顯而已，實際上，在對面的沙漠根本就沒有河流，也沒有河流的影像。如果我們仔細盯著陽焰河流，三分鐘、五分鐘都不要閉眼睛，陽焰的河流會好像一直維持不變，安住在那裡，其實陽焰的河流並沒有安住在那裡，只是我們心裡有，在心裡的影像始終持續，僅僅只是如此而已。相反地，如果閉上眼睛，陽焰的河流好像不見了，其實就陽焰而言，實際上也沒有所謂的消滅。

　　仔細分析我們的內心、身體，或者就像前面談到的陽焰，把這些浮現出來的事物仔細分析，有時候我們會想：我內心的妄念很

多！或者：妄念停留了幾分鐘，或者：妄念最後消散掉了，好像妄念本身有生、住、滅一樣。或者當父母生出我時，我能夠無病一直活到八十歲、九十歲，最後死亡，除了死亡不會有任何其他結果，一個人不管多麼健康，不管得到多大成就，最後身體一定會壞掉、一定會死亡，不能夠長久安住，我們也有這種感覺的。

　　就外在的事物而言，我們可以買到科學家所創造出的各種各類東西，不過買到後，過了一陣子舊了、壞掉了。同樣的道理，大地上的綠草、樹木、花朵等，這一切都是顯現出來的，雖然顯現出來但是並不如其所顯而真的存在，也不如其所顯會有生、住、滅，並沒有這種本質，實際上它的本質並不能夠成立，就像陽焰一樣。所以從這個比喻，我們要瞭解萬法就像陽焰，因此，應當去除掉對萬法的貪戀執著。

　　我們有眼識、耳識等五個根門識，五個根門識不會牽引我們走入錯亂的道路，不會造成我們很多麻煩，可是當五個根門識去執取對境時，就在那個同時還有意識的活動，意識的活動會造成我們的錯亂，例如當根門識眼識去執取色法的同時，意識緣取這個色法會產生一個貪戀執著，會說這個色法是好的或是壞的，這是意識的作用。或者當耳識聽到聲音時，這時意識也正在進行，意識會去區別這個聲音好聽或不好聽，因此所接觸到的對境會被分類成取和捨、好和壞，這些都是意識所造成的，當做了非常多這些好壞的區別之後，當然也會逐漸認識到所謂的善業和不善業。實際上，這一切都像是陽焰，雖然顯現出來，但是實際上不能夠存在，都是空性的本質，在這個方面我們要有所了悟，透過陽焰的比喻，希望能好好地

得到了悟。五個句子：

།དགའ་དང་མི་དགའ་བདེ་སྡུག་བཟང་ངན་ཀུན། ཁྲིག་རྒྱུ་འདི་ཞིན་སྟོང་ལ་བདག་མེད་དེ།
一切喜不喜苦樂良窳　猶如陽焰空且無我也

།ཕྱི་ནང་སྣང་སྲིད་ཆོས་ཀུན་སྒྱུ་རྒྱུ་འདྲ། མེད་བཞིན་སྣང་ལ་རང་བཞིན་གདོད་ནས་དག།
外內顯有萬法如陽焰　無而顯出自性本然淨

།ཡེ་སྟོང་མཐའ་དབུས་མེད་ཅེས་རྟོགས་པར་བྱ།
本空謂無中邊應了悟

　　有時我們會說我今天去一個什麼地方，讓我覺得非常高興；有時會說我今天去一個什麼地方，讓我感到很不高興。或者說我今天運氣非常好讓我很高興；或者說今天非常倒楣不太快樂。其實就在一天裡，順境、逆境，好事、壞事等，出現非常多，各種妄念也出現了，在一天裡也會造作善業、不善業等各種業。

　　總而言之，我們對這一切都不要有執著、有貪戀，因為這一切實際上並不能夠成立，譬如貪心，讓我產生高興的對象我就對它產生貪戀之心，這時要想：貪戀之心應該去除掉，因為對境並不是真正的存在，對境其實是不能夠成立的，因為是空性的本質。或者是遇到讓我產生憤怒的對境，把這個對境分析一下，它的本質也不能夠成立，因為是空性的本質。

　　好的對境、壞的對境、順境、逆境等等，這一切其實就好像夢境，做了一個美夢或是惡夢，當早上醒來的時候，美夢消散得無影無蹤，惡夢也消散得無影無蹤，所以，無論美夢、惡夢，實際上都

不能夠成立，就像陽焰一樣。

　　同樣的道理，不管在什麼時候我們內心總是執著有一個我，這其實是一個錯誤的執著，一個迷惑的認識。有時候我們執著身體是我，有時候並不執著身體是我，而是執著身體是我的，從這些來看，就知道對這個身體的執著是一個錯誤。

　　譬如，有時候說：「我病了。」問：「你哪裡病了呢？」回答：「頭生病了、手生病了、腳生病了。」這個時候是執著頭是我、手是我、腳是我，但是有時候我們又認為身體是身體，我是我，二者是分開的，說：「這是我的手、這是我的頭、這是我的腳。」這就表示身體不是我，身體和我是分開的。

　　我們通常會說這是我的衣服、我的鞋子、我的帽子，這種說法和我的頭、我的手、我的腳一樣，表示身體是所擁有物，我是擁有者，是各自分開的。譬如說「我的帽子」，這種講法並不是指帽子就是我，同樣地，說「這是我的頭、我的手、我的腳」，意思就是我不是手、我不是頭、我不是腳，但是有時候又說：「我好痛！」「哪裡痛？」「頭痛。」這個時候是執著頭就是我，可見這些執著都是錯誤的，應該要有這種明白了解。

　　不過，就算我們已經認識到這個執著是錯誤的，就算有這種明白了解，不過因為已經串習很久，這種執著即使錯誤仍然繼續在進行；就算我們心裡認識、分析之後，知道這個執著其實是一個錯誤，但是也沒辦法立刻斷除掉，因為已經串習很久。

　　所以，外內的一切萬法是無而顯現出來，實際上不能夠成立，就像陽焰，同樣的道理，沒有我但是執著有我，我顯現出來好像有

一樣，實際上並不如其所顯而真正的存在，因此就像陽焰，這一點我們應當要有所了解。

譬如在沙漠上看到河流的水流動的景象，這是陽焰浮現出來的結果，我們了解在沙漠上看到的河流本身並不如其所顯而存在，不是真的就能夠成立。一樣的道理，在我們的眼耳鼻等五種根門識上浮現出各種各類的對境，但仔細分析，所浮現出來的對境並不如其所顯而真正的存在，因為一切萬法都是空性的自性，就像陽焰，因此透過陽焰要了悟這一點。

所以，佛陀對聽法的弟子開示萬法如陽焰，用陽焰這個比喻向弟子介紹，實際上是要說明萬法沒有自性存在，並不如其所顯現的樣子真的存在。佛陀介紹完畢，把這個理論詳細講解之後，弟子之中證得羅漢果位的事蹟也非常多。

有境和對境並不是分成兩邊、各自分開的本質，可是當我們內心去認識有境和對境時，卻執取有境和對境分成兩邊，各自分開，在產生這種執著的情況之下，進一步就會執著這個有境是好的、是壞的，這個對境是好的、是壞的，因此形成輪迴裡各種的迷惑錯亂，這是下面句子要講解的：

|གཉིས་མེད་གཉིས་སུ་འཛིན་པ་སྨིག་རྒྱུ་བཞིན། 　　|དོན་མེད་དགག་སྒྲུབ་ཞེན་པས་མ་བཅིངས་པར།
無二執為二者如陽焰　　莫為無義破立耽著縛

|རང་སེམས་གཉིས་མེད་སྨིག་རྒྱུ་ལྟ་བུར་ཤོག 　　|འདི་ནི་དུས་གསུམ་རྒྱལ་བའི་དགོངས་པ་ཡིན།
但看己心無二如陽焰　　此即三時勝者之尊意

　　就陽焰而言，這個對境實際上不能夠成立，因為對境本身實際上不能成立，所以執取對境的有境本身當然也不能夠成立，這一點我們應當要了悟。但是因為不了悟、不知道，所以進一步的會對所執取的對境，去區別這個對境是好的，因此熱切地追求；這個對境是不好的，因此努力地想把它滅掉，而且會去區別這個有境是壞的，想要把它去除掉，這個有境是好的，想要熱切地去追求，實際上有境和對境不是各自分開，不過我們內心去進行執取時，把它執著成為如其所顯而存在，真的是存在，而且是各自分開，接下來貪戀執著就非常強烈，形成輪迴的束縛，在貪戀執著的情況下是不可能脫離輪迴而得到解脫的。

　　實際上應當了悟所顯現的萬法就像陽焰本身，就對境而言，陽焰不是真正能夠成立的，如果陽焰不能夠真正的成立，那執取陽焰的有境本身也不能夠成立，因此兩邊雙方面都不能夠成立，萬法應該是這樣，現在我們不認識、不瞭解，把它執著成為兩邊，我們認為：兩邊都能夠成立，顯現出來是這個樣子，實際上也是這個樣子。但是我們把萬法分析看看，應當了解就像陽焰一樣。因此，以前認定：萬法是成立的，有境和對境兩邊是各自分開、是各自成立的，現在應當要把這種貪戀執著去除掉。

　　所以從「如陽焰」這品應當瞭解在實修上應當實修萬法不能夠成立，在這方面好好地實修，如果我們的內心能夠就萬法本質不能夠成立的這個部分做實修，其實三世一切勝者的心意、萬法的實相也不超出這個範圍的。

第二部分：實修

　　前面把外內一切的萬法都如同陽焰、自性不能夠成立這個部分從見地方面做一個抉擇，抉擇完畢後，不應當只停留在這裡，要進一步在道路上做實修。

ཿདེ་ནས་ཇི་ལྟར་བསྒོམ་པའི་རིམ་པ་ཡང་། །སྔོན་འགྲོ་ལྟར་བཞིན་སྨིག་རྒྱུའི་གསོལ་བ་གདབ།
隨後如何修次第亦且　前行如前爲陽焰祈請

　　首先唸皈依文，之後發菩提心，觀想自己是觀世音，唸瑪尼咒語，接著觀想前方虛空中，上師諸佛菩薩圍繞，好好地觀想，獻七支分唸誦三遍，之後要特別觀想上師，唸誦上師祈請文，然後持咒，祈請加持自己能夠實修，現在進行到的段落是陽焰，祈請賜給我加持，能夠把陽焰這個段落好好地做實修，之後收攝次第，這些和前面都一樣，講的就是實修次第，接下來要指示如何禪修。

　　禪修的部分要非常努力精進，經常做實修，如果我們了悟了見地，可是不做實修，根本就沒絲毫用處，大遍智龍欽巴尊者曾經開示：「不做禪修實修，其實沒有很大的用處，用個比喻，了悟見地不做禪修就好像是小孩子上戰場。」拜見上師請求口訣，心性直指，了悟見地，認識了內心本來面貌後，接下來要做觀修，不斷地串習，假設不進行觀修加以串習，就像把小孩子送上戰場，小孩子驚惶失措，不曉得什麼時候敵人的槍會把自己殺死，沒有勇氣逃跑，也不敢往敵人那邊殺過去，不知道怎麼辦。所以，如果由上師的口訣契入內心本貌，可是不繼續做禪修來串習的話，那就和小孩

子上戰場一樣，沒有任何力量。

　　上一次進行〈大圓滿龍欽心滴〉兩天閉關時，從早到晚做了很多實修，之後有一個弟子問：「中國禪宗談到以心爲主，最重要是要觀想自己的內心，身體和語言的部分不必太複雜實修，身體和語言的活動太多，對於內心實相的證悟沒有大用處，反而是一個很大的障礙。」

　　這個問題其實並不是他的過失，因爲有前例可循，這個問題在西藏古代早就發生過了，寂護大師在即將涅槃之前，留下了一個預言：「將來西藏不會有外道進來，因爲古魯仁波切爲了防止外道進來，派遣了很多守衛，可是我涅槃之後，西藏內道本身見地不和，導致分裂，那個時候如果能去印度把我的弟子蓮花戒請來，一定能夠去除麻煩。」

　　當時有一位中國禪宗的上師來到西藏，他是一位具有神通變化能力的成就者，他開示了教法，主張最好的實修方式就是「妄念不生而做實修」，身體和語言不必做任何事。他開示完畢後，我們知道大多數的人都不想做任何活動，不喜歡辛苦勞累，因此自然就有很多弟子聚集隨他學習佛法，因此沒有人去繞寺廟，沒有人去繞佛塔，也沒有人到佛堂供燈、供香、供花，這些活動都停了，法王赤松德贊看到這個情況很擔心，就派人到印度迎請蓮花戒。

　　蓮花戒以神通早已知道，來到西藏後，兩個人隔了一條河碰面了，這邊是大國來的禪宗大和尚，那邊是印度來的蓮花戒大博士，蓮花戒心想：「這位師父是一位大博士嗎？能力如何呢？可能要先試探看看。」因此蓮花戒拿起自己的枴杖，在空中很大力的飛舞了

好幾圈，禪宗的大和尚看到了，立刻脫掉法衣把整個頭包起來，這時蓮花戒就知道對方果然是一位大博士，要好好進行辯論，為什麼呢？因為辯論當然是要和大博士辯論，講的內容他才能夠了解，才有辦法辯論，如果對方是個笨蛋，講的內容都不懂，就不能辯論了。

蓮花戒為什麼知道對方是一位大博士呢？因為蓮花戒用拐杖大力在空中飛舞，是在問：在輪迴裡不斷流轉的原因是什麼？禪宗大師父用法衣把整個頭包起來，就是回答：不斷流轉的原因就是無明！

法王赤松德贊坐在中間，右邊坐毘盧遮那大譯師及蓮花戒，左邊坐中國的禪宗師父及眾多弟子，右邊的人少之又少，國王各獻一個花環給禪宗師父和蓮花戒大師，然後說：「在一個國家裡，內道的傳統不需要太多個，一個就能廣大利益眾生了，現在開始辯論，看誰勝利就由他的傳承在這個國家流傳，輸的一方要把花環獻給勝利的一方。」

開始辯論時，中國禪宗師父說：「我這個法脈殊勝無比，和其他法脈完全不同，不需要辛苦勞累就能夠得到證悟，譬如鳥飛翔在天空，當鳥已經在天空飛翔時，非常輕鬆，根本不必揮舞翅膀，只要伸展翅膀就能夠飛得非常遙遠了，大鳥飛在天空時是這個樣子，身體和語言的辛苦勞累，根本完全不需要。」

蓮花戒大士就問：「不需要辛苦勞累，是在天空不需要辛苦勞累還是在地上不需要辛苦勞累呢？如果在地上的時候不需要腳站在地面上，也不必飛舞翅膀，那牠怎麼能夠飛上天空不需要辛苦勞累呢？因此，說不需要辛苦勞累，是有這麼一個階段，不過在到達這

個階段之前，前面要非常辛苦勞累，當鳥已經飛在天空時，當然不必揮舞翅膀，非常輕鬆，翅膀都不必揮舞，可是當還沒有到天空之前，還是在地上的時候，牠也要立定腳跟，也要揮舞翅膀，也要花很大力氣才能往上飛，等到達天空後，當然不用再花任何力氣，因為牠已經到天空了嘛。」

你來我往，雙方辯論非常多，最後，中國禪宗師父對這些問題都了解了，認為蓮花戒師父講的非常有道理，因此就把花環獻給蓮花戒大師，赤松德贊國王一看就知道，於是吩咐：「從現在開始，內道的傳承只有一個在西藏流傳，見地應當追隨祥瑞怙主龍樹的中觀見地，實修應當追隨寂護大師修持的方式來進行，不應該再有其他派系。」

針對這個吩咐，蓮花戒大士為了使以後弟子實修方便，就寫了修次初篇、中篇和後篇，在這三篇文章裡詳細的開示：「最初剛開始學習的時候，一定要辛苦勞累，因為要廣大的聽聞、思維。」

之後格魯派針對禪宗師父的這個部分做了很多說明，主張禪宗的見地不是內道佛教的見地，是一個錯誤的見地，可是大遍智龍欽巴尊者認為禪宗的見地不是錯誤的見地，是一個正確的見地，只是在法王赤松德贊的時代，主要是到西藏傳授普通教法，而禪宗師父所開示的見地和實修的方式，只適合上上根器的弟子，而且應該是已經證悟內心實相之後才做的實修，那就完全不適合初級的實修者，所以，寧瑪派許多大博士主張它是一個正確的見地，並沒有錯誤，但是如果初級的實修者這樣做，功德不會增長增廣，而且也沒有機會證悟內心實相。

　　台灣弟子平日都非常忙碌，但是在聽聞教法、灌頂方面、閉關方面或實修方面，應當要好好地努力，這都是非常重要的。我以前也和眾弟子解說過，自己努力實修至少應當希望將來在面對死亡時，內心不會害怕，而且最好是在死亡時還能夠安住在究竟的心意，那這個就要平常經常努力實修了。

　　我在台灣講解的教法算是非常廣大，非常多，假設大家僅僅只是聽聞，並不能發揮很大的用處，因為聽聞之後還要做思維，思維之後還要付諸行動正式做實修，若沒有付諸行動正式做實修，不能成為對治煩惱的力量。如果希望所學習的法具有力量能夠對付煩惱，必須透過禪修才有力量，這點一定要了解，了解這點之後，希望大家不要懶惰，好好精進，這是我對大家的期望。

　　陽焰實修的部分也是分為白天和晚上：

|དངོས་གཞི་ཆོས་ཀུན་སྨིག་རྒྱུ་ལྟ་བུའི་ངང་། ཤེས་ཀྱི་འབྱུང་འཇུག་རེ་དོགས་ཐལ་བར་གཞག
正行萬法猶如陽焰狀　　心念往來離期疑而住

|མཚན་མོའང་སྔར་བཞིན་རྟགས་རྣམས་སྨིག་རྒྱུར་འཆར།
夜亦如前兆現為陽焰

　　外內的法不生不住不滅，就像陽焰，透過陽焰的比喻應當得到這個了悟，得到這個了悟後，對於外內的法，好的法也不要抱著強烈的期望、追求，不好的法也不要擔心懷疑，不需要這樣做的原因是因為，就好的法而言也是沒有生，就壞的法而言也是沒有生。

　　因此，白天來來往往，不管是和誰說話、內心產生什麼樣的想

法妄念，不要有太大的期望，也不要有太大的懷疑；不要有太強烈
的執著，也不要有太強烈的貪戀，應當要視這些法都像陽焰，這是
白天的實修。

　　晚上的實修，要像前面所講的，如佛陀涅槃時的臥姿，觀想中
脈從密輪到頂輪梵穴是藍色，非常的直、中空、細薄，而且有一個
清澈的光亮存在，如此觀修之後入睡。正如前面段落所談到的，首
先要能夠執夢，之後修夢，之後要能夠改變，能夠轉化，能夠增
廣，能夠自在，按照這個順序實修。

　　第一品、第二品和第三品，夜間實修的部分，睡眠的姿勢完全
一樣，之後所觀想的內容不同，僅僅只是如此而已。

第三部分：果

　　最後要討論果：

|ཁང་ལ་ཡང་མི་ཞེན་བདག་འཛིན་རང་གིས་གྲོལ།| |གཟུངས་སྤྱིན་མངོན་ཤེས་ཏིང་འཛིན་ཁོང་ནས་འཆར།|
任不耽著我執自解脱　　　　總持神通等持由內出

| རྒྱལ་བའི་གོ་འཕང་མྱུར་དུ་འགྲུབ་པས་ན།| |རང་བཞིན་སྒྱིག་རྒྱུ་ལྟ་བའི་དོན་སྒོམས་ཤིག|
將速成就勝者果位故　　　　請修自性猶如陽焰義

|རྫོགས་པ་ཆེན་པོ་སྒྱུ་མ་ངལ་གསོ་ལས།| |སྒྱིག་རྒྱུ་ལྟ་བའི་ལེའུ་སྟེ་བཞི་པའོ།། ||
大圓滿如幻休息論中　　　　如陽焰品是爲第四也

　　果分成暫時的果和究竟的果。首先是暫時的果，一切萬法自性
不能夠成立，不生不住不滅，是空性的自性，把這個部分再三觀

修，透過觀修，我們所存在的我執及對我執的耽著，自然會斷掉，因爲斷掉之故，取執的戲論就會去除掉，暫時的神通、等持等功德，在內心原來已經存在者，逐漸就會出現，這些是暫時的功德，暫時的果。

究竟的果就是佛果。就萬法而言，自性本然不能夠成立，就像陽焰的意義，這個部分應該不管白天晚上都勤做觀修，這是大遍智龍欽巴尊者對弟子所開示的口訣。

5
如水月

第一部分：見地

前面四品，佛陀以如夢的比喻說明不生，以如幻的比喻說明不滅，以光影的比喻說明不來，以陽焰的比喻說明不去，這些都說明完畢後，第五品是以水中的月影比喻：

|ཡང་འདིར་རྒྱལ་བས་ཆུ་ཟླ་ལྟ་བུ་ཞེས། །རྗེ་སྐད་གསུངས་དེ་ཉམས་སུ་བླང་ཕྱིར་བཤད།
又此勝者宣曰如水月　爲修行故如語釋所宣

佛陀薄伽梵對所調伏的弟子又開示：一切萬法就好像是水中的月影，看起來水中的月影好像是眞的月亮，如果像所看到的一樣，那應當要有一個眞正的月亮在那裡，或者應該要有月亮的影子在那裡可以摸得到才對，不過如果我們到了水裡後，首先不可能抓到一個月亮，其次也摸不到一個月亮的影子。

同樣的道理，現在我們所執著的法，所耽著的法，所貪戀的法，如果用理智好好地加以分析，我們所貪戀的法並不能夠成立，我們所執著的法也不能夠成立，我們所耽著的法也不能夠成立，就好像我們看到水裡有月亮的影子，在不分析不研究的情況下，說在水裡看到了月亮，不過如果仔細分析，其實根本就沒有。

佛陀在中轉法輪講般若教法時如此開示，大遍智龍欽巴尊者把這些內容做了歸納，並配合實修做一個解釋說明。

首先，我們內心的實相是本然清淨的，三身的自性，這樣的一個本質其實是本來就存在，本然成立的，就本質是本然成立的而言，我們眾生是如何形成迷惑的呢？首先就內心實相的部分而言，

針對眾生迷惑形成的情況做一個解釋說明。

།སེམས་ཉིད་ཟབ་ཅིང་དྭངས་པའི་མཚོ་དབུས་སུ། 　　།ཕྱུན་གྲུབ་གཟུགས་བརྙན་ཡེ་ཤར་གནས་མོད་ཀྱང་།

心性甚深清澈湖水中　　　　　自成影像本現雖安住

།གཟུང་འཛིན་ན་རྐྱབས་རྙོག་པའི་དྲི་མ་ཡིས། 　　།གསལ་བར་མ་གྱུར་ཏོག་པའི་རླུང་གིས་དཀྲུགས།

取執巨浪混濁汙垢故　　　　　已不明晰妄念風擾亂

།འཇིག་རྟེན་རྨོངས་པ་བདག་འཛིན་ལས་བྱུང་བ། 　　།ཡེ་ཤེས་མི་གསལ་མི་ཤེས་ཉོན་མོངས་ཅན།

世間愚昧我執所出故　　　　　本智未明未知具煩惱

།ཐོག་མཐར་དུས་མེད་འཁོར་བར་བྱིང་གྱུར་ཏེ།

無初終時已沈沒輪迴

　　我們的內心實相其實是非常深奧的，深奧的本質指的就是空
性。就內心的本質而言，雖然非常深奧是空性，不過在內心的實相
上仍然有一個本智的本質，這個本智的部分非常明晰，因此，可以
用大海來做一個比喻。

　　就大海而言，當然非常深，深不可測，可是大海即使這麼深，
海水本身仍然明亮清澈。相同的道理，就內心的實相而言，非常深
奧，這是指空性的部分，深奧的原因是因為一般凡夫眾生沒有辦法
了悟空性。不過雖然是空性，仍然有一個明分本智存在，因此這部
分就像大海。

　　就大海而言，高山、綠樹、紅花等對象，都能夠在海面顯現出
來，而且所顯現的這些影像最初就已經存在了，可是我們到了海邊
卻看不到這一切倒影，為什麼呢？因為狂風引發海面很多大浪，倒

影被大浪干擾遮住，就不能夠明晰地顯現出來。

　　同理，就內心的實相而言，佛的三身、五智這些功德本然就非常明晰，已經存在，對境和有境本來無二，可是我們會執著爲二，產生這種愚昧無知。在執著對境和有境爲二之後，我們就會執著有境本身是我，因此本來沒有我，我執又形成了；把所知的對境本身執著爲是我的，因此本來沒有我所，我所又形成了，如此將對境和有境兩邊執爲二的這種愚昧無知就形成了，而且原來沒有我卻執著爲有我，這種執著也產生了；原來沒有我所卻執著爲有我所，這種執著也產生了，這是無明，因此就形成俱生無明和遍計無明。在這些無明的影響之下，佛的三身、五智的本質就不能浮現出來，因爲被像海浪一樣的煩惱所遮蓋、干擾。

　　從無始輪迴以來到現在，因爲前面的情況，所以我們始終都在輪迴之中，將來仍然要持續下去。如果仔細分析，最初開始輪迴是什麼時候呢？無始，假設不實修佛法，那未來還要輪迴幾年呢？也沒有辦法知道。

　　其次，又因爲偶然形成的煩惱，我們有時候出現了地獄的所顯景象，有時候出現鬼道的所顯景象，有時候出現旁生道的所顯景象，有時候出現人道的所顯景象，有時候出現阿修羅道的景象，有時候出現天界的所顯，這一些其實都是依靠我們內心的煩惱而顯現出來，實際上是不是這個樣子呢？不是！實際上並不如其所顯而眞實存在，這種情況就好像是水裡的月影一樣，以四個句子說明：

ཇི་ལྟར་རྒྱ་གཙང་ནང་གི་གཟའ་སྐར་གཟུགས།　 དངས་ལ་མི་གཡོ་མེད་བཞིན་སྣང་བར་ལྟར།
如何澄清水中星曜體　　清澈未動無而顯現般

འཁྲུལ་སྣང་གཟུགས་བརྙན་སེམས་ཆུར་གར་བའི་གཟུགས།　མེད་བཞིན་སྣང་བས་འགྲོ་ཀུན་ཉམ་རེ་ཐག
惑顯影像心水所現體　　無而顯故眾生實悲慘

　　例如水存放在器皿中，如果水非常清澈，又絲毫不動搖，天空月亮、星星的影像就能夠在水裡明晰地顯現，如果水混濁不清，那這些影像就不能夠浮現了。實際上天空的月亮、星星不會存在器皿之中，這大家都非常了解，可是一般人的想法會怎麼想呢？當然水裡是沒有月亮，但是月影總是應該存在吧，水裡當然也沒有星星，不過星星的影子總是在水裡吧，實際上也是沒有。

　　原因何在呢？我們仔細分析，如果水中有月影，那它應該是什麼樣的情況呢？如何可以有？如何可以得到呢？其實了不可得。但是有人會講，如果水裡沒有月影，那我怎麼會看得到它？這一切所顯都是無而顯，雖然是無但是我們仍然可以看到，雖然是無但還是顯現出來，我們還是看到了。譬如用手指頭壓住眼角擠眼睛，雖然對方只有一個頭，我們卻會看成有兩個頭，那對方是不是有兩個頭呢？當然不是！在不是的情況下，我還是看成這樣，這是因爲一些因緣條件聚集的情況下，迷惑就此形成，因此看到迷惑的景象。

　　六道一切所顯都是這個樣子，譬如我們的內心就好像容器的水，六道一切所顯就好像器皿上所呈現出來的水中月影、星星的影子，雖然是無但還是顯現出來，仍然可以看到；雖然是無而顯現出來，但是我們眾生會執著爲有，因爲執著爲有，因此就所執著爲有

的這些事物，我們會產生貪戀、耽著、執著，因此造作了各種各類的業，妄念也愈累積愈多，由這些業和妄念，將來就要遇到非常多的痛苦。

有個故事，一群猴子在樹梢上吃水果，往下一看，底下一口水井裡有月亮的影子，一隻小猴子看到後驚訝得不得了，心想：「哎呀，不得了，月亮掉進井裡了！」因此就到森林裡四處宣傳月亮掉進井裡了，如果沒有月亮，以後我們要跑來跑去、要爬樹吃水果，都看不到了，很可怕，大家便聚集在一起想辦法要把月亮拉出來，於是，第一隻猴子抓住樹枝，第二隻猴子抓住第一隻猴子的尾巴，第三隻猴子抓住第二隻猴子的尾巴……，從樹梢往下一長串垂進井裡，想把月亮撈起來，就這樣累積了十幾隻猴子後，因為太過沉重，樹枝折斷，剎時，所有猴子全部掉進井裡，大多數的猴子全淹死了，只有少數幾隻倖存。

水裡的月影當然不會是真的月亮，把月影執著為真的月亮，由於這個迷惑錯亂和執著產生了很多的痛苦，首先，「擔心」本身就是一種痛苦；一隻猴子抓著一隻猴子長串往下垂也是千辛萬苦；大多數的猴子掉進井裡時驚慌害怕，在井裡淹死又是一個痛苦；就算僥倖能夠活命，因為花了最大力氣才能夠爬出來，那也是千辛萬苦。從頭到尾這麼多的痛苦從何而來呢？就是因為把水裡的月亮執著為是真的月亮，由這個迷惑執著形成所有的痛苦，假設一開始根本就沒有迷惑，所有的痛苦就都不會發生了。

其次，不管在什麼時候，我們眼睛所看到的對境，耳朵所聽到的聲音，鼻子所聞到的氣味，舌頭所嘗到的滋味，身體所接觸到

的，內心所思維的法，這一切實際上都不能夠成立，就像水中的月影，把這個部分再度說明，四個句子：

|འདི་ཅི་དངོས་པོར་མ་ཡིན་ངོས་གཟུང་མེད།　|མཚན་མར་མ་ཡིན་མཚན་མ་མེད་མ་ཡིན།

無可指認此何非實有　　非是表相亦非無表相

|ཡོད་མེད་མ་ཡིན་བདེན་རྫུན་མཐའ་ལས་འདས།　|གཟུགས་བརྙན་ཞིད་ཅེས་གསུངས་དེ་ཐོག་ཏུ་བབས།

非有非無盡離眞假邊　　已入所宣影像矣之義

　　就我們所看到的一切事物而言，在我們的想法裡，都會認爲它們眞的存在，確實是如此；但我們看到一個東西的時候，認爲這個東西眞的有，眞的存在，其實這只是我們內心的想法，如果我們用理智仔細推敲做個分析，其實根本沒有，確實是無。因此，如果我們看到了這個東西，用理智分析，確實是無。那我們所看到的到底是什麼呢？事實上沒有辦法做一個辨認，沒有辦法認取。

　　舉例而言，如果用鐵鎚把茶杯打碎，最後茶杯變成粉碎，我們能夠說這些粉碎物質到底是什麼嗎？沒有辦法說明，不能做一個描述。碎到最後的這些部分，我們仔細想想看，最後最微細的部分也不是我們眼識所能夠看到的形狀和顏色，所以這一切都是這個樣子，一切萬法也是這個樣子，如果要說它是有，也不能夠認取它的形狀的本質到底是什麼，也不能夠說明它的顏色的本質到底是什麼，因此，不能說它是有，那意思是說它是無囉？如果要說是無，我們又確實可以看得到、抓得到。

　　總而言之，這一切都超越我們內心的思維，這一切都諦實不能

夠成立，它是假；但是我們卻認為它是真，認為它是諦實成立，因此騙得我們暈頭轉向。如果它不是諦實成立，它是假，為什麼我們可以看得到，抓得到，看起來樣子確實存在、真的有呢？再仔細分析的話，其實這一切法都超越我們內心的思維，因此，佛陀就開示了，一切法就像水中的月影一樣。

佛陀所開示的內容，我們會覺得佛陀所言確實對，確實是真的，萬法就像是水中的月影一樣，如果內心要產生這種感受，應當無論何時經常分析萬法，經常做觀修，如果經常如此做，「萬法就像水中的月影一樣」這種感受一定會產生。

我們以前在佛學院讀書時，一年級、二年級，老師解釋課本裡的內容，講完了意義後，就對學生說課本裡的意義要常常思維、經常觀修，觀修時內心要回到內心的裡面，心不要向外面追逐。老師講是這樣講，但是佛學院一年級、二年級的學生，年紀小，不了解老師講的話，反而覺得非常奇怪，老師說「心要回到心裡面去」，怎麼回去呢？老師說「心不要向外面追逐」，是指追逐外面的什麼呢？

之後慢慢長大了，依照老師講過的內容做實修，內心好好地思維，就能夠逐漸有一些了解。如果我們經常看一看自己的內心，所思維的內容意義和書裡的意義相符合，那就是心回到內心裡，而且是按照佛法做實修；如果我們心裡經常所想所思的和書裡的意義不符合，那就算這個人了解經文詞句的意思，但他的心還是在追逐外面，沒有回到自己的內心裡，也表示他沒做實修的徵兆。所以，我們如果把這些意義做一些觀修、分析，內心的感受一定會產生。

　　同樣的道理，在睡覺之前如何做實修？在白天如何做實修？思
維這些內容，經常地勤做實修，之後內心一定會發生改變，產生許
多感受，就會發現《大圓滿如幻休息論》裡所講的內容確實是真
的，會產生很強烈的信心，這個時候所產生的信心是不共的信心，
對諸佛菩薩產生不共的信心、勝解，對諸佛菩薩所開示的教法也會
產生不共的信心、勝解，如果能這樣做到，我們就可以說這個人是
一個行者，有資格可以講：他是按照佛陀所開示的教法實修的一個
行者。

　　其次，外在的對境就像是水裡的月影，實際上不能夠成立。正
如實際上這些法不能夠成立一樣，執取這些法的有境內心而言，仍
然是不能夠成立的：

གཟུགས་སོགས་ཡུལ་དྲུག་ཆུ་ཟླ་དང་འདྲ་སྟེ།	མེད་ལ་སྣང་ཕྱིར་ངོ་བོ་མ་གྲུབ་ཕྱིར།
色等六境如同水月也	無而顯故本質不成故
རྣམ་པ་མ་འགགས་འཁྲུལ་ངོར་སྣང་བའི་ཕྱིར།	མིག་དང་མིག་དབང་མིག་ཤེས་ལ་སོགས་དྲུག
形相不滅惑上顯現故	眼與眼根眼識等等六
ཆུ་ཟླ་འདྲ་ཞིང་སྟོང་ལ་གསོག་དང་གསོབ།	ཡ་མ་བརྟན་འདུ་ཆུ་ཤིང་དངོས་པོ་མེད།
水月般空鬆脆唯空殼	空空洞洞芭蕉無實有

|རྣམ་ཀུན་བདེན་པས་སྟོང་ཞེས་ཚིགས་པར་བྱ།|
| 任無諦實故謂空應知 |

　　「色等六境」指六識的對境，也就是色、聲、香、味、觸、
法，或稱六塵。這六種對境都好像是水裡的月影一樣，雖然是無，

卻對我們顯現出那個樣子，就其所顯而言，雖然顯現出來，可是本質仍然是不能夠成立的；就算本質不能夠成立，不過在迷惑的情況之下，就迷惑而言，無而顯現的這些所顯不會消滅；無而顯出的這些所顯，在迷惑上仍然存在、仍然成立。

譬如用手指頭壓著眼珠，對方沒有兩個頭，眼睛仍然看成兩個頭。何時這兩個頭的影像才會消失不見呢？當然是把手放下來，眼睛恢復正常的時候，就不會看到出現兩個頭的影像。

同樣道理，就外在的對境而言，實際上不能夠成立，但是對我們而言它顯現出來，而且顯現成為成立的樣子，何時才不會顯現出來呢？當迷惑的煩惱不存在的時候，這一切就不會再顯現出來。

正如外在的對境不能夠成立一樣，內在的眼心識、耳心識，眼耳鼻舌身意六種心識也像水裡的月亮一樣，是空性、是假的、沒有精華，就像芭蕉一樣不值得依靠、不值得信賴，芭蕉在沒有結出果實之前，非常翠綠，而且葉子很大，看起來非常美麗，不過看起來這麼美麗的一個外表，內在有什麼精華呢？仔細分析一下，把芭蕉的樹幹剝開看，剝了一層是皮，再剝一層又是皮，繼續再剝一層又是皮，一直剝到最裡面還是一層皮，最後空空洞洞什麼都沒有。

和這個道理一樣，所顯現出來的這一切的法，在我們不分析的情況下，這個對境很好、很美麗、很好看，我很喜歡，這個是就我們喜歡的對境而言；如果是我們不喜歡的對境，就會覺得這個對境很醜陋、不好看、很恐怖。但是無論所顯現出來的是什麼對境，如果我們用理智善加分析，根本完全沒有精華可言，是假的，是詐騙的，是這樣的一個法，僅僅只是如此而已。

　　煩惱以及迷惑所顯現出來的法，對境的部分也不能夠成立，有境的部分也不能夠成立，可是就非煩惱沒有迷惑的內心實相而言，內心實相就可以成立了。四個句子：

|མཐའ་ཡིས་མ་གོས་དྲི་མ་མེད་པའི་སེམས། |ཆུ་ཟླའི་ཚུལ་ཏེ་སྟོང་གསལ་སྤྲོས་དང་བྲལ།
　　　不染邊際內心無汙垢　　　水月一般顯空離戲論

|ཟབ་ཞི་མི་རྟོག་ཡེ་ཤེས་བརྗོད་ལས་འདས། |རང་གསལ་དང་ལས་མི་གཡོ་ཤེས་པར་བྱ།
　　　深寂無妄本智越詮釋　　　自明狀中未動應當知

　　內心實相沒有沾染到煩惱、汙垢，比喻仍然像水月，它也是顯現出來，也是明晰，也是空性，所以是深奧的、寂靜的，而且沒有妄念，本質是本智明晰的，仍然像水月一樣，而且是超越語言，不是語言能夠說明的，而且內心的實相自己能夠明晰、能夠明白自己，而且內心實相不墮入涅槃的一邊，也不墮入輪迴的一邊，不墮入任何一邊，這點應當要了解。

　　但若要了解這一點，還是要廣博聽聞很多教法，再三地思維，反覆地做觀修，如果能確實這樣做，就算這輩子沒有證悟內心實相，那下輩子也一定可以證悟。

　　西藏即身成佛的大修行者有二位，一位是大遍智龍欽巴尊者，在他所寫的許多書裡說自己是前輩子廣大聽聞，廣大觀修，因此這輩子很容易就證悟了大圓滿法的內容。可見如果上輩子沒有辛苦做實修，沒有廣大聽聞，這輩子就算遇到大圓滿的教法，要立刻開悟，立刻成就佛果，也不可能。

　　第二個例子是密勒日巴，密勒日巴我們大概也不能說他前輩子沒有實修過佛法，因為密勒日巴最初去拜見馬爾巴時，馬爾巴在那天晚上就做了夢，空行母給了許多好夢，密勒日巴也做了夢，空行母也給了許多好夢，之後馬爾巴準備上等的一罈酒，到山腳下迎接密勒日巴。假設密勒日巴前輩子根本沒學習過佛法，根本沒實修過，是一個普通的世俗之人，馬爾巴為什麼在見到這位弟子的前一天晚上，空行母給他很多指示做了許多好夢，而且他還特別準備一罈好酒，到山腳下去迎接這位弟子呢？這些就完全不合理，如何去解釋呢？

　　因此，所謂的即身成佛，正確的了解應該是這樣，上輩子辛苦努力經過了資糧道、加行道都徹底究竟，但他還是一位凡夫，還沒有證得見道，這樣的一位凡夫到這輩子再來時，就在這一輩子裡得到見道的真諦，之後在一個很短暫的時間裡，十地就已經有所進步而升級，之後就到達無學道，因此說這輩子一個身體成就了佛果。

　　若把即身成佛解釋成：有一些人既沒有資糧道的功德，也沒有加行道的功德，之後在這輩子遇到大圓滿教法，就證悟徹底究竟，一身成佛。這個解釋不對，不可能是這樣。

　　就投生西方極樂淨土而言，有一些博士主張極樂淨土是佛的國土，因此聲聞和獨覺的羅漢不可能到，那凡夫俗子更不用講了。有些博士主張聲聞和獨覺羅漢不能夠到是有原因的，因為那是大乘國土，聲聞獨覺不是大乘，其次，聲聞獨覺的羅漢，因為他沒有發菩提心，當然不可能到達大乘的國土，如果內心有信心、悲心、菩提心，這些都齊備的話，就算他是一位凡庸的世俗凡夫，仍然可以投

生在西方極樂淨土。

　　仔細看一下，一位凡夫俗子只要肯努力精進，勤做實修，是有
投生在西方極樂世界的機會。可是一位凡夫俗子說一生就要成就佛
果，這是非常困難的，不過就算這一生沒有成就佛果，只要這輩子
精進努力，下一輩子仍然會有很好的機會。

　　接下來，一切萬法其實不是我們所能夠思維的，也不是我們能
夠用言語去解釋說明的，這部分的開示，四個句子：

|ཆུ་ཟླར་སྣང་དུས་ཟླ་བ་མ་གྲུབ་ལྟར། |སྣ་ཚོགས་སྣང་དུས་སྣ་ཚོགས་གྲུབ་བསལ་མེད།
水月顯時明月不成般　種種顯時種種無成除

|དུས་གསུམ་ཐ་སྙད་བཏགས་པའི་བློ་དང་བྲལ། |མི་རྟོག་ཇི་བཞིན་ཉིད་དུ་གནས་དེ་འོག
已離安立三時名言心　請置無妄如實之彼處

　　當我們看到水中的月影時，當然知道月亮不在那裡，只是水中
顯現出月亮的影子，月亮本身並不能夠成立。同樣的道理，六根所
執取的色、聲、香、味、觸、法等對境，雖然在六根上對境顯現出
來，不過就對境而言，並不如其所顯而成立。

　　有人會這樣講，過去的法，現在的法，未來的法，這些三時一
切法有些人執著為有，不過實際上三時的法都不能夠成立。因此，
無論何時應當要了解：一切所顯現出來的這些法都不能夠成立，對
它不要有執著、耽著、貪戀，應當就如此來安住，安住在不如其所
顯而成立的狀態之中。

　　就內心實相而言，應當在遠離妄念、耽著、執著這些都沒有干

擾的情況之下，穩定地安住，這是極爲重要的。四個句子：

|ཨ་ལུས་འགྲོ་འོང་མེད་པའི་བྱང་ཆུབ་སེམས།　ཕྱི་དང་ནང་མེད་བསམ་འདས་རིས་མ་འཛིན།
　　不餘無來無去菩提心　　　無外無內越思不偏執

|རྒྱ་ཆད་ཕྱོགས་ལྷུང་མེད་པའི་ཆོས་ཉིད་ལ།　ཡངས་དོག་མཐོ་དམན་མེད་ཀྱིས་ཚོལ་ཆོ་ཞོག
　　無墮偏私大小之法性　　　無寬窄與高低免尋覓

　　就內心實相而言，不能說從這裡走到外面去，也不能從外面回到裡面來，爲什麼呢？因爲內心實相不能夠區分外和內，沒有外內的差別；內心實相不是我們內心所能夠思維的；或者講內心實相是這麼大是這麼小；或者說在成就佛果時有內心實相，在輪迴階段眾生迷惑的情況時就沒有；或者說內心實相在成就佛果時非常廣大，輪迴眾生的內心實相非常的狹小；或者說成就佛果時佛的內心實相非常好，在輪迴階段的眾生的內心實相就普普通通；這些都是妄念執著，應當離開這一切，在不受這一切妄念干擾之下，內心實相自己本身好好地安住。

　　寂天菩薩在《入行論》裡曾說：「勝義非心所行境。」就勝義諦而言，不是內心所能夠了解的對境，而且佛陀在菩提迦耶金剛座成就佛果時，證悟了內心的實相，之後了悟到內心實相實在非常深奧，而且遠離一切的戲論，同時它是寂靜的，而且內心實相是能夠把一切煩惱全部滅掉的對治法門，因此就像甘露一樣，這樣的一個內心實相，我今天親眼看到了，我也得到了，可是不管向誰如何解釋，他都不可能了解，因此應當不要講說教法，還是進入禪定比較

好，所以佛陀證悟後四十九天都沒有開示佛法。

其次，就我們而言，所顯現出來的這些六塵的對境，實際上不能夠成立，就算在不能夠成立的情況之下，我們仍然對它產生執著，在執著的情況之下，就會產生這個是好的、是我要的妄念，這些何其多的妄念根本沒有任何意義可言。

|མ་བསམས་གཅིག་ཏུ་མི་གནས་གདོད་མའི་ངང་།　|གང་ཡིན་ཀུན་ཡིན་ཆུ་ཟླ་ལྟ་བུ་ཡིན།
不思未住一處本然狀　　　　何耶盡是猶如水月般

|བདེན་མེན་རྫུན་མེན་འཁོར་འདས་མཉམ་པ་ཉིད།　|ཇེ་བཞིན་ཆོས་ཉིད་ངང་དུ་སེམས་པ་ཞོག
非真非假輪涅平等性　　　　內心請置如實法性狀

對於一切法，我們總是執著這個是美的那個是不美的，這個是好的那個是不好的，這個是我要的那個是我不要的，實際上不管任何的執著，對境都不能夠成立，就像水中的月影一樣不是諦實成立，天空的月亮也不是諦實成立，輪迴也不是諦實成立，涅槃也不是諦實成立，如果這一切都不是真的存在，那我到底安住在哪裡呢？應當安住在內心實相本身，它是三身的本質，安住在這裡就可以。

就大數人而言，一天當中總是這個好那個不好，這個美味那個不美味，這個聲音好聽那個聲音不好聽，有時候快樂有時候不快樂，在這種情況下過了一天，也在這種情況下過掉一輩子，總之，對於對境的好壞等不要有太強烈的貪戀執著，這是相當重要的。

།སྣང་སྲིད་འཁོར་འདས་ཆུ་ཟླ་སྟོང་པའི་གཟུགས།　།ཡེ་སྟོང་བབས་སྟོང་རང་བཞིན་གཏོང་ནས་སྟོང་།

顯有輪涅水月空形體　　本空停空自性本然空

།དེ་ལ་ཡོད་མེད་བློས་བཏགས་འཁྲུལ་བས་ན།　།ཁ་དད་ཕྱོགས་རིས་གྲུབ་མཐའ་མ་ཞེན་ཀྱི།

於彼心設有無迷惑故　　莫耽相異偏頗宗義呼

　　顯有輪涅的這一切萬法就像水裡的月亮一樣，最初本然就是空
性，就此而言，它是本然即是空性的本質，可是我卻給它做很多區
分，這個是美味的那個是不美味的，這個是好聽的那個是不好聽
的，這個是美麗的那個是不美麗的，所做的這些區分不是毫無意義
嗎？這些區分對我們又有什麼好處呢？

　　譬如美麗，地方風俗不一樣，在這個國家認為美，到了別的國
家又變成不美了；所謂的美味是小時候的一個習慣，已經習慣喜歡
了這個滋味就非常好，但是別國家的人對這個滋味並不習慣也不喜
歡，就覺得不美味；好聽不好聽也是習慣，有些地方很喜歡聽的音
樂，別地方的人聽了可能覺得根本不好聽。

　　總而言之，美或不美不能夠成立，美味或不美味不能夠成立，
好聽或不好聽也不能夠成立，這些都是萬法不能夠成立的一個徵
兆。在這個情況下，我自己內心片面的執著說這個是好的那個是不
好的，這個是美味的那個是不美味的，如果別人意見不一樣自己就
不高興，這種強烈的貪戀、耽著、執著，還是不要產生比較好。

　　接著，要說明如果我了悟內心的實相會怎樣？如果我不了悟內
心的實相又會怎樣？針對這個部分做一個開示，五個句子：

།ཇི་སྲིད་ངར་འཛིན་ཞེན་པའི་བློ་ཡོད་པ། །ཇི་སྲིད་འཁོར་བ་ཉིད་དེ་ཐར་དུས་མེད།

何時心有己執耽著時　彼時即於輪迴無解脫

།འཛིན་མེད་རང་བབས་སོ་གཤུག་རྣལ་མའི་སེམས། །ཐང་ཀ་ཡེ་བབས་རང་གྲོལ་ཕྱོགས་ཡན་ནི།

無執自停原樣平穩心　通澈本停自解放任者

།རང་བཞིན་ཉིད་དེ་དེ་ལ་བཅོས་ཅི་དགོས།

於彼自性何需為調整

　　在我們還沒有證悟內心的實相之前，我們的我執、己執都會存
在，如果內心是這個樣子，無論如何不可能脫離三有輪迴。什麼時
候我們的內心不存在我執、己執，就了悟了內心的實相，這個時候
就會解脫了煩惱，同時也不需要任何的勤勞造作，因為已經脫離了
輪迴，得到了解脫。

　　接著，自性大圓滿的見地，如果我們能夠了悟，自然就解脫了
輪迴，那大圓滿的見地是什麼呢？做一個說明：

།ཡུལ་རྣམས་རོ་སྟོང་ཆུ་ཟླ་ལྟ་བུ་ལ། །བློ་ཡང་ཞེན་སྟོང་འཛིན་མེད་ཤར་བ་ན།

諸境己空如同水月般　心亦出現耽空無執時

།གཟུང་འཛིན་གཉིས་མེད་ཡུལ་སེམས་འབྲེལ་མེད་པས། །ཇི་བཞིན་ཚོལ་བྲལ་རྫོགས་པ་ཆེན་པོའི་ངང་།

取執無二境心無關故　如實離勤大圓滿狀態

　　應當如何講述大圓滿的見地呢？對境根本就不能夠成立，因為
本來是空，因此就像水中的月亮一樣，就水中的月亮而言，不能夠
成立為真正的月亮，如果了悟這一點，那內心和對境就會斷掉關

係，內心對對境就不會有貪戀、執著、耽著，且能夠安住在這樣的一個境界當中。這個時候沒有所取境沒有能執心，因此，迷惑的心和迷惑錯亂的對境之間的關係已經斷掉了，所以這時候內心的實相就不必靠勞力、不必靠力氣、也不必靠因緣條件和合，這樣的一種內心的實相就會浮現出來，這就是大圓滿的見地。

如果了悟大圓滿的見地，那一切所顯，還有身體語言方面的行為，都是證得佛果的一個助緣，因此，根本不可能存在證得佛果的障礙，這個部分的說明：

གང་བྱུང་སྒྲོགས་སུ་འཆར་བའི་རང་བཞིན་ལ།	ཁྲོགས་མེད་བདེ་བ་ཆེན་པོར་ལྷུན་གྱིས་གྲུབ།
任出現爲助緣之自性	無方皆爲大樂而自成
དེ་ལྟར་ཤེས་ཏེ་བསྒྲོད་པའི་ས་མེད་པར།	གདོད་མའི་གཞི་ལ་མཚན་པར་བྱང་ཆུབ་འགྱུར།
如前了悟即無晉陞地	於本然基增上得菩提

身體語言任何的行為都能夠成就佛果，是成佛的一個因，是成佛的助緣，而且如果證悟見地，就不會說這個是好的應當學習，這個是壞的應當丟掉。不論是取或捨，一切都是功德自然形成的，因此，如果證悟見地，也不必經過初地、之後到二地、三地、四地，逐漸升級一步一步地上去，不需要如此，這一切功德會在很短時間都能自成而出現。

第二部分：實修

接下來講實修的方式，了悟大圓滿的見地之後，內心要不渙散

地安住在見地之中，而且萬法本來不能夠成立，是空性，了悟這一切，之後來做實修，四個句子：

ཨ྄དེ་ལྟར་རྟོགས་ནས་རང་དེར་གནས་པ་ནི། 　ཨ྄མི་གཡོ་ཆུ་ཟླ་ལྟ་བའི་སྒོམ་པ་དེ།
如前證已住於彼境界　　未動如同水月彼禪修

ཨ྄ཞིར་སྣང་བདེན་མེད་འཆལ་འོལ་ཕྱམ་ཕྱམ་དུ། 　ཨ྄སྐལ་བཟང་སྐྱེ་བོས་རབ་ཏུ་གོམས་པར་བྱ།
任顯無諦模糊平平狀　　善緣士夫當深入串習

了悟的時候心思不渙散，安住在見地之中，經常地做實修，這個時候萬法是空性本然不能夠成立，但是了悟見地、了悟空性時，是不是一切萬法都消失不見、不會顯現出來呢？不是！就了悟者而言，一切所顯還是照常出現，和我們所看到的一樣，但是顯現的方式不一樣，因為無、因為空而顯現出來；可是萬法對我們顯現出來的時候，我們認為它不是空性是真的，這就是差別了。

因為萬法是空性、無而顯現，所以我們現在才要觀修萬法就像水月，一切所顯都如水月，雖然顯現出來，但是不可靠，也不堅固穩定，是一個空性，有緣者應當如此經常做實修。

譬如密勒日巴最主要的弟子就是岡波巴大師月童子達波仁波切，岡波巴大師在密勒日巴這裡聽了很多年教法要離開時，請求至尊上師再傳授甚深口訣，再三地堅持，密勒日巴就答應了，他說：「那你再好好地看一下我的背。」岡波巴心想：至尊仁波切要傳授甚深的口訣，可能在至尊仁波切的背上會示現出本尊，傳我甚深高妙的法，因此趕緊站到背後去。

　　密勒日巴大師接著說：「好好地看著，已經看了嗎？」岡波巴回答：「已經看了。」密勒日巴把上衣拉上來，然後彎著腰，以腰和背部對著岡波巴大師：「看到了嗎？」密勒日巴的腰堅硬如石頭，上面凹凹凸凸都是黑色，因為他一輩子都坐著緊靠山洞牆壁做實修，一個人的身上如果有傷口痤癒後皮膚的肉會變很堅硬而且顏色深黑，密勒日巴的腰和背就是這樣，這時密勒日巴就說了：「看到了嗎？這就是我真正的口訣，當你的腰還沒有變成像我這樣時，你就始終待在山洞裡做實修，這就是最深奧最殊勝的口訣。」

　　道路上的實修方式，三個句子：

།སྔོན་འགྲོ་སྔར་བཞིན་ཆུ་ཟླར་གསོལ་བཏབ་ལ།　།དངོས་གཞི་གང་སྣང་དངོས་མེ་ཆུ་ཟླ་དང་།

前行如前為水月祈請　　正行任顯無實如水月

།འདི་བ་ཞིན་དུ་བསམས་ལ་མཉམ་པར་གཞག

如前思已入於等置中

　　前行要像前面幾品一樣，誠懇地祈請，祈請加持我能夠了悟萬法如水月，之後在做實修的時候，對白天一切所顯現的景象，一定要了解它們實際上都不能夠成立，就像是水裡的月亮一樣，要這樣再三地思維。

　　夜間睡眠時實修的方式，二個句子：

།མཚན་དུས་སྔར་བཞིན་ཆུད་པར་ཆུ་ཟླའི་ཉམས།　།གང་ལའང་འཛིན་མེད་ཕྱམ་གཉིས་དང་དུ་གནས།

夜間如前尤水月覺受　　任皆無執平平狀中住

在睡眠之前要思維一切萬法都不能夠成立，就像水裡的月亮一樣，把這些意義再三思維，之後以獅子臥姿，像第四品裡所說的觀想身體的中間有中脈，不過在這裡要特別觀想中脈充滿五色祥光，如此觀想後入眠，入眠之後執取夢境，改變夢境，轉化夢境，在夢境之中得到自在，這些都和前面一樣。

第三部分：果

最後講述果的理論：

|শ্রুর་དུ་སེམས་ཉིད་རྒྱལ་པོའི་གཏན་སྲིད་ཟིན།| |གང་སྣང་བཞས་པས་དེར་སྣང་འཛིན་པ་བྲལ།|
迅速到達心性王永有　　　但看任顯彼顯離執著

|དྭངས་གསལ་ཆུ་ཟླ་ལྟ་བུའི་འོད་གསལ་འཆར། | |འདི་ནི་སྐལ་མཆོག་ལྡན་པས་རབ་སྒོམས་ཤིག|
清明猶如水月光明現　　　至盼勝緣士夫深修此

|རྫོགས་པ་ཆེན་པོ་སྒྱུ་མ་ངལ་གསོ་ལས། | |ཆུ་ཟླ་ལྟ་བུའི་ལེའུ་སྟེ་ལྔ་པའོ།། ||
大圓滿如幻休息論中　　　如水月品是爲第五也

如此做實修的時候，暫時上我們的內心能夠得到自在，內心能夠不動於對境，不會被對境所搶走，因此內心能夠得到知足，也能夠了悟對境實際上不能夠成立，而且內心實相光明的本質也會呈現浮現出來，因此，這個實修應當是有原則，應當要好好努力可以做的實修，這是龍欽巴尊者對大家的一個鼓勵。

6

如空谷回音

第一部分：見地

在第五品開示了萬法自性不能夠成立，就好像在水裡所呈現出來的月影一樣，內容主要是要講實際上不能夠成立，但是對我們而言，所顯仍然持續不斷地出現，不會遮滅。在第六品要講「如空谷回音」，是指萬法雖然實際上不能夠成立，不過對我們仍然要顯現出來，但是即使對我們顯現出來，仍然像空谷回音，以空谷回音做一個比喻。首先談到：

།ཡང་འདི་རྒྱལ་བས་བྲག་ཅ་ལྟ་བུ་ཞེས། །གསུངས་པ་དེ་ཡང་གསལ་བར་བཤད་ཀྱིས་ཉོན།
勝者宣謂猶如谷響矣　　此又明晰釋彼請諦聽

佛陀再度對弟子們做了一個開示：萬法自性不能夠成立，在自性不能夠成立之下的萬法就像什麼呢？譬如一個人到了山谷中，大聲喊了一聲，喊完之後就會聽到和自己所喊的聲音相似的聲音傳回來。這個開示要講的是無常的本質，因為空谷回音就算聽到了，一下子之後，聲音就滅掉了，所以是要講無常的性質。一切萬法也都像這樣，實際上不能夠成立。

如果一個人跑到山谷中叫喊，會聽到空谷回音，假設一隻狗到山谷中吠叫，牠聽到空谷回音也是吠叫的聲音，這時內心就開始緊張害怕，以為有凶猛的狗在對面，因此再度狂叫，又聽到更大聲的回聲，在恐懼害怕的情況下，牠再三地喊叫再三地聽到回聲。這個要說的是，萬法雖然實際上不能夠成立，但只要我們有執著、有耽著，因為這個緣故，它仍然會讓我們產生恐懼害怕。

　　首先就萬法而言，基見地上自性爲無，這個部分應當要覺悟了。四個句子說明：

།ཇི་ལྟར་ཕུག་རིའི་དུང་འདུག་མི་དག་གིས། ཇི་སྙེད་བརྗོད་བཞིན་ཕུག་ཅའི་དབྱངས་འབྱུང་བ།
　　　　如何山谷前面有某人　　　如盡所說形成空谷音

།དེ་བཞིན་ཆོས་ཀུན་རྐྱེན་འབྱུང་ངོ་བོ་མེད། །བདེན་པས་སྟོང་ཞེས་ངེས་པར་རྟོགས་པར་བྱ།
　　　　同理萬法緣起無本質　　　謂爲諦空決定應證悟

　　最後一句是說：對於所謂諦實成立爲空應當要覺悟的意思。

　　譬如在山中一個人坐在那裡發出聲音，如果是笑聲，當然待會兒聽到的回音也是笑的聲音；如果所發出的是哭泣的聲音，待會兒聽到的回音也是哭泣的聲音；如果不是笑聲也不是哭聲，是一般說話的聲音，等一下聽到的回音就是一般說話的聲音。爲什麼會聽到這些回音呢？主要的因當然是自己發出聲音，但助緣是因爲在山谷中，空氣不能流到外面去，因此，聲音不能流動出去，所以又流動回來，所以自己就聽到了。

　　實際上這個聲音的產生，是因爲我自己發出聲音，之後我自己也聽到了，當我自己發出聲音時，當然要用身體發音器官花力氣，才能夠發出聲音，可是當又聽到聲音的時候，我們就會想那這個是誰發出的聲音呢？如何發出這個聲音呢？這樣想之後，在山谷裡左看右看，做了各種詳細分析後，發現沒有發聲者存在，所以所聽到的聲音實際上不能夠成立，諦實不能夠成立，本質爲空。

　　同理，我們現在所接觸到的對境好好壞壞各種各類，實際上形

成的主因當然是我們內心的煩惱，其次是以外境作為助緣，因此，我們就見到了形形色色的對境，不過是不是正如其所見而存在呢？不是！並不如其所見而存在，所以是諦實不能夠成立。

　　之後，對我們顯現出來的這些好好壞壞各種各類的對境，如果我們用理智好好地做一個分析，它的形狀或者是顏色等，其實超越了這一切的形體，因為它的本質根本就不能夠成立。要開示這些內容，七個句子：

|ཁྲག་ཅ་གྲགས་དུས་ཕྱི་ནང་བར་རྣམས་སུ།
谷音響時雖於外內中　　　　諸處尋彼谷音未得般

ཕྱི་ནང་ཆོས་ཀུན་བློ་ཡིས་དཔྱད་བྱས་ན།
外內萬法若用心研析　　　　心與心上所顯法一切

|རགས་ཕྲའི་རྣམ་པ་ཙམ་ཡང་མི་རྙེད་དེ།
唯粗細相亦未可得也　　　　空如天空無實最純淨

|དེ་ལྟར་ཆོས་ན་གང་ལའང་ཞེན་འཛིན་མེད།
若如前悟任皆無耽執

　　聽到空谷回音時，空谷回音在什麼地方？在山谷的裡面嗎？山谷的外面嗎？裡面和外面的中間嗎？從內、外、中三方面仔細地去尋找空谷回音到底在何處，卻發現了不可得。

　　和這個情況一樣，現在三毒煩惱所顯現出來的內外對境，是如何而存在的呢？是真的實際存在嗎？如果我們仔細地用理智好好分析，會發現在內心所出現的這些外內的法並不能夠成立，在心所之

中所呈現出來的外內的法也不能夠成立，就好像我們聽到空谷回音，聽是聽到了，但想尋找空谷回音時，無法把它明確地指出來，不能夠把它辨明清楚。

一樣的道理，萬法實際上不能夠成立，就好像天空一樣是空的，我們現在認爲實有的萬法（實有法）是因爲有作用力存在，實際上有作用力存在的這些實有法就像夢境，只是迷惑的所顯，這些實有法其實不能夠作用，因此也像是空谷回音一樣。

所以，在心所之中所出現的這一切的法，實際上都不能夠成立，因爲它是空性的本質，這一點如果好好證悟，對於這輩子所出現的各種好好壞壞的對境，內心不會有貪戀執著，對於六道也不會有貪戀執著，假設對一切萬法、一切事物都沒有貪戀執著，那下輩子就不會投生在六道之中了。

其次，針對我們所出現的顏色形狀等的色法，實際上不能夠成立，它是空性，前面談到了，可是空性是什麼呢？空性超越了我們的內心，不是內心所能了悟的。這個部分的開示，七個句子：

|ཀུན་རྫོབ་སྟང་ལ་དོན་དམ་མི་དམིགས་ཞེས། |ཆ་གཉིས་འཛིན་པའང་བློ་ཡི་རྣམ་དབྱེ་སྟེ།
謂世俗顯勝義則未緣　執二者亦內心之區分

|ཇི་ལྟར་སྣང་དུས་ཉིད་ནས་བློ་ལས་འདས། |བློ་བཀོད་སྤྲོས་པའི་དྲ་བ་རང་སེམས་te།
如何顯時即彼越思維　心設戲論之網己心也

|ཡུལ་དེར་འཕེལ་འགྲིབ་གང་དུའང་མི་བྱེད་པས། |ཏོག་པའི་དྲ་བས་མ་འཛིན་དོས་གཟུང་མེད།
任未於彼境上作增減　莫以妄念網執無認取

ད་ལྟར་ཤེས་ཏེ་སྤྲོས་པའི་ཕ་རོལ་འགྲོ།
如前知已往戲論彼岸

首先，小乘的宗義認爲在世俗中這些萬法都成立，而且顯現出來，不過就勝義上而言，這些萬法都不能夠成立，也不能夠顯現出來，所以要歸納成兩個範圍，分類成萬法裡有成立的部分和不成立的部分兩種類型。

到了中觀宗上上乘門，主張唯是所顯，本身就算是顯，也不能夠成立，就世俗本身如果仔細用理智分析，僅僅世俗自己本身也不能夠成立，所以不能夠把它分類成一個是世俗——世俗上是可以出現可以成立的；一個是勝義——勝義上是不能夠成立不能夠出現的，不能夠做這種二分法。

所謂的世俗上呈現出來，勝義上不能夠呈現出來，主要還是內心的安立，凡是由內心安立所形成者都是迷惑、都是錯誤，都不會是純眞的。因此說：有時候有，有時候無，這種說法實際上根本就不能夠成立，因爲對我們而言，有時候有，有時候無，這個部分有，那個部分無，其實這些都是妄念所形成的執著，就萬法的實相而言，內心不能夠如此辨明清楚。就萬法的實相而言，內心不能夠辨明清楚的這種萬法實相，如果了悟了，那內心就能夠離開一切的戲論、執著、耽著，能夠解脫離開這些妄念。

其次，萬法就像空谷回音，實際上不能夠成立。如果萬法實際上不能夠成立，那意思就是它不會顯現出這些萬法嗎？不是！譬如當一個小孩睡著做了惡夢，夢到毒蛇猛獸，醒來後，在房間裡四處

找毒蛇猛獸，害怕得不敢再睡，跑出房間，這時父母跟他再三地解釋，說房間裡根本沒有毒蛇猛獸，毒蛇猛獸不會跑到房間裡來，你只是做了惡夢而已，但是已經這樣解釋完畢了，能不能告訴小孩實際上沒有這個毒蛇猛獸，因此你也不能夠做毒蛇猛獸的夢？父母能不能阻止他讓他不要再做這個惡夢？不能！就算實際上沒有毒蛇猛獸，他還是會做這個惡夢的。

一樣的道理，萬法實際上不能夠成立，這是諸佛菩薩曾經開示的，那是不是因為實際上不能夠成立，萬法就不會顯現出來呢？諸佛菩薩都沒有這樣講。當我們內心裡還有不清淨的煩惱存在時，依賴於這些不清淨的煩惱，就會顯現出各種各類的不淨所顯，這是必定的。

當我們還有做夢的煩惱存在時，依賴於這些煩惱，就肯定一定會做夢，所以如果沒有做毒蛇猛獸夢的這種煩惱存在的話，夢境裡當然不會有毒蛇猛獸，如果有做惡夢的煩惱還存在，在夢境裡因為有煩惱之故，恐怖的惡夢當然會出現。但是就算是做了恐怖的惡夢，僅僅只是在夢中而已，不會做了恐怖的夢後，房子裡就真的出現了毒蛇猛獸。這個部分的解釋，六個句子：

གདོད་མའི་སེམས་ཉིད་ནམ་མཁའ་ཡིད་བཞིན་དང་།	ཡོན་ཏན་ལྷུན་གྲུབ་རྒྱ་མཚོ་དྲི་མེད་ལས།
本然心性盧空如意珠	功德自成無垢大海中
ཁྱུན་རྟོག་མ་རིག་རྐྱེན་བྱུང་སྲིད་པའི་ཆོས།	མེད་སྣང་བྲག་ཅ་ལྟ་བུར་འདིར་འཁྱམས་ཏེ།
遍妄無明緣起可能法	無顯如同谷音漂流此

།འགྲོ་དྲུག་རང་སྣང་བག་ཆགས་དབང་གིས་སྣང་། ཉོག་པའི་རང་སེམས་རབ་འཇུག་དབང་གིས་འཇུག

六道自顯習氣故顯出　　混濁己心極趨故趨入

　　實際上來講，最初我們內心的實相其實也不能夠成立，就好像天空一樣。就內心實相的比喻而言，譬如如意寶珠，如意寶珠本身自然就擁有無量無邊的功德，而且光彩燦爛，威光無與倫比，內心的實相所存在有很多的功德，是怎麼產生的呢？並不是靠許多因緣條件和合而產生，是自然就已經形成的。這種自然就已經形成的功德，已經存在的功德，是誰的功德呢？是佛陀的功德。但就算佛陀的功德都原來已存在，而這個佛陀的功德實際上本身並不沾染到煩惱障和所知障，即使如此，在暫時的階段裡，由於我們內心的妄念、無明之故，我們仍然要在輪迴裡不斷地流轉，當在輪迴裡流轉時，這些輪迴的法實際上不能夠成立，就像空谷回音，可是對我們而言，在輪迴的階段裡，這些一樣還是要出現的。

　　如果我們的內心存在使地獄道的痛苦呈現出來的煩惱，依賴於這個煩惱，那一定會出現地獄道的痛苦；如果內心存在使鬼道的痛苦呈現出來的煩惱，那依於這個煩惱，鬼道的痛苦一定會呈現出來；如果內心存在使畜牲道的痛苦呈現出來的煩惱，依賴於這個煩惱，畜牲道的痛苦一定會呈現出來；如果內心存在使人道的痛苦呈現出來的煩惱，依賴於這個煩惱，人道的痛苦一定會呈現出來；如果內心存在使修羅道的痛苦呈現出來的煩惱，依於這個煩惱也是肯定會顯現出修羅道的痛苦；如果內心存在使天人的痛苦呈現出來的煩惱，依於這個煩惱當然會呈現出天人的痛苦。

可見六道的痛苦之所以呈現出來，完全是因為自己的煩惱，假設自己內心完全不存在這些煩惱，根本不會在外面單獨有痛苦呈現出來，就好像我們做夢夢到毒蛇猛獸，這是因為做這種惡夢的煩惱在我們的心續之中仍然存在，依於這個煩惱就會做恐怖的惡夢，如果沒有做恐怖惡夢的煩惱存在，會不會做惡夢呢？不會！會不會沒有做惡夢而毒蛇猛獸就自己在我們房子裡出現呢？也不會！

換句話說，如果做惡夢的煩惱還存在，就會使惡夢出現，如果做美夢的煩惱還存在，就會使美夢出現，美夢和惡夢這一切都是依於我們自己內心煩惱而呈現出來。

所顯現的萬法本來不能夠成立，諸佛菩薩也這樣開示了，但是一般而言，這一點我們根本上都不太相信，我們的想法會認為這是因為祂們已經成就佛果，就佛而言，一切萬法當然不能夠成立，僅僅只是如此而已，除此之外，就我們現在不是佛陀，是凡庸世俗凡夫俗子的階段而言，這些法就有了，不能說它不能夠成立了，我們都有這種想法，這種想法其實也不對，為什麼呢？

譬如夢境，夢境當然根本上不能夠成立，就實有法而言，水本身也不能夠成立，不過水為什麼可以用來洗澡、洗衣服？如果火不能夠成立，為什麼火可以用來做飯、燒水？為什麼有這種作用呢？這樣說來，佛開示萬法不能夠成立，是就佛而言；但是就我是凡夫的情況而言，這萬法就可以成立了，有它的作用力存在。

看起來是這樣，但實際上不是這樣，就像前面所談到的夢境，夢境當然根本上不能夠成立，水和火的情況就好像做夢時夢到水，做夢時夢到火，在夢境裡當然可以用這個火來煮飯、燒茶，在夢境

裡當然可以用這個水來洗澡、洗衣服，可不可以做這樣的夢呢？當然可以！不過就算是做這樣的一個夢，但是在做夢的時候仍然沒有火，也沒有用火煮的飯，也沒有用火燒出來的茶，做夢的時候這些都沒有，但是可以做這麼一個夢，在夢裡有火，在夢裡也用火煮了飯、燒了茶，為什麼不可以做這些夢呢？當然可以啊！所以一切萬法實際上不能夠成立，就像這個情況一樣的道理。九個句子做一個開示：

ཡིན་ཅུ་ན་ཡང་འགྲོ་སེམས་འཁྲུལ་སྣང་འདི།　ཁ་ཞི་མེད་ཅ་བ་བྲལ་བའི་རང་བཞིན་ནོ།
雖如前然眾心此惑顯　　無基已離根之自性矣

ཨེ་མ་མེད་བཞིན་སྣང་འདི་དགོད་རེ་བྲོ།　དོན་མེད་རང་ལ་དོན་དུ་གཟུང་བ་ཡིས།
嗟呼無而此顯哈哈笑　　於無實而取為實之故

དོན་འདི་སྒྲུབ་བ་བྲག་ཅའི་དབྱངས་འདྲ།　འདི་ལ་བདེན་ཞེན་འཛིན་པ་ཅི་ཞིག་བྱ།
顯為此實如空谷回音　　於之諦耽執著有何用

གང་ཡིན་གཏད་མེད་ཕྱམ་གཅིག་དང་དེར་ཞོག　འཕྲལ་བྱུང་སྣང་བ་བདེན་མེད་ཆེན་པོར་གྲོལ།
任皆無向請置平等狀　　偶然顯出大無諦解脫

ཡངས་དོག་མཐོ་དམན་མེད་པས་ཉམས་རེ་དགའ།
寬窄高低無故欣欣然

　　就眾生而言，一切都是迷惑的所顯，實際上實有法的本質根本上都不能夠成立，因此是無而顯。就無而顯現出來的這些萬法，如果用理智分析，只是會豁然一笑，僅僅只是如此而已。不過就實際上不能夠成立的法，我們卻會執著它實際上是成立的，就像空谷回音，實際上不能夠成立，可是我們卻執著它有、它存在，如果這樣

執著，那只是自己受騙上當而已，而且對於空谷回音，如果執著它有、它存在，其實也沒有任何用處。因爲去分析空谷回音，它到底在什麼地方？如何產生？如何出現的？這些最後都是了不可得。

因此，在暫時階段，還有煩惱存在的時候，偶而所出現的所顯的萬法，雖然顯現出來，但是實際上還是不能夠成立，如果對這一點有所了悟，見地非常的廣大，沒有什麼執著，心胸不會狹窄，不會鑽牛角尖，不會造成很多痛苦，這樣的一個內心，經常都會非常的開闊非常的鬆坦，因此就有很多的高興快樂。

如此的見地，那我如何去了悟呢？一般來講，對我們所呈現出來的好好壞壞各種的法，雖然顯現出來，但內心思維它是好的，這種耽著不需要存在；思維它是壞的，這種耽著也不需要存在，因爲所顯的一切萬法實際上都不能夠成立。

所顯的萬法實際上不能夠成立的情況，就譬如某個人，對他爸爸而言這個人是一個兒子；但是他也是父親，因爲對他兒子而言這個人就是父親；如果對他太太而言，這個人又變成丈夫；如果對他的朋友而言，這個人就變成朋友；如果對他的敵人而言，這個人又變成仇敵，所以實際上對境本身不能夠成立。如果對境本身不能夠成立，是如何出現的呢？內心所造成，我的內心把它界定爲是這個、是那個。因此，對於內心所造成、形成的這些法，我們不需要有太過強烈的貪戀、耽著，如果把貪戀、耽著止息掉，那就會了悟空性。開示四個句子：

|གང་བྱུང་ཆེད་འཛིན་ཞིག་པའི་སྣང་བ་ལ།　དགག་སྒྲུབ་བྲག་ཅ་འདྲ་བའི་སྣང་བ་སྟེ།

任出特執已毀之所顯　　破立如同谷響所顯現

ཅི་ཡིན་གཞན་གཏད་མེད་པར་གྲོལ་བས་ན།　དེ་ཡིན་ཕྱོགས་ཆ་བྲལ་བར་ཕྱམ་གཞིག་ཞིག

任是皆無指向解脫故　　盼離片面是彼置平等

　　我們對一切所顯都不要有執著，就所執著的對境來講，我要特
別地把它排除掉，這種執著不需要有；我要特別去追求它，成立
它，這種執著也不需要有。

　　譬如就空谷回音而言，難道我要特別把它排除掉嗎？難道我要
特別去成立它，去追求它嗎？都不需要！因此，就實修的法來講，
我所害怕的對象，我所懷疑的對象，能夠使我產生痛苦的這樣一個
對象，這種法根本就沒有，因為一切都是一樣的，都是空性的本
質，只有一個，如果這樣，那就沒有取沒有捨了。

　　譬如古代的記載經常談到，許多人到海上找如意寶珠，不知不
覺來到一個金銀島，整個大地遍佈金銀珠寶，這個時候我需不需要
去拿什麼東西？或者是要丟掉什麼東西？都不需要啊！因為放眼看
去全部都是黃金。那我需不需要把黃金帶到那一頭去？不需要！因
為那邊也都是黃金。

　　一切萬法的自性不能夠成立，如果能夠了悟這一點，那會得到
什麼樣的功德呢？就功德而言，自己會非常的快樂，明白這些萬法
都非常的可笑，而且一切的期望、懷疑等痛苦會完全消失不見。四
個句子：

|ཁྱ་ཏེ་ཐོས་དང་འཁྲུལ་སྣང་དགོད་རེ་བྲོ། ཧོ་བོ་ཆོས་གཟུང་མེད་ལ་ཁྲལ་མ་ཁྲོལ།

哈哈看矣惑顯哈哈笑　　本質無可認取琅璫璫

|ཟབ་རོབ་འཐལ་ཐོལ་ཡལ་ཡོལ་བན་མ་བུན། ཕྱང་ཕྱོད་བདེན་ཞེན་མེད་ལ་སྣ་ཚོགས་སྣང་།

恍惚模糊空洞朦朧朧　　放任無諦耽而顯種種

　　如果我們用理智仔細分析萬法，會覺得實在是非常好笑，因爲
對於所顯的一切萬法仔細好好地看看，雖然各種各類都顯現出來，
不過針對各類所顯現的萬法，實際上我們不能夠把它指認出來，不
能夠把它辨明清楚，不能夠把它製造形成是這個樣子、是那個樣
子，因爲根本就不能夠成立，萬法都是這個樣子。

　　這裡談到「本質無可認取」，指沒有本質，不能夠指出本質是
什麼；恍惚、模糊、空洞、朦朧朧，意思都是指不能夠辨明，不能
夠明確指出它是什麼。

　　因此，對於萬法不要執著它諦實成立，如果了悟萬法沒有諦實
這一點，在了悟的情況下，當然不可能立刻就把煩惱滅掉了，在那
個情況下，所顯的萬法仍然會顯現出來。

　　其次，眾生依賴於自己各自的煩惱之故，因此萬法顯現出來時
就顯現成爲各種各類，以五個句子做一個開示：

|མི་མཁས་བདེན་པར་ཞེན་ལ་བདེན་བདེན་འདུག །བདེན་མེད་རྣལ་འབྱོར་པ་ལ་ཕྱམ་ཕྱམ་གཅིག།

拙者耽爲諦實似如諦　　無諦瑜伽士則一平等

|མི་རྟག་རྟག་པར་འཛིན་ལ་རྟག་རྟག་འདུག། །ཁྱ་འཛིན་དང་གིས་གྲོལ་ལ་སྟོང་གཟུགས་གཅིག།

無常執之爲常似如常　　自然解脫常執一空色

｜ཡངས་དོག་རྒྱ་ཆད་མེད་ལ་ཉམས་དགའོ།
無寬窄與大小欣欣然

　　對沒有學習過佛法的人而言，就沒有思維、沒有分析萬法實相的人而言，雖然諦實不能夠成立，但是心裡會想說諦實成立啊，因此耽著有諦實存在，對這種耽著諦實成立的人而言，萬法顯現出來時，顯現成什麼樣子呢？顯現成為諦實成立的樣子。如果一個人好好地學習佛法，努力地做實修，了悟萬法的實相，了悟諦實不能夠成立，對這樣的一個行者而言，萬法呈現出來時，他不會耽著萬法是諦實成立，這種耽著不存在，萬法對他而言，顯現成為諦實不成立的樣子，顯現成為空性的樣子。

　　如果是一個普通的凡夫俗子，一個不善巧者，萬法雖然是無常，可是他卻把萬法執著為常，這樣一個有常執的凡夫俗子，因為他耽著於萬法是恆常的，有這種想法，所以萬法針對他顯現出來時，就顯現成為恆常的樣子。

　　但如果是一個實修佛法的人，經常觀修無常的人，對他而言，萬法顯現出來就顯現成為無常，剎那剎那在毀壞，萬法都是空性，所看到的色法是空性顯現成為色法的外貌，即使如此，實際上還是不能夠成立。對於實際上不能夠成立這部分有所證悟的人，他的見地非常廣大，心胸非常廣大，不會鑽牛角尖，這樣的一個人，不管是什麼時候，內心都在喜悅快樂之中，不會感受到任何的痛苦。

第二部分：實修

　　萬法雖然顯現但是不能夠成立，就像空谷回音，前面談到的都是見地方面的抉擇，透過見地的抉擇也有所證悟，但僅僅只是證悟沒有什麼大用處，必須使它的力量不斷越來越強，這是串習，串習要靠實修，實修的方式是什麼呢？

ཚིགས་པའི་དོན་ལ་གོམས་འདྲིས་བྱ་བ་ནི།	སྔོན་འགྲོ་ཕྱར་བཞིན་ཐག་ཆར་གསོལ་བ་གདབ།
於所證義進行串習者	前行如前爲谷響祈請

དངོས་གཞི་ཆོས་ཀུན་སྒྲ་བརྙན་ཐག་ཆ་འདྲ།	ཁྱགས་དུས་ཉིད་ནས་ངོས་གཟུང་མེད་པ་ལྟར།
正行萬法如回音谷響	即於響時無可認取般

ཅིར་སྣང་ཐམས་ཅད་དེ་བཞིན་བསྒོམ་པར་བྱ།
一切任顯當如彼觀修

　　實修分前行、正行，前行和前面幾品都一樣，之後要做正行，正行時，萬法就像空谷回音，不管是說像空谷回音，或者像谷響，或者像聲音，意思都是一樣，我們耳朵聽到了聲音，可是在耳朵聽到的那個同時，沒有辦法把它很明確地指出來，所以顯現但是不能夠成立。

　　同理，一切法顯現出好好壞壞的的樣子，實際上它不能夠成立。就所顯現出來的好好壞壞各種各樣的對境而言，大多數人都認爲對境本身就是這個樣子，很少去分析自己的內心，分析說當我的內心變成好的時候，對境顯現成爲好的樣子，當我的內心變成壞的時候，對境顯現成爲壞的樣子。大多數人的想法都是：顯現出來是

好的樣子時，認爲對境本身就是這麼好，顯現出來是壞的樣子時，認爲對境本身就是這麼壞，而沒有好好去分析事實上是因爲自己內心的緣故。

「由於自己內心的好壞之故，顯現出對境的好壞」，會做這種分析的人少之又少。大多數人的時間都是去分析對境本身是好是壞，多麼好多麼壞，這種分析花了很多力氣，僅僅只是在分析對境而已。因爲忙忙碌碌於分析所有對境的好和壞，造成自己暈頭轉向，疲累不堪。

其實不需要如此，不需要去分析對境，應當分析自己的內心，如果內心變成好的時候，所顯現的萬法顯現成爲好的；如果內心變成壞的時候，所顯現的萬法顯現成爲不好的，了解這點後，如何使我的內心變得越來越好，如何使壞的部分去除掉，讓它變成沒有，這些就要好好地想想辦法了。

第六品用空谷回音做比喻，談萬法實際上不能夠成立，就像空谷回音一樣。聲音有時候也會讓我們產生傲慢之心，有時候也會讓我們產生憤怒，但是無論如何，聲音實際上還是不能夠成立，講這個部分的內容，四個句子：

|ཁྱེད་པར་བསྟོད་སྨད་སྙན་དང་མི་སྙན་ཀུན། |ཁྲགས་པས་སྟོང་ལ་ངོ་བོ་ཚོལ་བ་མེད། |

尤諸讚貶悅耳不悅耳　　發音爲空本質無認取

|དེ་ལ་སེམས་ཀྱི་དགག་སྒྲུབ་དོན་མེད་ཀྱི། |སྒྲ་རྣམས་བྲག་ཅ་འདྲ་བར་རྟོགས་པར་བགྱིད། |

內心於彼破立實無義　　聲音如同谷響盼證悟

　　特別是在某些場合有人稱讚我，給我戴高帽子，我就飄飄然，覺得自己眞是不同凡響，這便是因爲聲音而產生傲慢之心；若在某些場合有人貶損我，輕視我，我會感到灰心失望，認爲對方如此貶損我，他眞是一個大壞蛋啊！或者有時候聽到一些好消息，內心很高興，聽到一些壞消息，內心很不高興。無論是高興、不高興，傲慢之心、灰心，這些都是由聲音所造成。

　　如果仔細分析，聲音就和空谷回音一樣，實際上不能夠成立，在這種情況下，聽到稱讚的聲音，我不需要覺得非常好，努力去求得；聽到貶損的聲音，我也不需要認爲非常壞，千辛萬苦要把它消滅，因爲二者實際上都不能夠成立，就空谷回音而言，聽起來好聽也好，聽起來不好聽也好，對空谷回音做或破或立（把它破滅掉或成立它），根本就沒有意義，這點一定要了悟。

　　特別是讓我們憤怒生氣的聲音，更要仔細做一個分析，分析出它實際上不能夠成立，好好地做一個觀想，以九個句子做開示：

怒等彼心不在境與方　　　　無而顯時雖尋無可得

緣起爲空如同谷音聲　　　　他言語亦緣起如谷響

察而無時唯所顯影像　　　　細觀察時無實如天空

優劣失虧任皆未緣故　　　　莫執聲爲實有諦實空

ཆམ་ཀུན་བྲག་ཅ་འདྲ་བར་རྟོགས་པར་བྱ།
任皆如同谷響盼證悟

　　這個是針對會引發我內心憤怒的聲音，這種聲音大致上都是貶損、輕視的語言，都是怒罵、不好聽的語言，仔細分析一下這些語言，首先分析這些語言存在的處所，找不到它所存在的處所，就它所存在的方向而言，四面八方上下十方等，也都找不到，所以它是無而顯現出來，實際上不能夠成立，因此，使我憤怒生氣的這種聲音，就像空谷回音，不能夠成立，這點無論如何一定要了解。

　　當對方發出一些讓我很生氣憤怒的聲音，要嘛是貶損的聲音，要嘛是不悅耳不好聽的聲音，仔細想一想這些聲音從何而來？是因為對方的煩惱之故，由煩惱為助緣而產生這些聲音，就好像聲音以山谷為助緣，產生了空谷回音，因此，就像以山谷為助緣產生的空谷回音不能夠成立一樣，由對方的煩惱為助緣所形成的這些令我憤怒的聲音，也不能夠成立為一個實有法，這點應當要了悟。

　　其次，並不會因為這些聲音，我就成為好或者成為壞。譬如當別人貶損我、罵我的時候，我不會因為這些聲音就變成一個壞蛋；當別人講好聽的話，稱讚我像佛菩薩一樣，我也不會因為對方發出來的稱讚的聲音，而立刻變成佛菩薩。

　　因此，所聽到的這些令我憤怒或高興的聲音，就像空谷回音，對這些空谷回音根本就不要執著、耽著，應當了悟它實際上和空谷回音一樣都不能夠成立。

　　前面談很多都是夜間的實修，特別是在睡眠之前要好好地思

維。在「如空谷回音」這一品裡並沒有特別談到夢境中如何觀想，不過在睡覺之前，應當對於好好壞壞各種聲音，無論是讓我產生高興飄飄然的聲音，或是讓我感覺憤怒痛苦的聲音，這些聲音都像空谷回音，實際上不能夠成立，把這些內容好好地思維之後，進入睡眠，在夢境當中去執取夢境、轉變夢境，這些都和前面幾品一樣，這就非常好了。

第三部分：果

最後，談到果的方面，以七個句子做一個開示：

|དེ་ཡིས་ཐོག་མེད་འཁོར་བའི་བག་ཆགས་དང་། |ཁྱད་པར་ཁོང་ཁྲོ་ཞེ་སྡང་མེ་འཛིན་ཞིང་། |
以彼消除無始輪迴來　　習氣尤消憤怒瞋恚火

|འཕགས་པའི་བཟོད་ཐོབ་ངན་སོང་ཡང་མི་ལྟུང་། |རིམ་གྱིས་རྒྱལ་བའི་འབྱོར་པ་ཉེ་བར་སྐྱེ། |
能得聖忍亦未墮惡趣　　漸漸勝者財富近生起

|མཚན་མོའང་སྔར་བཞིན་ཁྱད་པར་བྲག་ཅའི་ཉམས། |གྲགས་པ་སྒྲ་སྟོང་ཆོས་ལ་བཟོད་པ་ཐོབ། |
夜亦如前尤谷響覺受　　發音聲空即能得法忍

|དེ་ཕྱིར་བྲག་ཅ་ལྟ་བུའི་དོན་སྒོམས་ཤིག |
彼故請修如谷響之義

|རྫོགས་པ་ཆེན་པོ་སྒྱུ་མ་ངལ་གསོ་ལས། |བྲག་ཅ་ལྟ་བུའི་ལེའུ་སྟེ་དྲུག་པའོ།། ||
大圓滿如幻休息論中　　如谷響品是為第六也

萬法雖然顯現出來但是不能夠成立，對這點應當要好好地觀修，若能好好地觀修，我們投生在輪迴的習氣一定會逐漸地減少，

特別是依賴第六品能夠將我們內心的憤怒、生氣逐漸減少，為什麼呢？因為通常人會火冒三丈、會生氣，主要都是因為耳朵聽到一些不好聽、貶損的聲音等，假設現在了解聲音就像空谷回音，實際上不能夠成立，對這個情況有所了悟的話，當然憤怒之火就很容易消滅掉，而且因為這個緣故，六度之中安忍的善根也可以得到。而且因為憤怒逐漸減少、消滅掉，聖者的功德也可以得到；假設得到聖者的功德，那就不會墮入三惡道，而會逐漸靠近佛果。

7
如尋香城

第一部分：見地

།ཡང་འདིར་རྒྱལ་བས་དྲི་ཟའི་གྲོང་ཁྱེར་ཞེས། །གསུངས་པ་དེ་ཡང་བསྒོམ་ཕྱིར་བཤད་ཀྱིས་ཉོན།
勝者宣謂尋香大城矣　此又爲修釋彼請諦聽

　　佛陀薄伽梵又做了一個開示：我們所看到的這一切的法，無論是貪戀所對的法，或是瞋恨所對的法，或是愚癡所對的法，實際上都不能夠成立，就像尋香城一樣。

　　這是佛陀對眷屬弟子們所做的開示，所用的比喻是尋香神（或稱乾闥婆，以香氣爲食）的大城市，這個比喻要講的內容是我們現在貪、瞋、癡所對的一切法，實際上都不能夠成立。關於這個開示的內容，再度由大遍智龍欽巴尊者配合觀想實修的方式，對弟子們又做了歸納開示。

　　首先用尋香城的比喻講萬法本身自性不能夠成立，這個部分要有所了悟，在說明上分爲三項，首先說明基的本質，其次說明道的本質，實修的方式，第三說明果的本質。

　　第一項，基的本質：

།གདོད་མའི་འོད་གསལ་མཁའ་ལ་སྣང་བའི་ཆོས། །ཕྱུན་གྲུབ་ཡོན་ཏན་གྲོང་ཁྱེར་བཀུན་པ་ཞིན།
本然光明虛空所顯法　自成功德一莊嚴大城

།ཐོག་མ་ཐ་མ་དབུས་མཐའ་མེད་འདིར་གནས།
無始無終無中邊住此

　　這個段落要講的是最初基的部分，就我們而言，內心之中有一個基（本然清淨的如來藏），這個部分如果要用比喻來講，譬如天空，天空本身並不需要依靠任何因緣被製造出來，而佛陀的佛身、佛智、佛功德，就像某一個地方所存在的各種各類非常多的高樓大廈，這樣子的一個比喻。

　　如果問：我們內心的基如來藏這個部分的功德，這個功德最初在什麼時候形成的呢？最終什麼時候會消滅掉呢？就基如來藏的功德而言，因為不是由因緣條件和合聚集所形成的，不是這種情況，因此，要問最初是什麼時候形成出現的呢？那就沒有這個問題；或者問最終是什麼時候消失不見呢？那也沒有這個問題。因為最初不是由因緣和合所做出來，因緣不生之故，因此最後也不會由因緣而滅掉，不可能最後在某個地方不見了，這種情況不可能發生。

　　從本然而言，內心實相裡的佛身、佛智、佛功德，都是本然就已經安住而存在於內心實相之中，本來就已經有的部分，因此，就一般來講，當我們學習佛法、實修佛法時，當然有時候運氣比較好，有時候運氣不好，遇到很多障礙，不要說實修佛法，一般世俗之人上班工作，在任何方面也都有時候運氣好，有時候運氣不好，各種情況都有，這些情況的存在，基本上是因為：有純真的這一面和非純真的這一面，兩面都有。

　　其中就我們所實修的法的這個部分，是屬於純真的部分，因為基如來藏是純真的存在，因為我們內心實相裡基如來藏所擁有的功德本來就存在，本來就有，因此，無論所遇到的障礙如何多，這些障礙不可能把原來就存在的功德滅掉，這是絲毫不可能的。換句話

說，當我們基如來藏裡的這些功德要呈現出來的時候，會遇到很多障礙，會不會把基如來藏本身原來就存在的功德完全摧毀掉呢？會不會到最後純粹只剩下障礙這個部分而已？根本不可能！原因何在呢？因為障礙不管再怎麼多，障礙本身是因緣和合所形成，凡是因緣和合所形成的都是無常法，而我們內心基如來藏裡內心實相的功德，不是靠因緣條件和合所形成，是本來就存在、本來就擁有的功德。因此，障礙本身無論何時不可能毀滅原來就存在的內心實相的功德，而內心實相原來就存在的功德卻可以把障礙打敗，只有勝利，不可能失敗。

舉例而言，譬如天空，天空的空的這個部分實際上本來就是清淨的，當然天空偶爾會出現各種各類的雲朵，這些雲朵會造成天空的不乾淨，同理，內心實相本然清淨，但是由於偶然的煩惱汙垢出現，也會使內心看起來不清淨，這種不清淨的心也出現了很多，這個內容以四個句子說明：

|ད་ཉིད་དང་ལས་མ་རིག་སེམས་ཀྱི་མཁར། |ཁ་ཟུང་འཛིན་ལས་བྱུང་འགྲོ་དྲུག་དྲི་ཟའི་གྲོང་།

由眞性狀無明心盧空　　取執所出六道尋香城

|རྟེན་གཞི་མེད་ལ་སྣང་བ་སྣ་ཚོགས་གཟུགས། |བག་ཆགས་འཁྲུལ་པའི་ཡིད་ལས་སྐྱེས་ཅན་ནོ།

無所依基而顯種種色　　習氣迷惑心而生者矣

就基如來藏的本質而言，本然清淨，但是基如來藏之中會有偶爾所出現的無明，由於這個偶爾所出現的無明，就會汙染了基如來藏的本質；就基如來藏的本質而言，本來沒有所取境，但是因為偶

爾所出現的無明，會迷惑錯亂而執著有一個所取境；就基如來藏的本質而言，沒有能執心，但是因為偶爾所出現的無明，會誤認為有一個能執心存在，產生這種執著。因為取執這兩種執著，就會出現六道所顯，六道所顯由此而出現。

　　所出現的六道所顯，舉個例子就好像尋香城，「尋香」是天神，「尋香城」是指尋香神靠著神通威力在空無所有的天空中變出一個大城市，大城市有各種各類的高樓大廈，各色人等，各種動物來來往往，全都是鬼怪所變出來的，不過所變出來的這個尋香城，實際上本然不存在，如果本然不存在、本然為無，那需不需要依靠一個處所才存在呢？不需要！不需要依靠任何處所，因為它自己不能夠成立，哪還需要依靠什麼處所！

　　和這個道理一樣，就六道一切所顯而言，完全不需要依靠處，為什麼不需要依靠處呢？因為六道一切所顯完全不能夠成立，因此它不需要一個依靠處。就不需要有依靠處而言，就和尋香城一樣，雖然變出來這個尋香城市，不過就它變出來的時候，其實本來就是沒有的，雖然它本來就是沒有，實際上不能夠成立，不過仍然可以變出來，而且只要神通威力的時間還沒有到終點，這個變出來的城市仍然會一直存在。

　　同理，在眾生的業力煩惱還沒有斷掉之前，六道所顯仍然要出現，六道所顯本然不能夠成立，不需要依靠之處，但還是要顯現出來，只要眾生內心的煩惱仍然存在，這個階段裡，以煩惱的力量之故，六道所顯仍然要顯現出來，就和尋香城一樣，尋香城由偶然的威力而變化出來，六道所顯由內心偶然的煩惱而顯現出來，就這一

點而言，二者一模一樣。

　　就尋香城而言，如果有人不知道它是尋香天神變出來的，會認為這是一個大城市，高樓大廈，人來人往，多麼熱鬧，因此產生貪戀之心；如果有人看到空曠地方出現大城市，有這麼多高樓大廈，有這麼多動物和人來來往往，感到非常奇怪，因此產生害怕，這種情況也有可能。無論如何，它是一個本然不能夠成立的迷惑所顯，在對這點不能了知的情況下，對這個惑顯產生貪戀之心也有可能，產生瞋恨之心也有可能，產生恐懼害怕也有可能，各種各類的煩惱都有可能產生。

　　同樣地，由我們自己偶然的煩惱所形成的六道所顯，針對這個六道所顯，也許就會擔心下輩子可能投生在三惡道之中，對這點感到驚慌、害怕；或者希望下輩子可以投生在三善道之中，對這點抱著強烈的寄託、期望，這些情況的產生都是認為所謂的三惡道和三善道真的存在，確實是有，內心有這種執著，在這種執著下，才會對下輩子投生在惡道產生恐懼害怕，對投生在善道抱著強烈期望，實際上六道所顯都是無。關於這個意義，四個句子說明：

གང་འདི་ཆོས་ནི་སེམས་ཉིད་གདོད་མའི་ངང་།	ཨ་ཆོས་དུས་ན་ད་ལྟ་འཁྲུལ་པའི་སེམས།
某若悟此心性本然狀	不悟之時現下迷惑心

ཅི་འདྲ་ཆོས་གྲུབ་མེད་པ་དྲི་ཟའི་གྲོང་།	ཞིད་ལས་གཞན་པ་དཔེ་ཞིག་གང་ཡིན་ཀྱི།
何耶無可認取尋香城	其外有何他喻耶嗟呼

　　講說針對我們而言，由迷惑所形成的這一切所顯，其實本然不

能夠成立，如果我們了悟這一點，那自己內心實相的本質就可以呈現出來。針對我們所顯現出來的這一切法本然不能夠成立，這個部分假設不了悟，我們就是在迷惑當中，這個迷惑繼續持續下去。

因此，對我們所顯現出來的法，假設我要去界定成是這個是那個，能不能做一個明辨、做一個界定呢？不可能！就好像尋香城一樣，尋香城雖然無，但是在迷惑錯亂所顯之下仍然顯現出來，當尋香城顯現出來時，我能不能界定成是這個是那個呢？不能！能不能界定成是中國的城市、印度的城市或是台灣的城市呢？不能！因為它是無而顯現，實際上不能夠成立。

舉例而言，自己做了一個夢，夢到去了一個大城市，之後能不能說這個城市是中國的城市、印度的城市或是台灣的城市呢？不能！因為那只是一個夢境，實際上沒有。尋香城就像這樣，顯是顯現出來，不過實際上不能夠成立，在實際上不能夠成立的情況之下，當然不可能界定是哪一個城市。

和尋香城這個例子一樣，六道的一切所顯，實際上不能夠成立，所以要運用尋香城作為一個方便，來了悟六道一切所顯實際上都不能夠成立。

對我們來講，輪迴本然不能夠成立，但實際上說要把輪迴斷滅掉，說要解脫輪迴，說要離開輪迴，這個部分談到的卻非常多，所謂「斷滅輪迴」和「解脫輪迴」是什麼意思呢？「斷滅輪迴」是指實際上輪迴本然不能夠成立，了悟了這點就稱為斷滅掉輪迴。「解脫輪迴」，從輪迴解脫，也是指了悟輪迴本然不能夠成立，如果能夠有這樣一個了悟，對輪迴就絲毫不會害怕，因為它本然不能夠成

立，這個時候就稱爲「解脫輪迴」，因爲由輪迴得到解脫了。

　　斷滅輪迴、解脫輪迴，和一般所謂的「解脫」了牢獄之災不一樣，譬如一個犯人被關到牢裡，判了幾年徒刑，時間到了，離開牢房，因此說他解脫了牢獄之災。內道佛法不管是顯教乘門或密咒乘門的見地都不是這樣解釋，在顯密的見地裡所談到的都是指就迷惑所顯的部分，當我們的煩惱去除掉時，了悟了，迷惑所顯本身本然不能夠成立，得到這種了悟的時候，就稱爲斷滅掉輪迴、解脫了輪迴，除此之外，並非是像世俗人離家出走離開家庭一樣，或者家裡一個舊物品用舊了，我把它搬到另外一個地方去，把它丟到外面去，若以這樣來解釋解脫輪迴、斷滅輪迴，那就完全錯誤了。關於這個部分的意義，以七個句子解釋：

|ནོན་ཀྱང་འདི་ཀུན་རང་བཞིན་མེད་པ་སྟེ། |ཞུབ་པའི་ཐང་ལ་དུ་རྦ་འི་གྲོང་ཁྱེར་བཞིན། |

然而此諸一切無自性　　　黃昏平原尋香城市般

|རྟེན་དང་བརྟེན་པ་གཉིས་ཀ་འཁྲུལ་བའི་སེམས། |བག་ཆགས་ཉིད་དེ་བརྟགས་ན་ངོ་བོ་མེད། |

所依能依二者迷惑心　　　察則即彼習氣無本質

|རང་བཞིན་བཤགས་ན་དེ་བཞིན་རང་གིས་གྲོལ། |དེ་བས་སྟེང་ཡང་འཇིགས་སྐྲག་དཀའ་བ་མེད། |

若置自性如實自解脫　　　彼故心亦斷懼無困難

ཁྲིད་འགྲོ་ཡི་སྟོང་དག་པའི་ཚུལ་ཤེས་བྱ།

有眾本空清淨理應知

　　就我們現在的情況而言，六道講的非常多，談到六道各自的痛苦類型也非常多，應當了解這一切本然都不能夠成立，本然不能夠

成立而顯現出來，就好像太陽下山時，尋香神在空曠的平原上，變出了大城市，所變出來的這個尋香城市，需不需要一個所依靠的土地？還有房子需不需要能依靠者許許多多的人、動物住在裡面？不需要！因爲它只是變出來的而已，當我們去看時，顯現出來有一個所依靠的處所（土地），還有房子，房子裡有許多人和動物來來往往，看起來是這個樣子，實際上根本就沒有，這是自己偶然的煩惱習氣形成的迷惑錯亂，才會看到這些幻影，實際上這些對境的本質不能夠成立，這點應當要了悟。

針對這個部分而言，把輪迴斷滅掉、把輪迴解脫掉的話，就好像去了悟一切萬法自性不能夠成立，好像是尋香神的城市一樣，如果能夠了悟這些尋香城本然不能夠成立，一切爲無，那我們可以說他解脫了、斷滅掉了，也可以說他解脫了尋香城。

同理，當我們進入等置做禪修的時候，在禪修下了悟了輪迴本身本然不能夠成立，輪迴的本質本然不能夠成立，如果了悟這一點，我們就可以稱爲斷滅掉輪迴，解脫了輪迴，如果這樣，是指了悟了三有輪迴的這一切的法本然不能夠成立，它是空性，這個了悟非常有必要。

所取的對境的法、能執的內心的法，這兩個方面就我們現在來講都有，因爲我們現在的內心是偶然煩惱相雜染、相陪伴的，因爲是偶然的煩惱相陪伴的這個心，因此，我們總是認爲對境是有的，能執之心也是有的，可是，我們認爲存在的、確實是有的這個對境，實際上根本就不能夠成立，要說明這一點，四個句子：

།ཡུལ་རྣམས་ཐམས་ཅད་བདེན་སྟོང་དྲི་ཟའི་གྲོང༌།　།བློ་རྣམས་ཐམས་ཅད་བདེན་བབས་སྟོང་དྲི་ཟའི་གྲོང༌།

一切諸境諦空尋香城　　一切內心停空尋香城

།ཡུལ་སེམས་གཉིས་སྟོང་དྲི་ཟའི་གྲོང་འདྲ་བས།　།རྩུང་ཟད་ཙམ་དུ་འང་ཞེན་འཛིན་རང་སར་ཞོག

境心二空如尋香城故　　雖略耽執亦置於原處

「諸境」指對境所顯，對境所顯本身實際上不能夠成立，就像尋香城一樣。就我們現在的內心而言，其實也是諦實不能夠成立，它是空性，因此像尋香的城市一樣。就對境、能執的內心這兩個方面而言，唯顯，僅僅只是顯現出來，唯有顯現出來而已，意思是指雖然顯現出來，但是它僅僅只有顯現，實際上不能夠成立，就像是乾闥婆（尋香）的城市一樣。

因此，不管在什麼時候，對境好或者是壞，美或者是不美，我們都不應該有執著。還有就能執的內心而言，這個內心是善的心、不善的心，是悲心、信心等，無論如何都不要產生執著，當它顯現出來時，僅僅就其所顯而放著，不要有任何執著，「雖略耽執亦置於原處」，就其所顯而僅是單純的放著，那就可以了。

一般來講，當我們在進行禪修，譬如修安止或八關齋戒閉關或大圓滿三根本閉關時……，許多弟子有遇過這樣的問題，就是在禪修過程中，最初的時候內心按照口訣實修很放鬆，慢慢地，卻發現妄念越來越強烈，煩惱越來越多，針對這個情況，自己開始恐慌害怕了，心想：會不會我實修的道路錯誤呢？會不會我的見地有問題呢？會不會上師根本沒有傳給我真正的法呢？會不會上師傳的是真正的法，可是我理解錯誤，修錯了呢？內心產生許多害怕擔心，因

此，不能夠精進努力做實修。

實際上，這種情況就是一個沒有多聞的徵兆，對於顯密許多典籍都沒有廣大聽聞，可以證明是這樣的一個情況，假設對於顯密教理都有廣大聽聞，就會知道在禪修過程中，煩惱越來越多，妄念越來越多，實際上是自己進步的徵兆，但是對於這一點不知道，因此反而產生擔心害怕，這完全是誤會了。

如果自己好好地分析，我現在禪修的時候，煩惱越來越多，妄念越來越多，這是因為我現在有能力能夠看清這個煩惱、妄念之故，實際上煩惱、妄念是內心以前就已經產生、存在的，以前就已經有了，只是自己不知道，沒有看到而已，現在自己會看到很多妄念很多煩惱，是因為自己禪修進步才能夠發現它們，假設我以前根本沒有這些煩惱沒有這些妄念，現在怎麼可能形成呢？不可能！現在看到了，就認識了我的煩惱、知道了我的妄念，因此會謹慎小心慢慢地把它去除掉，如果我一直沒看到煩惱和妄念，就不能夠把妄念煩惱去除掉，那我的輪迴就沒有止盡了，還要繼續沉淪。所以，應該對這一點有所了解，繼續加油做實修。

或者閉關時，有時候頭痛、身體不舒服、嘔吐，有時候妄念很多，有時候喪失對法的信心，喪失對上師的信心，或者是法友之間彼此厭惡，或者這個場所不喜歡，感到事物都非常討厭……，這些實際上是因為自己的實修已經掌握了關鍵要點，才會出現障礙，才會出現煩惱，是這樣的一個徵兆。

因此，對於自己修法時遇到的障礙和煩惱，再仔細分析看看，首先要了解自己上輩子的業力，是上輩子業力的果報成熟之故，假

設我們上輩子根本沒有造這個業，會不會在閉關時，障礙突然間新形成、新出現呢？會不會有這種情況呢？根本不可能！在許多書裡或是上師禪修口訣指導裡都曾經談到，在全心全意閉關做實修的過程當中，突然間會對上師完全喪失信心，有時候會覺得上師和我一樣普普通通，他是凡夫俗子，這種感覺也會很強烈出現；有時候對於法的信心完全喪失掉了；有時候以前本來有慈心悲心，突然間慈心和悲心都不產生，反而貪瞋癡的力量非常強大。

在閉關時各種情況都會出現，口訣指導和典籍裡都談到，任何情況出現時，內心不要耽著、不要執著，簡簡單單把它放著就好了，因為前面所談到的這些煩惱妄念，其實在自己的內心之中早就已經存在，本來就有了，但是凡夫的情況往往都是看到一個煩惱形成的時候，再去找另外一個毛病，其實都是沒必要的。

舉例而言，譬如某個人讓我非常生氣時，我會把生氣的導因完全歸罪於他，當我完全歸罪於他時，只會發現自己的憤怒越來越強烈，這時若能想一想，為什麼我這麼地憤怒生氣呢？如果仔細想一想生氣的原因，可能一半的原因在於他導致我非常生氣，可能一半的原因是我自己做錯了，因此才會遇到這種情況。這樣想一想，他有錯、我也有錯，憤怒便可以越來越減少，慢慢地減弱。

任何的煩惱都是這個樣子，如果我們把煩惱的導因純粹推給某一個人，純粹推給某一個外在的對境，就是大錯特錯了，要想一想，實際上原因應該有部分在自己，當然對方也有錯，但自己也有錯。

因此，當我們禪修的時候，閉關的時候，煩惱妄念紛飛、障礙

出現了，要想一想，有一部分是因爲前輩子我所造作的惡業之故，所以現在當然煩惱很多，妄念很多，阻礙障礙也很多，換句話說，自己應該有一部分的責任。假設以前我從來都沒有造過這種業，現在新出現了，在沒有原因之下竟然還會出現，那我們也可以同理推證得知，諸佛菩薩也應該會有煩惱、會有障礙，因爲無因也可以產生嘛，但實際上諸佛菩薩根本就不會有煩惱，也不會有障礙，因爲祂們已經把煩惱障礙全部都斷掉了。所以，我們會生出這些煩惱、生出這些障礙，那就表示有它的因存在，因就是自己上輩子所造作的一些惡業的果報成熟了，當我們這樣想時，煩惱障礙妄念會逐漸減少，慢慢地消散掉。

所以，任何煩惱障礙出現的時候，對這個煩惱障礙不要有任何的耽著，不要有任何的執著，很簡單地，單純地把它放著，這樣子也就可以了。

當自己對這些障礙煩惱沒有耽著、沒有執著的時候，這些障礙煩惱不會傷害我，不僅不會傷害我，因爲它顯現出來，我對它沒有耽著、沒有執著，簡單地把它放著之故，它就會逐漸慢慢地消散掉，對這一點應當要好好了解。

如果我們有太過強烈的執著和耽著，那不管什麼時候，我們都不能夠解脫輪迴，輪迴只會繼續不斷地流轉，這個部分的開示，四個句子：

ཌེ་ཆེ་མེད་ལ་སྣང་བའི་ཆོས་རྣམས་ལ། ཁྱོ་ཡིས་མ་བཟོ་ཆེད་དཀར་གཟུང་བར་གོལ།
何耶無而顯出之萬法　不由心造請棄特緣取

།ཐོག་མེད་འཁྲུལ་པའང་འཛིན་ཞེན་ལས་བྱུང་བས། །ད་ནི་འཛིན་མེད་རང་བཞིན་ཤེས་པར་བྱ།
無始迷惑耽執所出故　現下應知無執自性矣

　　對境的法，有境的法，這一切實際上不能夠成立，因此，對這一切實際上不能夠成立的法，應該斷除耽著、斷除執著，在這個方面要好好地做一個努力。

　　就我們現在的情況而言，從無始輪迴以來到現在，在輪迴裡流轉已經太久了，在輪迴裡所受到的痛苦已經太多了，在輪迴久而久，痛苦多而多，爲什麼呢？這是因爲對迷惑所顯的法，我們都有執著、耽著，靠著執著和耽著，因此會繼續不斷地推動我們的輪迴，在輪迴裡才有各種各類的痛苦。

　　佛陀開示的很多話裡都提到執著不好、耽著不好，所以了解執著和耽著的過患之後，想辦法在我們的內心任何時候都不要產生執著耽著，努力去做，這是以上四個句子所講的意義。

　　就佛和聖者而言，並不會像我們一樣內心有很多的煩惱出現，佛和聖者也不會像我們一樣遇到了各種各類的阻礙，原因何在？因爲就諸佛菩薩聖者而言，祂們以前內心曾經存在過的煩惱，已經完全都斷滅掉了，就我們而言，內心以前所存在的煩惱還沒有斷掉，因此都會出現很多妄念，也都會出現各種各類障礙。

　　有時候在我們的想法裡會認爲去年好像沒有遇到這種障礙，今年怎麼出現這種障礙；去年我禪修時沒有這些妄念，今年禪修時各種妄念都出現；去年好像沒有這個煩惱，今年好像新產生很多煩惱……，我們心裡會這樣想，其實完全不是這樣。我們現在妄念紛

飛，還有各種各類的煩惱，遇到很多障礙，原因其實在我們的內心裡早就已經存在了，原因很多，但不會一下子同時全部都呈現出來。

譬如撒了一桶種子在稻田裡，會不會所有種子同時一起發芽呢？當然不會！有的種子很快發芽了，有的種子好久之後才發芽，我們前輩子造不善業時，也不可能同時造很多的不善業，也是在前後不同時間裡造下各種各類的業，因此，果報成熟的時間當然也有前前後後，不會同時一起全都出現。

可是對這一點我們不了解，因此，我們就會認為好像以前我沒有這個煩惱，現在為什麼這個煩惱出現了呢？這是因為果沒有成熟時，我們會認為根本沒有煩惱，可是等到果成熟出現時，我們會認為這個煩惱是新生出來，以前沒有，現在新產生的，有這種看法，這是誤解，完全大錯特錯。

|འཕགས་པ་ཟག་པ་མེད་དང་ཆོས་རྣམས་དང་། 　|ཁྱུ་ཐན་འདས་པ་རབ་ཞི་དངོས་མེད་པས།
聖者無漏以及與萬法　　　涅槃最為寂靜無實故

|ཁྱོད་ཀྱི་དངོས་དང་དངོས་པོ་མེད་རྣམས་དང་། 　|ཁདེན་སྟོང་དྲི་ཟའི་གྲོང་དང་མཁའ་བཞིན་བཞིན།
汝之實有無實諸一切　　　諦空尋香城與天空般

|གདོད་ནས་རབ་ཞི་སྐྱེ་མེད་མཐིན་པར་མཛོད།
本然深寂無生請證悟

就諸佛菩薩而言，沒有煩惱，是因為祂們已經證得清淨，一切都寂滅止息，所以對於這個實有法和非實有法本然都不能夠成立，

就像尋香城，佛已經開示過。還有輪迴和涅槃任何的法實際上本然都不能夠成立，因為我們對這一點不了悟，因此對這一切的法都有耽著、都有執著，在這種情況之下，我們就造下各種各類的不善業，依於這些業，當然妄念、煩惱、痛苦、障礙，各種各類就會出現了，這是因為各種業的果報成熟出現之故。

總而言之，當我們自己內心各種各類妄念出現的時候，或遇到各種各類障礙的時候，應當要了解這一切在自己的內心當中，很久以前它的因早就存在了，因為以前的業力之故，現在果報成熟出現了，這個要歸咎於自己，這點一定要了解，要把它歸咎於自己以前造的業，而非把它推給外在的對境，或推給別人，絕對不可以這樣做。

對於好的法壞的法，因緣和合所生的這些偶然所形成的無常法，既不是我們應當學習、應當取得的，也不是應當要捨棄的。關於這部分的開示，六個句子：

|འདོད་ཆགས་མི་དམིགས་དེ་བཞིན་ཞེ་སྡང་དང་། |གཏི་མུག་ང་རྒྱལ་ཕྲག་དོག་མི་དམིགས་ཏེ། |
不緣欲貪同理於瞋恚　　　不緣愚癡我慢嫉妒也

|ཀུན་ཏུ་རྟོག་ཅན་ནི་ཟབའི་གྲོང་འཁྱེར་བས། |མཐིན་ནས་ཉོན་མོངས་ངོ་བོ་མེད་ཅན་དང་། |
具遍妄念如同尋香城　　　悟已煩惱無本質以及

|སེམས་ཉིད་བྱང་ཆུབ་གཉིས་སུ་མེད་པའི་ཆོས། |ཁྱབ་མཉམ་ཏེ་ན་མ་མེད་པར་རྟོགས་འཚལ་ལོ། |
心性菩提即為無二法　　　請悟等同虛空無垢矣

我們現在內心所存在的貪戀、瞋恨、愚癡、傲慢、嫉妒等，實

際上都不能夠成立，但會顯現出來，就僅僅只是顯現而已，唯是顯現，實際上不能夠成立，因此，就像是乾闥婆的城市一樣。佛陀證悟了這一點之後就做了開示，開示一切煩惱的本身都沒有本質存在，如果一切煩惱都沒有本質存在的話，自己的內心實相和佛陀就無絲毫的差別存在啊！

　　所以就我們自己內心的實相而言，一切都不能夠成立，就內心的實相而言，不是內心所能夠了知的對境，它像虛空一樣，應當在這個證悟的方法上好好地努力，這是佛陀所開示的。

　　其次，對我們所呈現出來的對境，這些輪迴的法，其實就是涅槃，這個部分靠著佛陀的加持，我們是可以證悟的。

འཁོར་བའི་རང་བཞིན་བཙོང་ནས་ཀྱི་ངང་འདས།		འཁྲུལ་ཚོག་རབ་ཞི་མཁའ་ལ་སྤྲིན་དེངས་བཞིན།
輪迴自性本然即涅槃		惑妄最寂天空雲散般
དང་པོའི་བྱུང་སར་ཞི་བའི་ཆུལ་མཐིན་ནས།		ཡེ་ཤེས་རབ་ཞི་སྟོང་གསལ་ངང་དེར་སྐྱོངས།
通達息於初時出處理		本智保任最寂空明狀

　　輪迴的自性其實它的本質就是涅槃、就是佛國淨土，我們什麼時候可以證悟這個部分呢？當自己內心迷惑所顯的煩惱沒有時，在那個時候就能夠證悟輪迴的法其實它的本質就是涅槃。

　　同樣的道理，我們現在遇到很多障礙，什麼時候這些障礙全都沒有呢？那也是當什麼時候我們內心裡迷惑所顯的煩惱都滅掉時，障礙也就完全滅掉了。我現在內心煩惱妄念紛飛，什麼時候才會沒有妄念呢？當自己內心迷惑所顯的煩惱全部都滅掉時，一切妄念也

全都沒有了。

　　譬如昨天非常快樂，今天一切都不順利非常痛苦，這種情況其實都是內心煩惱所形成，假設我們的內心沒有煩惱存在，那就根本不會出現各種各類的痛苦。可是內心的迷惑所顯的煩惱，最初又是怎麼樣來的呢？它的基礎在什麼地方呢？內心實相！因爲靠著內心實相，才形成這些迷惑所顯的煩惱，爲什麼呢？因爲沒有證悟內心實相。如果沒有證悟內心實相，對內心實相不了解，這就稱爲迷惑，迷惑就是如此形成的。所以迷惑的來源之處就是內心實相，對這個內心實相的部分要好好地注意。

　　關於內心實相的禪修，這個部分應當好好地了解學習，在禪修上好好努力。

第二部分：實修

　　關於基實相的部分，配合實修的方式簡略做一個歸納：

|ཁྱེ་མེད་དང་ལ་བསམ་ཡུལ་མི་དམིགས་ཀྱང་། |ཁྱེ་བའི་ཆ་འཕྲུལ་དབྱིངས་སུ་མ་ཞི་བར། |
| 無生狀中雖未緣思境 | 生之神變尚不息法界 |

|ཀུན་རྟོག་འཁྲུལ་བའི་རྩ་བཅད་པར་མཛོད། |ཁྱ་དང་མི་བྱ་བླང་དོར་གཉིས་མེད་ཀྱང་། |
| 請斬遍妄迷惑之根本 | 作與不作取捨雖無二 |

|དངོས་པོ་བདག་ཏུ་འཛིན་པའི་སེམས་ཡོད་བར། |ཟབ་མོའི་ཆོས་གཉེན་པོར་ཟབ་མོའི་ཆོས་བསྟེན་འཚལ། |
| 直至內心執實有爲我 | 請依深法爲煩惱對治 |

|ཕྱི་ནང་གཉིས་མེད་སེམས་ཉིད་དང་དུ་གྲོལ། |དེ་ལྟར་རྟོགས་ན་ལགས་པའི་སྐྱེ་བོ་ཨིན། |
| 外內無二心性狀解脫 | 若如前悟是善巧士夫 |

　　就萬法的實相而言，實際上不是我們內心所能夠了知的對境，也不是語言能夠說明的對境。就萬法的實相而言，什麼時候我們要去證悟它呢？實際上是不能夠的！這是因爲就萬法而言，沒有生、住、滅，生、住、滅這一切都已經完全止息掉了，那這樣講就是沒有萬法嗎？也不是，在沒有證悟萬法實相之前，應當先想辦法逐漸減少我們內心的煩惱，在這方面要好好地努力。

　　不過從萬法實相來講的話，應當取的法不存在，應當捨的法也沒有，應當要得到的法也沒有，應當要斷掉的法也沒有，只是我們內心有我執的煩惱存在，在我執煩惱還沒有滅掉的這個中間段落，煩惱的對治法門是「無我法」，這個就非常有必要，要非常重視無我法的實修，好好地努力。

　　就萬法的實相而言，外在的法沒有，內在的法也沒有，但是當我們還沒有證悟內心實相的這個段落中間，對我們而言，一切萬法顯現出來，顯現爲外在的法，顯現爲內在的法，因此，在了悟內心實相的方便法門這方面，我們就要好好地重視，好好地努力。如果能夠了悟內心實相，把輪迴斷滅掉的這樣一個人，那就可以說他是實修方面的一個善巧者了。

　　道路上實修的方式，以三句說明：

།ད་ནི་དེ་ཉིད་དོན་ལ་བསྒོམ་པ་ཡང་། །སྔོན་འགྲོ་སྔར་བཞིན་དངོས་གཞི་ཆོས་རྣམས་ཀུན།

現在即於觀修眞性義　　前行如前正行於萬法

།དྲི་ཟའི་གྲོང་དུ་ངེས་པར་འཆལ་བར་བྱ།

請應決定是爲尋香城

前行就是我們前面所唸的課誦，按照那個課誦來練習，之後有一個祈請的階段，祈請能夠了悟，祈請希望能夠加持我讓我了悟一切萬法就如尋香城，這樣誠懇做了祈請之後，按照內容來做實修。

觀修的方式怎麼樣進行呢？以六句說明：

|གཟུགས་ནི་སྣང་བས་སྟོང་སྟེ་དྲི་ཟའི་གྲོང་། ｜　　｜སྒྲ་དྲི་རོ་རེག་ཆོས་དྲུག་དྲི་ཟའི་གྲོང་།
色者顯故空也尋香城　　　　　聲香味觸法六尋香城

|སེམས་དང་དགག་སྒྲུབ་ཀུན་ཏོག་ཧར་རེ་ཚོག ｜　　｜དྲི་ཟའི་གྲོང་ཡིན་དང་དེར་གསལ་བར་བསྒོམ།
心與破立遍妄任出現　　　　　即尋香城彼狀觀明晰

|ཅིར་སྣང་ཐམས་ཅད་དྲི་ཟའི་གྲོང་ཁྱེར་དུ།｜　　｜ཉིན་མཚན་དུས་ཀུན་སྔར་བཞིན་གོམས་པར་བྱ།
一切任顯即於尋香城　　　　　日夜諸時應如前串習

如何觀修尋香城呢？就色法而言，僅僅只是顯現，若用邏輯推理仔細分析，會發現它僅僅只是顯現，並不是實際存在。不僅色法是這樣，聲、香、味、觸、法都是這樣，都僅僅只是顯現，實際上不能夠成立，因此就像尋香城，這是對境的部分，對境僅僅只是顯現，實際上不能夠成立。內心也是這樣，內心想到這個要破除，那個要成立，這個妄念那個妄念紛飛，這一切實際上全部不能夠成立，僅僅只是顯現出來而已，如此而做觀修。

一般而言，所顯現出來的一切萬法，實際上不能夠成立，僅僅就只是顯現而已，就如同尋香城一樣，對於這個部分，應當白天和晚上都如此進行觀修。不過最主要是晚上睡覺時的觀修方式：以吉祥獅子臥姿，觀想中脈是白色，中脈之內有佛國淨土存在，就像彩

虹一樣非常的明晰，而且顏色彼此之間都不會雜亂混在一起，個別都非常明晰，在中脈裡眞的有佛國淨土，如此觀想。

第三部分：果

最後是果的理論，以八句來說明：

|ཌེ་ཟའི་གྲོང་དང་འདུས་བྱས་འདྲར་མཐོང་ནས།|བདེན་མེད་དང་དེར་བཞག་པས་སྤྲོས་ཀུན་ཞི།
見如尋香城與有爲已　　置彼諦無狀故戲論息

|སྟོང་གསལ་རང་བྱུང་འོད་གསལ་ཁོང་ནས་འཆར།|རྨི་ལམ་ན་ཡང་ཏུ་ཟའི་གྲོང་དུ་མཐོང་།
空明天然光明由内現　　於夢中亦見爲尋香城

|སྒྱུར་བསྒྱར་ལ་སོགས་པར་བཞིན་གོམས་པ་སྟེ།|བདེན་ཞེན་གྲོལ་བས་གཟུང་འཛིན་འཆིང་བ་ཆད།
變轉等等如前串習已　　諦耽解脱斬取執束縛

|ཀུན་སྦྱོར་བག་ཆགས་རབ་ཞི་གྲོལ་བ་ཐོབ།|དེ་ཕྱིར་ཏུ་ཟའི་གྲོང་ཁྱེར་ཞིག་སྒོམས་ཞིག
纏縛習氣最寂得解脱　　彼故盼請觀修尋香城

|རྫོགས་པ་ཆེན་པོ་སྒྱུ་མ་ངལ་གསོ་ལས།|ཌེ་ཟའི་གྲོང་ཁྱེར་ལྟ་བུའི་ལེའུ་སྟེ་བདུན་པའོ།། །།
大圓滿如幻休息論中　　如尋香城品是爲第七也

就一切萬法而言，僅僅只是顯現，實際上並不能夠成立，就好像尋香城，一切有爲無常的法，全部都是這個樣子，僅僅只是顯現，實際上不能夠成立，因此，應當隨時隨地經常如此做觀想，如果這樣，就能夠了知一切萬法實際上不能夠成立，止息一切的戲論邊，本質爲空，自性爲明，得到這個證悟的話，內心之中自然會出現光明，如果在夢境中一切所顯出現時，能夠了知這一切所顯本身

是夢境，本然不能夠成立，就像尋香城，也可以這樣了悟了。

　　如果在夢境時可以這樣了悟到，當進入中陰的時候，一切中陰的所顯全部都僅僅只是顯現，自性不能夠成立，就像尋香城一樣，這點也會得到證悟。如果中陰時能夠得到這個證悟，當然不會有任何恐懼害怕，自己的身體可以變化成各種各類，因為實際上不能夠成立，它僅僅只是顯現而已。既然僅僅只是顯現實際上不能夠成立，當然要變成什麼都可以，因為它就僅僅只是顯現而已。

　　因此，自己不會有耽著不會有執著，能夠了知一切僅僅只是顯現，實際上不能夠成立；如果沒有所取境和能執心這一方面的耽著執著，當然一切束縛我們的煩惱就能夠止息掉；如果止息掉束縛的煩惱，當然就得到解脫。

　　所以隨時隨地應當經常的觀想，一切萬法僅僅只是顯現，實際上不能夠成立，就像尋香城一樣，這一點要再三再三地觀想。

　　一切萬法僅僅只是顯現，實際上不能夠成立，它是空性，如果再三這樣觀修，那就算遇到很多的障礙也不會害怕，就算是內心出現很多煩惱妄念也不需要害怕。

　　譬如佛陀弟子阿羅漢等，因為已經把煩惱滅掉了，他們都沒有煩惱，可是前幾輩子所造作不善業的因還存在，當然還要受到果報，還要遇到很多障礙，這種例子很多。以佛陀弟子中神通第一的目犍連為例，神變威力無比，他到地獄去看了之後又回來，因為某些因緣，被外道追殺，棍棒石頭交加後導致他圓寂了，所以阿羅漢也是會遇到這樣的障礙。

　　不過因為阿羅漢他們都了悟了萬法僅僅只是顯現，實際上不能

夠成立，是空性，所以，就算是遇到各種障礙，遇到各種痛苦，他們也不會害怕。

如果連已經把煩惱滅掉的阿羅漢聖者都會遇到各種障礙，我們只是凡夫俗子，煩惱都沒滅掉，像我們這種沒有滅掉煩惱的凡夫俗子會遇到障礙，那根本就不用說了，是一定會的。

因此，應當了解一切萬法僅僅只是顯現，實際上不能夠成立，它是空性，這些顯現都只是迷惑所顯，如果有了這種了悟，不管出現什麼障礙，不管出現什麼妄念，不管出現什麼煩惱，內心都不會害怕，假設不了悟這一點，沒有證悟，那麼，妄念出現時內心很慌張，煩惱出現時內心也很害怕，障礙出現時內心也很擔心，都在不快樂當中，遇到很多痛苦煩惱，內心非常緊張，這些都是不需要的。

總而言之，佛陀對所調伏眾弟子開示：一切萬法僅僅只是顯現，實際上不能夠成立，用八個比喻再三做了開示。如果我們對佛有信心，對佛也非常相信，那佛陀所開示的教法當然也相信，這些教法對我們就有幫助；如果我們對佛也不相信也沒有信心，那佛所開示的這些教法對我們就不會有任何幫助了。

8
如變化

第一部分：見地

།ཀུང་འདིར་རྒྱལ་བས་ཆོས་ཀུན་སྤྲུལ་པ་ཞེས།　།གསུངས་པ་དེ་ཡང་ཇེ་བཞིན་བཤད་ཀྱིས་ཉོན།
勝者宣謂萬法變化矣　　此又如實釋彼請諦聽

佛陀薄伽梵又以變化做比喻，對弟子眷屬開示：「我們所看到的一切萬法，我們所思維的法，或者是使我們三毒煩惱產生的對境和有境這一切，實際上不能夠成立，就像是變化一樣，是變化出現而形成的。」

就所開示的內容而言，基（基礎）的一切的法就如同變化一樣，道路的一切的法就如同變化一樣，果位的一切的法就如同變化一樣，分三個部分說明。首先，基礎的一切的法就好像是變化一樣，以四個句子開示：

།རང་བཞིན་གདོད་ནས་འོད་གསལ་ངང་ཉིད་ལས།　།མ་རིག་བདག་ཏུ་འཛིན་པ་ལས་སྤྲུལ་པའི།
從由自性本然光明狀　　無明執著爲我所變化

།འཁོར་བའི་འཁྲུལ་སྣང་སྣ་ཚོགས་སྤྲུལ་པ་བཞིན།　།མེད་བཞིན་སྣང་ལ་བདེ་སྡུག་སོ་སོར་སྤྱོད།
輪迴種種惑顯如變化　　無而顯出受各各苦樂

從最初開始，我們內心的實相就是本質爲空、自性光明，是佛身、佛智完全齊備的本質，但是就此本質而言，我們並不認識，這個不認識就把它稱爲「無明」，由於不認識、無明之故，雖然沒有我，但是卻會執著有我；沒有他，卻會執著有他；沒有對境，卻會執著有

對境；沒有有境，卻會執著有有境，就產生各種執著，這是無明以及由無明所引發的執著，依於這二項，因此變化出輪迴的一切的法。

譬如大成就的上師具有強大的變化威力，因此可以變化出各種各類的法，而我們所擁有的威力是什麼呢？就是無明及無明所引發的執著，因此，沒有地獄卻會變化出地獄，沒有鬼道卻會變化出鬼道，沒有畜牲道卻會變化出畜牲道，相同道理，人道、阿修羅道和天界也是這樣變化而出。

這些都是依於無明以及執著而變化出來的，實際上無明是偶然的迷惑所顯，執著也是偶然形成的迷惑所顯，就好像天空偶然出現的雲朵，這一個偶然所形成的迷惑所顯，這種性質的無明以及所衍生的執著，變化出地獄道的時候就形成了地獄道的痛苦，變化出鬼道的時候就形成了鬼道的痛苦，變化出畜牲道的時候就形成了畜牲道的痛苦，還有三善道的暫時安樂，因此，依於我們迷惑所顯的無明以及執著變化形成之下，也要感受到這些苦和樂。

就我們現在而言，所顯現出來的對境有清淨和不清淨二種，也就是有清淨所顯和不清淨所顯二種情況，這二種所顯是依於何處而來呢？依於內心和本智而形成，接下來的內容以五個句子開示：

|འདི་ནི་འགྲོ་སེམས་རང་སྣང་བག་ཆགས་ཏེ། | དེ་ཉིད་དག་ཚེ་རྒྱལ་བ་སྐུ་གསུམ་ཞིང་། |

此眾生心自顯習氣也　　彼清淨時勝者三身剎

|འོད་གསལ་ཡེ་ཤེས་རང་སྣང་རང་ཤར་བས། | སེམས་དང་ཡེ་ཤེས་རང་སྣང་རྣམ་གཉིས་སོ། |

光明本智自顯自現故　　心與本智自顯二種類

|ཨཱ༔འཕྲུལ་དྲ་བའི་ལུང་ལས་གསུང་དེ་བཞིན།
如彼幻化網經文所宣

　　現在我們所看到的六道處所以及在六道處所中安住的有情眾生，這些有情生命內心的苦樂有各種各類，身體的外形也是各種各類，身體的顏色也是各種各類，這些各種各類的情況從何而來呢？由內心所累積的習氣而來。

　　就內心所累積的習氣而言，譬如，這輩子我們造作了嚴重的不善業罪業，當在造作的同時，會不會立刻就頭痛、肚子痛，就遇到嚴重的痛苦？當然不會！但是因爲造作了不善業罪業，以所累積的大罪業作爲原因，在我們內心阿賴耶識上就會留下這些造作罪業所累積的因，未來時機成熟時，靠著這些因就會成熟出果，因此，六道所遭遇到的痛苦和快樂，一切全部是自己以前所造作的業作爲原因而呈現出來的，在我們內心的阿賴耶識之中有自己造作的業力所留下的習氣，將來靠著這個習氣顯現出六道的這一切，因此，如果把我們內心的阿賴耶識的習氣完全淨化消滅掉，那令六道所顯顯現出來的因就不存在了，因爲因不存在，六道所顯完全滅掉之故，內心實相本智就會顯現出來，假設內心實相本智呈現出來時，在本智上所出現的一切所顯，全部都是佛陀法身的自性，佛陀報身的自性，佛陀化身的自性，三身的自性就會由此而顯現出來，所以，內心實相光明空性的本質，靠著本智這一切清淨所顯就會顯現出來。

　　一般來講，我們談到的內心和本智，有這二種類型，現在我們的情況是內心呈現出來在進行活動，因此六道不清淨的部分、痛苦

的部分就顯現出來，假設把內心滅除掉，那就會變成佛的三身國土，還有清淨無漏的安樂就會顯現出來，這些內容是佛陀在《大幻化網》續部裡開示過的。

།གདོད་མའི་དབྱིངས་ནི་ཀུན་གྱི་འབྱུང་གནས་ཏེ། རིག་པས་དྲི་མ་དག་ཚེ་ཡེ་ཤེས་དང་།
　　　　本然法界一切泉源也　　　覺則汙垢淨時爲本智

།མ་རིག་བདག་འཛིན་འཁྲུལ་པས་སེམས་སྐྱུང་དུ། འགྲོ་དྲུག་བདེ་སྡུག་སྤྲུལ་པ་ལྟ་བུར་སྣང་།
　　　　無明我執迷惑心所顯　　　顯出六道苦樂如變化

　　四個句子所開示的內容是，我們這個內心的實相是輪迴、涅槃二者的來源處，假設內心實相不伴隨汙垢，在汙垢完全滅除的情況下，這時的內心實相就稱之爲本智，假設內心實相還伴隨著汙垢，汙垢沒有滅掉，就稱之爲無明、我執及迷惑，靠著無明、我執、迷惑這樣的一個心，六道有情的痛苦處所、身體的形狀，暫時上這些各種各類就完全呈現出來，這些暫時所出現的一切，都是由於我們的無明、我執、迷惑、錯亂的心才能顯現出來的。

　　接下來要透過變化來做比喻，來說明針對我們現在顯現出來的這些對象，這一切對境和變化有什麼相同之處，要解釋它的原因何在，五個原因，共十個句子：

ཇི་ལྟར་སྤྲུལ་པ་གཞི་མེད་ལས་བྱུང་བ། དེ་ལྟར་འཁྲུལ་སྣང་གཞི་མེད་དག་པར་ཤེས།
　　　　如何變化由無基而出　　　如彼而知惑顯無基淨

།ཇི་ལྟར་སྤྲུལ་པ་སེམས་ལ་དབང་བསྒྱུར་ལྟར། །དེ་བཞིན་རྣ་ཚོགས་འགྲོ་སེམས་གོམས་པར་ཤེས།

如何變化內心自在般　　同理知種種眾心串習

།ཇི་ལྟར་སྤྲུལ་པ་དེར་སྣང་གང་འདོད་པ། །དེ་ལྟར་ཆོས་ཀུན་རྒྱུ་རྐྱེན་དག་ལས་ཤེས།

如何變化隨欲於彼顯　　如彼知萬法由因緣二

།ཇི་ལྟར་སྤྲུལ་པ་མེད་སྣང་འཁྲུལ་པ་ལྟར། །དེ་བཞིན་ཆོས་ཀུན་མེད་སྣང་འཁྲུལ་པའི་སྒོ།

如何變化無顯迷惑般　　同理萬法無顯迷惑心

།རང་སྣང་རང་ཤར་རང་སེམས་རབ་འཇུག་དབང་། །དེ་ལྟར་གོམས་པ་དེ་ལྟར་སྣང་བ་ཡིན།

自顯自現己心趨入故　　如彼串習即如彼顯出

　　首先，變化形成的時候並不需要任何基礎，在一個空曠的處所變出一頭大象、一頭牛或一棵大樹，需不需要依靠一個基礎讓它出現？不需要！並不需要依靠任何基礎，就能讓變化顯現出來了。

　　和這個情況一樣，迷惑所顯的一切萬法不需要依靠什麼基礎，這個部分我們前面也解釋過了，舉例而言，譬如一杯水，如果地獄眾生去看，變成烊銅水，融化的銅，炎熱無比，但是就這杯水而言，根本沒有烊銅，沒有融化的銅；如果鬼道去看，把它看成膿血，就這杯水本身而言，也沒有膿血。所以，這一切完全都不需要基礎，這是第一個相似的原因。

　　第二個原因，就施展變化的變化者魔術師而言，必須擁有大的神變威力，是一個大成就者，這種情況之下，當然可以變出各種各類的變化。就我們的情況而言，之所以能夠顯現出這一切，因為無始輪迴以來，我們的內心串習不淨所顯的這個串習的威力，強大無比，靠著串習所形成的強大無比的威力，當然能夠顯現出輪迴之中

的一切萬法，這是第二個相同的原因。

　　第三個，變化者變出這些變化的時候，隨心所欲，想要變出水果，變出花朵，變出地水火風，無論想要變什麼，自由自在就能夠把它變出來。一樣的道理，輪迴的這一切法，在因緣成熟的情況下，隨心所欲，什麼都能夠變化得出來，這是第三個相似之處。

　　第四個，就變化所形成的這些法，實際上為無，就「變化」自己本身而言，實際上當然不存在，在無的情況下還是顯現出來，還是看得到，好像有，無而顯現出來。和這個道理一樣，迷惑所顯的這一切的法，在無的情況之下還是要顯現出來，顯現出來的原因是因為內心的迷惑，因此顯現出這一切的法，雖然無，但還是要顯現出來，譬如夢境，夢境只是迷惑所顯，夢境為無，可是還是要出現，這是第四個相似之處。

　　第五個，就變化者施展出變化而言，由自己把它變出來，對變化者自己而言，這些變化的景象也會出現，自己也會去受用它。輪迴的法也和這個情況一樣，由我把它變化出來，對我而言，這個法出現了，我自己有權利去受用它，這是第五個相似之處。

　　因此是用變化來做比喻，用這個比喻要去了解讓我們產生痛苦的一切的法和變化是一樣的，有相似之處，相似的原因何在？五個原因，依於這五個原因來了解，變化本身雖然顯現，但是實際上不能夠成立，這是大家都知道的，不過由這個比喻，我們也要介紹就輪迴的一切萬法而言，雖然顯現出來，不過實際上自己本身並不能夠成立，和變化一模一樣，透過變化作為比喻，想辦法去了解這一點。

接下來，就我們而言，靠著這一些無明、我執，六道所顯就出現了，還有六道的苦樂的感受，各種各類，就會由此而產生，可是所產生的這一切，如何把它滅除掉呢？這個方面的說明，三個句子：

ཁང་ཡང་མ་གོམས་རྗེ་བཞིན་ཉིད་བཞག་ན།　ཁང་དཔེང་མི་འཁྲུལ་རང་བཞིན་གཞི་ལ་གནས།
任不串習若置如實性　　　任未迷惑住於自性基
སྟོན་བཞིན་སེམས་ཉིད་དབྱིངས་སུ་འུབ་ཆུབ་བོ།
如昔攬集心性法界矣

如何把它滅除掉呢？我們現在對一切有漏的善業和不善業，都有很強烈的執著，但是最好不要有這種執著，如果能在沒有任何執著之下安住，那我們無論如何就不會形成迷惑，也不會因迷惑而造作不善業，這些就完全消失掉，完全沒有了，如果沒有由迷惑所造作的不善業，那當然就不存在投生墮入輪迴的因，因為沒有造作墮入輪迴的因。

所以，在沒有執著、沒有耽著的情況之下安住，這是非常重要的，如果能夠做到如此，那原來就已經存在的內心實相的本質，原來面貌是如何就會出現成形顯現出來，如果我們有執著、耽著，就會把內心實相遮蓋住，就像天空有雲朵把太陽光蓋住，雲朵出現時，太陽光自己沒有任何改變，雲朵消散掉時，太陽光自己也是沒有改變，可是就我們而言，所看到的情景是有雲朵蓋住太陽時，沒有太陽光；沒有雲朵時，太陽光非常明亮，前後當然有很大差別，可是就太陽光自己而言，根本沒有任何差別。

前面所談到的執著、耽著，如果要把它滅掉，靠什麼方法呢？
關於方法這方面的開示，四個句子：

།དུག་གསུམ་དུག་ལྔ་ཀུན་ཚོག་ལས་བྱུང་བ། ཀུན་ཏུ་དཔྱད་ན་ཀུན་ཏུའང་མི་གནས་པས།
三毒五毒遍妄所由出　　遍觀察時任未住何處

།ཉོན་མོངས་སྒྱུལ་འདྲ་ངོ་བོ་མེད་པས་ན། །མ་སྐྱེས་སྟོང་པའི་ངང་དེར་རྗེ་བཞིན་ཞོག
煩惱如化而無本質故　　請如實置不生空性狀

現在我們有三毒五毒的煩惱，依於這三毒五毒的煩惱，迷惑所
顯的萬法各種各類就會呈現出來，由迷惑所顯的這一切依靠三毒、
依靠五毒而顯現出來了，但是這一切所顯現出來的好的景象、壞的
景象，這一切全部都是迷惑所顯，對這一切迷惑所顯，如果我用邏
輯推理詳細地分析，會發現這一切自己都不能夠成立。

譬如魔術師在一個很空曠的地方做出各種各類的變化，和這個
情況一樣，依於三毒、五毒的煩惱，因此就變化出各種各類的迷惑
所顯，仔細分析迷惑所顯的這些萬法，實際上自己不會成立，只是
一個迷惑所顯，就好像魔術師變出來的變化，本質為空，自己本然
不能夠成立，本然不生。如果我們這樣想一想，有這種認識的話，
對於迷惑所顯的執著、耽著，就會逐漸地減少了。

現在我們認為這是一個美好的對境，對它的執著都非常地強
烈，原因是因為我們沒有去思維這個對境本身是一個空性，這個對境
本然不生，本然不成立，這個部分我們都沒有好好地去思維，相反
的，認為這個對境一定有，這個對境應該存在，這個對境就是這樣、

就是那樣，這個對境有力量幫助我，這個對境有力量傷害我……，我們的想法都是這樣，都有強烈的執著。

譬如晚上睡覺做了一個夢，夢境中的景象，好夢也好、壞夢也好，當我們醒過來的時候，我們總是會想這就是一場夢，在那個時候，對於夢境裡所出現的一切景象，無論是好的景象、壞的景象，會不會有執著呢？不會！為什麼？它就是一場夢嘛，可是我們對於不是屬於夢境的眼睛所看到的這一切的好的、壞的，我們就有一個很強烈的執著，為什麼呢？

因為我們都知道夢境就是夢境，實際上不能夠成立，它就是夢，因此，對夢境的執著就很薄弱，可是對不是夢境的法，我們就會認為它不是夢，實際上是存在的，它不是空性，不是本然不生，總是會認為它是應該存在，是這個樣子，是那個樣子，我們內心的思維都是如此，沒有辦法去分析它本然不生，本然為空性，就算用邏輯推理去分析，得出結論，也是不相信，因此，執著非常強烈，耽著也非常強烈，要把這執著、耽著滅掉的方法，就像前面談到的，對境本身本然不能夠成立，本然是空性，對這個部分好好地思維，這是相當重要的。

接下來，六道一切的痛苦、快樂、好、壞，這一切實際上為無，實際上不能夠成立，但是仍然要顯現出來，無而顯現就像夢境一樣，就像是變化一樣，這方面以六個句子作一個說明：

ཁྱད་ཉིད་སྟོང་བཅུད་སྐྱེ་འགྲོ་ཇི་སྙེད་ཀྱི།　ལུས་དང་ལོངས་སྤྱོད་འགྲོ་དྲུག་བདེ་སྡུག་ཀུན།

顯有情器盡所有眾生　身體受用六道諸苦樂

།མེད་སྣང་སྒྱུལ་པ་དང་འདྲ་རང་བཞིན་མེད། །སྐྱེ་མེད་འགག་མེད་འོང་མེད་འགྲོ་བ་མེད།

無顯如同變化無自性　　無生無滅無來且無去

།འགྲོ་མེད་འགྱུར་མེད་འོན་ཀྱང་སྣ་ཚོགས་སྣང་། །དེ་བས་སྒྱུལ་པ་དངོས་ཞེས་རྟོགས་པར་བྱ།

無遷無轉變而顯種種　　故謂確是變化應證悟

　　就我們現在的迷惑所顯而言，由煩惱自性顯現出各種迷惑所顯，這些迷惑所顯的樣子，各種各類，譬如六道中的各種眾生，都有他們各種各類的身體，各種各類享用的對境，各種各類的苦樂，各種各類的行住坐臥，這一切實際上都沒有，在無的情況之下仍然顯現出來，因爲是無而顯現之故，所以稱之爲迷惑所顯。

　　這一切的顯現就僅僅只是顯現，實際上並不能夠成立，因此，和變化就毫無差別了，因爲就變化而言，僅僅只是所顯而已，實際上它能夠生出來的基礎根本就不存在，因此，本然就不生，因爲本然不生，當然就不會滅掉，那它有沒有一個來源之處？從何處而來？它的來源之處也沒有，它也不需要從這裡去到別的地方去，由於本然不生，當然不是一個會改變的法，也不是一個無常的法，可是針對我們而言，這些本然不能夠成立的法，全部都要顯現出來，本然不生但顯現爲生的樣子，本然不滅但顯現成爲有滅的樣子，本然沒有來但顯現成來的樣子，本然沒有去但顯現成爲去的樣子，本然沒有苦沒有樂但顯現成爲是痛苦是快樂的樣子……，這一切都依於一個變化者而顯現出來、而變化出來，這一切迷惑所顯都依靠一個無明的心，而使它能夠顯現出各種各類。

　　譬如一兩的黃金，由一個善巧的工匠敲敲打打之後可以塑造出

魔鬼的樣子，看起來非常恐怖害怕，但它還是一兩黃金，若工匠把它融化之後，敲敲打打塑造成阿彌陀佛的佛像，它也還是一兩黃金，可是這個佛像卻會引發我們的信心，而且向祂虔誠的頂禮、供養，這是我們頂禮、供養的對境，能夠累積福報。

若工匠把這尊阿彌陀佛像融化掉，它也可以做成大象，做成牛，做成各種各類的動物，又變成一個裝飾品，還可以做出一個男生，一個女生，花朵水果各種各類，靠著巧手的工匠什麼都可以製造得出來，可是不管所做出來的是什麼形相，就它的本質是黃金而言，這一點不會有任何改變。

因此在六道裡，不管投生在什麼地方，痛苦、快樂這一切都會顯現出來，這一切全部都是依於眾生無明的心而顯現。

ཤེས་ཀྱི་འཁྲུལ་ཚོག་ཟུག་ཏུ་རྗེ་སྙེད་པ།	དེ་ཀུན་སྒྱུལ་པ་ལྟ་བུའི་རང་ཅན་ཏེ།
心之惑妄刺痛盡所有	彼皆具有如同變化性
རང་བཞིན་མེད་ལ་སྣང་བ་མ་འགགས་པ།	འདིན་སྟོང་གཉིས་སུ་མེད་ཅེས་ཚོགས་པར་བྱ།
無自性而所顯則不滅	謂爲諦空無二應證悟

依於內心的迷惑所顯和無明，我們的內心就會感受到苦樂等，還有各種各類的感受都會出現，不過雖然內心感受到苦樂等一切，但是它們本然不能夠成立，就像變化一樣，變化本身本然爲無，本然不能夠成立，只是當我們的無明還存在的情況下，苦樂的感受無法滅掉，它一定會出現。

無論如何，我們所感受到的痛苦或是能衍生痛苦的無明，這一

切實際上都不存在，都不能夠成立，沒有有境和對境的差別，無二，是空性的本質，在這方面的了悟應該想辦法好好地努力。

|འབྱུང་ལྔ་སྣོད་དང་སྲིད་གསུམ་བཅུད་དང་ནི། |དགག་སྒྲུབ་མ་ལུས་སེམས་ཀྱི་སྤྲུལ་པ་སྟེ།
五大器皿三有情世間 　　不餘破立心之變化也

|སེམས་ཀྱང་མེད་སྣང་སྒྱུ་མའི་སྤྲུལ་པ་རུ། |རང་བཞིན་གདོད་ནས་དག་པར་རྟོགས་པར་བྱ།
心亦無顯幻相之變化 　　自性本然清淨應證悟

　　外在的地水火風空五大種器物世間、內在的三有眾生情世間等這一切，「不餘破立心之變化也」，立是成立它，破是消滅它，就我們現在而言，會認為三善道是好的，但「三善道是好的」這種想法本身就是耽著了，依於這個耽著，三善道是我要成立，要去追求的法；我們也會認為三惡道是痛苦的處所，這種想法也是耽著，依於這個耽著，三惡道是我要排除掉的，要離開的法。

　　我們都有上述這種想法，但是就實際上，三善道是依靠內心無明迷惑所顯而出現，三惡道也是依靠內心無明迷惑所顯而出現，不僅如此，就內心自己而言，也好像是魔術師所變出來的變化一樣，所以實際上內心自己本身也是不能夠成立，不要說內心所期望追求的三善道本然不能夠成立，內心所排拒想要離開的三惡道也是本然不能夠成立，本然不生，不僅如此，能夠去做排斥這個行為和能夠去做期望追求這個行為的內心本身，也本然不能夠成立，是空性的本質，這個部分要想辦法好好地了悟。

ཨི་ཤེས་བྱེས་པས་བརྟགས་ན་ལེགས་པར་སྙང་།　ཁློས་བཀོད་དངོས་པོ་མཚན་མའི་ཆོས་རྣམས་ཀུན།
無知童蒙察時妥善顯　　　心設實有表相諸萬法

།བག་ཆགས་ཉིད་ལས་དོན་དུ་གྲུབ་པ་མེད།　ཏེ་བས་འདི་ཤེས་གཟུང་འཛིན་མ་བྱེད་པར།
即習氣外實際無成立　　　彼故莫謂此矣行取執

།ཐམས་ཅད་མཐའ་བྲལ་སྤྲོལ་བརྗོད་འདས་ཤེས་པར་བྱ།
一切邊解離詮應通達

　　就凡庸的無知者而言，對於有境和對境這二個部分，不管進行任何分析，顯現出來的樣子都只是顛倒顯現而已，純真的面貌無論何時絲毫都不會顯現出來，就我們現在而言，針對我們的內心，針對我們的認知，在內心認知上所顯現出來的法，我們就會執著於它是正確的，產生了這種耽著，把這個執著當作一個標準，實際上我們所耽著的這些法，我們所執著作爲標準的這些法，它是因爲我們內心阿賴耶識上所存放的習氣，靠著這一個所存放的習氣，因此顯現出來的一個景象，事實上是不存在的。

　　譬如，對於地獄有情而言，水會顯現爲熔化的烊銅這樣的習氣；就鬼道而言，水會顯現成爲膿血的這種習氣；就畜牲道而言，水對有些動物會顯現成爲房子，這種習氣存在牠們的內心。靠著這些習氣，地獄的眾生會把水執著成烊銅這種形象，鬼道眾生會把水執著成膿血的形象，一些動物道眾生會把水執著成是我的房子這種形象，不過就水自己而言，烊銅這個性質不能夠成立，膿血這個性質也不能夠成立，房子這個性質也不能夠成立，因此，有境和對境這一切的法自己本身都不能夠成立，都是空性，是超越我們內心所

思維的對境，這個部分應當要了悟。

|ཆོས་ཀུན་འདི་ཞེས་བརྗོད་ཅིང་མཚོན་བྱས་ཀྱང་། ཞེས་ལ་མཁའི་མིང་དང་རི་བོང་ར་འདྲ་བར།
雖謂萬法此矣而表示　　然如天空之名與兔角

|དངོས་མེད་གཤིས་ལ་མ་གྲུབ་བཏགས་པ་ཙམ། ཡེ་སྟོང་རྩ་བ་བྲལ་བར་ཤེས་པར་བྱ།
無實本性不成唯施設　　本空已離根本應通達

　　一切萬法的實相不能夠用語言做個詮釋說明，而且也不是我們內心所能夠思維的對境，這是以上幾個句子所談到的。

　　對我們所顯現出來的這一切萬法，實際上自己不能夠成立，為了要了悟它實際上不能夠成立，用了八個比喻去說明，但是，我們說這個比喻如何如何，這個法實際上的意義是怎麼樣怎麼樣，無論我們如何做一個說明，實際上都不是像我們所講的一樣，不是用我們這個說明就能夠詮釋的。

　　譬如天空，嘴巴講天空，天空的形狀是什麼？天空的顏色是什麼？這一切本然都不能夠成立，就天空而言，形狀也不能夠成立，顏色也不能夠成立。又譬如我們說兔角，但是兔角本身實際上不存在，它是無，只有在嘴巴上可以這樣講。

　　因此，就萬法而言，我們都會說萬法是個實有法，是無常的性質，所以是無常的實有法，實際上「無常的實有法」這個部分本然就不能夠成立，不僅實有法不能夠成立，非實有法也不能夠成立，因此，可以這樣講，一切萬法的實相都是唯名施設而有，如果這些萬法實相僅僅只是唯名施設而有，能不能說我名稱所施設的這個

法，究竟之處（根本之處）是這個樣子、是那個樣子，可以用手指頭指出來？當然不可能！

其次，在我們內心上，對我們內心所出現者，或者是我的內心把它取名字為好的壞的，唯名施設的這一切的法，實際上都不能夠成立，六個句子說明：

妄念施設即心實則無　　　　　實則此顯為習氣無顯

無境無境執故無取執　　　　　無說無思無詮離邊際

實則任誰謂此無表故　　　　　本然無我應知如變化

在我們的內心有這樣的妄念，由我們的內心、由妄念去施設的這一切的法，因為妄念就是我們自己的內心，所以由妄念的內心所執取的這一切的法當然是不會成立的，譬如做夢時，心當然也存在，可是對夢中的內心所出現的這一切的法，實際上不能夠成立，這一點大家都知道了，可是顯現出來時，卻顯現成為是存在的，這是因為我們前輩子在內心所存放的習氣，依於這些習氣，萬法實際上不能夠成立，卻能顯現成為自己成立的樣子。

有時候我們做的夢境，自己這一輩子完全都沒有這種習氣，卻在夢中出現，那我們就可以推理，必定有前輩子存在，譬如有時候這輩子從來沒看過的、沒經驗過的、沒接觸過的人事物，在夢中出

現了，爲什麼呢？那就表示夢境所顯的一切是上輩子的習氣，由於上輩子的習氣，因此顯現出夢境中的一切。

因此，針對內心所出現的這一切的法，實際上對境本身並不存在，沒有這個對境，假設沒有這個對境，那能執的有境當然也不會存在。就萬法的實相而言，這種情況之下，萬法本然的面貌是什麼呢？萬法的實相不是用言詞可以說明的，也不是能夠思維的，總而言之，超越一切的言語說明，超越一切的思維，就內心實相的部分，如果我們要用一個比喻去做詮釋，說明它就是這個樣子，能不能這樣把它表示出來呢？不可能！這是因爲它本然就不能夠成立，而且僅僅只是顯示而已，因此，無而顯現，就像變化的法一樣。

對我們內心所顯現出來的這一切的法，實際上不能夠成立，像變化一樣，針對這個部分，再度做一個說明，四個句子：

|ཇི་ལྟར་སྤྲུལ་པ་སྣང་བའི་དུས་ནས་སྟོང་།| |དེ་ལྟར་ཆོས་ཀུན་གང་སྣང་བདེན་པས་སྟོང་།|
如何變化顯時即爲空　如彼萬法任顯諦實空

|ཇི་ལྟར་སྤྲུལ་པ་ཡོད་མེད་མཐའ་ལས་འདས།| |དེ་ལྟར་ཆོས་ཀུན་རང་བཞིན་དམིགས་བསམ་འདས།|
如何變化越離有無邊　如彼萬法自性離緣思

譬如變化出各種各類的動物，但是，是什麼樣子呢？是這個動物！是那個動物！不能這樣講，所以實際上不能夠成立，因爲它是空性，和這個情況一樣，依於我執依於無明而顯現出來的這一切的法，實際上不能夠成立，是空性，但是雖然是空性，卻還是要顯現出來，所以，就變化或者是就所顯的這一切而言，說它是有嗎？不

能這樣講，說它是無嗎？也不能這樣講，因爲它離一切的邊，因爲它根本就沒有，根本就沒有的部分不能說它是有。假設它不是有，我們會想：那就是無了！也不能說它是無，因爲有無是相對立的，不能安立「有」這一邊的話，也不能安立「無」這一邊，所以，只能說它是一個迷惑所顯，只不過針對迷惑所顯，我把它緣取爲什麼樣子，我把它思維成什麼樣子，僅僅只是這樣而已，實際上所緣取的對境，所思維的對境，本身並不會存在，這一切都超越我們內心的思維。

內心是迷惑所顯，是無明，因此，內心所認定爲好的不能夠成立，內心所認定爲壞的也不能夠成立，這個部分的說明，三個句子：

|ས྄ང་མོད་སྟོང་མོད་བདེན་མོད་རྫུན་ཡིན་མོད། ཿ|གང་ལྟར་བརྟགས་ཀྱང་བདེན་པ་འགའན་མེད་པས།
雖顯雖空雖諦雖然假　　　何觀察亦毫無諦實故

|འདི་ཞེས་མ་འཛིན་ཕྱོགས་ཡན་ཆེན་པོར་ཁྲོལ།
莫執謂此但看大放任

內心認爲這個僅僅只是所顯，或者認爲它是空的，或者認爲它是眞的，或者認爲它是假的……，不管內心做了任何的分析，做了任何的認定，實際上，凡是內心自己所安立形成的這些法都不會成立。內心認定爲這是所顯，這種所顯的法不會成立的；內心認定爲這是眞的，這種眞的法不會成立的；內心安立爲這是假的，這種假的法也不會成立的，因爲凡是內心所安立之法都不會成立，所以對於內心所

執著的這一切的法，我們應該不要有太過強烈的執著。

|འཛིན་ཞེན་མེད་ན་གང་ཡིན་ཡིན་དུ་ཆུག　ཚིག་ཙམ་མཚོན་ལ་དགག་སྒྲུབ་ཅི་བྱར་ཡོད|
　　　　若無耽執凡是任其是　　唯詞表示何需作破立

　　立是成立、追求的意思，破是排除、丟掉的意思，自己的內心
有沒有執著、有沒有耽著，這個要好好地分析一下，分析之下若發
現沒有任何執著、沒有任何耽著，在這種情況下，說好也好，說壞
也好，全部都可以，只要自己的內心沒有執著、沒有耽著，認爲是
好的，認爲是壞的，好和壞僅僅只是一個詞句而已，對於空空洞洞
的詞句，不需要去追求它，也不需要去排斥它，因爲它就僅僅只是
空空洞洞的詞句，就好像帝洛巴教誡那洛巴所談到的一樣：「所顯
不會束縛，耽著才會束縛，所以你要好好地斷除耽著。」因此，應
當要去除掉的是內心的執著，這是以上二個句子的說明。

|འདི་ཞེས་འཛིན་ན་གང་ཡང་གནས་ལུགས་མིན|　ཡིད་དཔྱོད་ཪྟོག་པའི་དྲ་བས་ཅི་ཞིག་མཚོན|
　　　若執謂此任皆非實相　　　　伺察妄念之網如何表

|སེམས་ཀྱིས་བརྟགས་པར་རང་གི་ཪྟོག་པ་སྟེ|　དེ་ཡིས་དོན་དམ་སྟོང་ཉིད་མཚོན་བྱས་ཀྱང|
　　　心所觀察己之妄念也　　　雖以彼表勝義諦實相

|མཐར་འཛིན་ཉིད་ལས་གནས་ལུགས་ག་ལ་ཡིན|
　　　即邊執外如何是實相

　　由我們內心執著所執取的一切都不可能是實相，所以經常說

「若生執著非正見」，如果內心有了執著，所認定的一切，不管是什麼，都不可能是正見，也不會是實相，因爲那都是內心妄念之網所形成的束縛，既然是妄念之網所形成的束縛，所執取的任何的法都不可能是眞正的面貌，所以不會是實相，在妄念執著之下，認爲我已經了悟實相了，我已經了悟勝義諦了，勝義諦就是這樣，實相就是這樣，而且用了各種邏輯推理原因，給它做了一個說明，好像是眞的，其實這種見地不是落入斷邊，就是落入常邊，都不會是正見，所以在努力滅除執著這方面非常重要，大家要特別努力。

|ནོན་ཀུན་མཚོན་ཏེ་ཤེས་པར་བྱེད་ཅེ་ན། |མཚན་མཚོན་འདས་ལ་ཅི་ཞིག་མཚོན་དུ་ཡོད།
然而謂曰表已能知也　　越能所表如何可表示

|དེ་བས་དོན་མེད་ཚིག་པའི་འཛིན་ཞེན་གྱིས། |སེམས་ཉིད་མི་རྟོགས་ཡིད་དཔྱོད་པོ་ཆོང་ཙམ།
彼故以由無義諍耽執　　不悟心性唯伺察揣度

「揣度」是邏輯推理，去比量推理而得到。

我們現在內心的情況會變成這個樣子，就是因爲看了很多書，做了很多思維，就自以爲了解法的本質，內道的見地就是這樣，密咒乘的見地就是這樣，大乘的見地就是這樣，小乘的見地就是這樣……，看書及思維後產生許多了解，在這個了解之下認爲自己的見地比較高超，別人的見地馬馬虎虎，別人的了解不是很正確，自己的了解才正確，因爲自己博學多聞，往往就會和別人發生辯論，做了很多的邏輯推理，實際上這些都是在自己內心分析的情況下陷入耽著，把自己的執著認爲是正確的。實際上這種方式不可能證悟內心的實

相，但是就算沒有證悟內心實相，自己的內心也把它執著爲我已經了悟了，比起別人而言，我多麼不同凡響，我是大博士！其實這些都是內心妄念製造所形成的，製造所形成的怎麼會是一個實相呢？這只是內心製造所形成的一個執著、耽著而已，不可能了悟正確的實相。

既然如此，對萬法眞正的實相，如何來了悟呢？主要靠自己積資消障，對上師的信心，安住於上師的誓言，靠著這些因緣聚集，才可以了悟實相，這個部分的說明：

|ཀླ་མའི་བྱིན་རླབས་གང་གི་སྙིང་ལ་ཞུགས་པ། 　 ཁྲིན་ཐབས་མཁའ་ལ་ཉི་ཤར་དག་པ་བཞིན། |
上師加持入於某者心　　　無雲天空日昇清淨般

|ནམ་ཞིག་ནུས་ལྡན་རྟེན་འབྲེལ་ཐབས་ཀྱིས་འཆར། 　 དེ་ཚེ་དག་པའི་དོན་དེ་མངོན་དུ་འགྱུར། |
某時有力緣起方便現　　　彼時彼殊勝義即現前

上師的加持如果要進入自己的內心，最主要就是靠自己積聚資糧、消除罪障，這一點做到後，還要加上安住在誓言之中，之後再加上有非常強烈的信心，這些條件齊備了，那上師的加持一定會進入自己的內心，如果上師的加持進入自己的內心，那就好像天空沒有任何雲朵時的萬里晴空，萬里晴空當然太陽廣大遍照，當上師的加持進入自己的內心後，能夠消除掉全部的內心煩惱，就能離開一切的煩惱，這時，內心的功德就會出現，實相的功德就會呈現出來。

因此，內心實相的功德要出現的話，因緣緣起的方便有很多，這些都是有必要的，這些使內心實相能夠呈現出來的因緣緣起，就是

前面所談到的積聚資糧、消除罪障、對於上師的信心、安住在清淨純淨的誓言當中，這些條件如果齊備，那必定能證悟內心的實相。

|ཐམས་ཅད་ཕྱམ་གཅིག་ཡིན་མིན་དཔྱད་པ་མེད། ｜ ｜མཁའ་མཉམ་མཐའ་གྲོལ་རང་སྟོང་ཟང་ཀ་མ｜
　　　　一切平等無分析是非　　　　等空邊解自空且通澈

|ཡངས་ལ་སྣང་སྟོང་སྒྱུ་པའི་རང་བཞིན་དུ། ｜ ｜ཆོས་རྣམས་ཐམས་ཅད་དང་གིས་རྟོགས་པར་འགྱུར།
　　　寬廣顯空變化之自性　　　　自然證悟一切萬法矣

　　這裡要開示的內容是上師的加持進入了自己的內心，加上自己因緣條件，這些緣起都完全圓滿齊備了，在這些條件之下，了悟自己內心的實相，不必個別去分析一切萬法，便能夠一起全部同時了悟萬法實相，一起同時解脫。這個部分的說明，就是上述這四句。如果了悟內心實相，因為實相是顯空雙運，所以對於實相的了悟就會非常廣大，譬如變化，變化本身也是顯空雙運，一切萬法都是變化，都是顯空雙運，所以如果了悟了顯空雙運，這個了悟的範圍當然就非常廣大，所以外內的一切法都是顯空雙運的自性，這種證悟就不必很辛苦勞累，很容易就會得到這個了悟。

　　了悟了內心實相、萬法實相之後，自己內心不會有任何的猶豫不決，因此不必向任何人詢問，這個時候內心不會有各種苦樂的感受存在，因為無論何時，惟在安樂之中，這個方面的說明：

|འཁོར་བ་གང་ཡིན་འཁྲུལ་རྟོག་སེམས་འདི་ཉིད། ｜ ｜རྟོགས་པར་གྱུར་ན་ཡེ་ཡིན་རྒྱ་ནང་འདས།
　　　輪迴何耶即此惑妄心　　　　若已悟則本是而涅槃

|འཛིན་མེད་རིག་པའི་ཡེ་ཤེས་ཡུལ་ལ་འཕྱོ།　|གང་སྣང་དངོས་ལ་དེར་འཛིན་མི་འཐུག་པར།
無執覺性本智翔於境　未執任顯實有即是彼

|སྣང་སེམས་སྤྲུལ་པའི་ངང་དེར་བློ་བདེ་ཉིད།
顯心變化狀中心得樂

　　輪迴及迷惑所顯現出來的這一切萬法，純粹都是自己的內心，能夠得到這個了悟之後，輪迴以及一切迷惑所顯本然即是涅槃，這一點也能得到了悟，假設已經證悟了輪迴迷惑所顯全部本然即是涅槃這一點，那就不可能產生執著，爲什麼呢？

　　古代的事蹟談到商人尋找珠寶，到了金銀島的時候，遍地都是金銀珠寶，沒有說這個是要拿的，那個是要丟掉的；這個是好的，那個是不好的。如果了悟了萬法的實相之後，那就會到達無取無捨的境界；如果已經證悟了內心實相、萬法實相，無取無捨，在無取無捨的情況之下，不會產生執著，因爲沒有任何執著之故，當然也不會墮入輪迴了，所以這個時候所顯現的一切和自己內心都本然不能夠成立。

　　因此，就像變化一樣也會得到這個證悟，得到這個證悟時，不管何時，內心僅僅只是快樂喜悅，內心隨時都處在快樂和喜悅當中，不可能有痛苦的感受。

　　如果已經了悟如此之實相後，就僅僅只是自己了悟，要把我所了悟的實相向別人做一個解釋說明，是這樣、是那樣，用一個比喻來說明的話，其實不可能達到。

།འདི་ལྟར་རྟོགས་ནས་བདེན་མཐོང་ཡེ་ཤེས་པ། །གཞན་ཞིག་མཚོན་དུ་མེད་དེ་དེ་རིང་ཞིག

如此悟已見諦本智士　無可於他表示即今日

།རང་སྣང་རང་སར་གྲོལ་བའི་ཆོས་ཉིད་དོ།

自現原處解脫法性矣

　　了悟實相之後，那我們說這個人見到眞諦，就稱之爲「本智士」，不過，這時候只能自己去感受，自己去領受，所領受到的這個部分，如果要用一個比喻對別人明白指出來，讓他了解的話，那不可能。

　　就了悟者自己而言，實相會出現，就自己而言，也能夠領受到實相，而且自己也會在實相的狀態中解脫，但是要去向別人用一個比喻說明：「這個就是內心實相，內心實相就是這個樣子，萬法實相就是這個樣子。」若要向別人指出來，那就不可能了。

　　內心的實相要靠著上師的加持才能夠了悟，這前面開示過了，那是不是單單靠著上師的加持，大家都能夠了悟內心的實相呢？不是！這個部分的說明，四個句子：

།ཐབས་སྟོབས་བླ་མའི་བྱིན་རླབས་སྙིང་ཞུགས་པ། །གང་ལ་མངོན་དུ་གྱུར་ཡང་གཞན་དུ་མིན།

方力上師加持已入心　彼則已經現前然非他

།མིག་ལྡན་གཟིགས་སྣང་སྒྲོན་མེ་འབར་གྱུར་པ། །དམུས་ལོང་དག་ལ་བསྟན་པས་མཐོང་ངམ་ཅི

有眼見物已點燃火炬　示於生盲眾人可見耶

　　上師的加持進入我的內心，之後就了悟了內心的實相，但是，

是不是眾生也能靠此而了悟呢？不可能！譬如點燃一盞明燈的時候，有眼睛的人看到形形色色各類物品，但是沒有眼睛的人，不可能清楚的看到各種物品。

如同這個比喻，上師的加持進入內心時，這個部分就像打開電燈，對沒有眼睛的人不會有任何的幫助。當上師的加持進入內心，假設此人是一個不會積聚資糧，不會消除罪障，也不會安住於純淨誓言中，對於上師教法沒有任何信心的人，這個時候上師的加持對他就不會有任何用處了。

大圓滿的實相，即內心的實相，要靠自己積聚資糧，靠消除罪障、靠信心，在這些方法之下，才能夠了悟，除此之外不能夠了悟，這方面的說明，九個句子：

｜ཚིག་ཀྱང་མི་ཤེས་དོན་ཀྱང་མི་གོ་བ།｜　｜གང་གིས་ལེགས་པའི་ཉི་མ་མི་མཐོང་བ།
未知詞句亦未解意義　　　　某即未見美麗之旭日

｜དེ་བས་གཞན་པའི་སྐྱེ་བོ་གཞན་དག་ནི།｜　｜ནེ་ཙོའི་འདོན་པ་འདྲ་ཞིང་ཚིགས་བས་ཁེངས།
彼故其他愚笨士夫眾　　　　鸚鵡唸誦一般自滿傲

｜རྟོག་པའི་དྲ་བས་སྙིང་པོའི་དོན་མ་མཐོང་།｜　｜དི་ཉིད་མི་ཤེས་དམྱལ་ལོང་གཟུགས་མཇལ་འདྲ།
妄念網故不見心要義　　　　未知真性如生盲遇色

｜རྟོགས་པའི་དུས་མེད་ཡིད་དཔྱོད་བདེན་པར་འཛིན།｜　｜ཨེ་མ་གཟུ་ལུམས་ཉིད་དུ་སྐལ་པ་ངན།
無證悟時伺察執諦實　　　　嗟嘛矯誑緣份實淺薄

｜སྙིང་པོའི་དོན་ལ་ནམས་ཡང་མ་རེ་ཞིག
何時請莫期望心要義

　　譬如宿世以來都沒有積聚資糧、消除罪障，這樣的一個人，就算對他開示內心實相、開示大圓滿的實相，這些教言，佛陀講了很多，菩薩也講了很多，對於這些教言，他有沒有可能了解呢？不可能了解！對於詞句都不可能了解，對於詞句裡的意義那就更不可能了解了。

　　就像太陽大放光明，對沒有眼睛的人沒有幫助，他仍然不能夠看到物品，同樣的道理，前輩子沒有學習過的愚笨者，就像是鸚鵡唸誦瑪尼咒語一樣，有些鳥經過訓練後也可以講人的話，但這些鳥在講人話時，牠不會知道話的意義。這是五濁惡世的時代，這種情況就非常多，像這樣的愚笨者，無論如何沒有辦法去了悟萬法的實相，對於這些不能夠了悟萬法實相，不能夠證悟的人，就像是沒有眼睛的人盡力想去看到物品，當然無論用什麼辦法都是不可能看到的，因此，這種人無論何時都不可能證悟大圓滿的實相，這種情況是無論何時對一切萬法都執著是諦實成立，對於好和壞二邊的執著非常強烈的這種人，是何時都有這種強烈執著的人，他屬於緣分非常淺薄、低劣，何時都不可能了悟精華的意義，這種對象我們只能對他產生悲心。

　　就我們自己而言，在了悟精華意義的方面，要做的積聚資糧、消除罪障、信心強烈、誓言純淨等，這些都非常重要，自己一定要好好地努力。

　　大遍智龍欽巴尊者在很多論典裡談到：「自己是宿世以來積聚資糧、消除罪障，學習非常多的法，因此這輩子才能夠不需要辛苦勞累地，很輕易地就能證悟大圓滿的實相。」龍欽巴尊者再三這樣

的開示，我們就要想一想，積聚資糧、消除罪障，廣大學習教法，這些都應當長久努力，持續去做，這些都非常重要，一定要銘記在心。

總之，如果想要對內心實相有所了悟，就要得到純真上師的攝受，如果能得到純真上師的攝受，那要證悟內心實相就輕而易舉了，這個方面的開示：

|འདིར་ནི་སེམས་ཉིད་དག་པའི་ཡེ་ཤེས་ནི། བླ་མས་བསྟན་པ་རང་རིག་ཡེ་ཤེས་དངོས།

此處心性純正之本智　即是上師所示本覺智

|རང་སེམས་བཅོས་བསླད་མེད་པ་བཞག་ན་འཆར། རེ་དོགས་འཛིན་ཞེན་མེད་ན་མངོན་པ་སྟེ།

己心置無造作時則現　無期疑耽與執即現前

|སྟོང་གསལ་མཐའ་དབུལ་མེད་ན་ལྷགས་ཀྱང་མངོན། དེ་བས་བཀུད་པའི་ཐིན་རྣབས་དང་ལྡན་པ།

空明無邊無中妥現前　彼故最極珍惜能具足

|དགས་པའི་བླ་མས་ཞེན་པ་མཆོག་ཏུ་གཅེས།

傳承加持正師垂攝受

上師傳授教誡會直接指出內心實相，就上師直接指出內心實相的這個部分，不必摻雜任何自己妄念的思維，攪亂混淆，這些完全都不需要，直接按照上師所做的指示，很單純的按照這個方式去做實修，內心實相必定會現前。當內心實相出現的時候，自己任何的期望、懷疑、妄念、執著、耽著，全部都會消失掉，如果是這種情況，那就真的了悟內心實相了，不管在什麼時候，明空雙運以及超越內心所思維的對境，這種感受會很強烈的出現，這就證明很正確地證悟了內心的實相，這樣的一個徵兆。

　　不過，因爲是上師直接指出內心的實相，傳授教誡，所以這位上師必須具有傳承，而且他的傳承絲毫不能夠中斷，如此，才有傳承的加持力，必須是從這樣一位純正的上師處得到教誡、指導，再按照教誡指導做觀修，這個非常重要，所以說「傳承加持正師垂攝受」，應當是這種純正的上師，由他來攝受，在這個攝受之下，按照他的教誡而禪修，以這個方式使內心實相呈現出來，就輕而易舉了，所以具德上師的攝受是相當重要的。

　　不過就具德上師而言，無論在西藏的習慣，在外國的習慣，不管任何一個地方的習慣，一般人找上師都喜歡找最有名氣者，因爲在對別人說：「這位是我的根本上師，這位是我皈依的上師。」的時候，如果是一位沒名氣，大家從來沒聽過的上師，自己會覺得很沒面子。一般人也不會去拜見一位名不見經傳，很少人知道的上師，去請求授給自己皈依戒，因爲如果這樣做，自己會很沒面子，這是目前普遍的一個情況。

　　在南印度四大寺廟裡僧眾非常多，其中有一位僧眾，經論學得非常好，學問也非常好，博通典籍，辯論非常厲害，因此，傲慢之心非常強烈，他表示自己所重視、畏懼的人只有一個半，除了這一個半的人之外，沒有任何他所重視的對象，沒有任何他所畏懼的對象。

　　這個情況被如意寶達賴喇嘛尊者知道了，尊者問他：

「你重視、畏懼的一個半的人到底指什麼呢？」

「一個當然是指您老人家，半個就是指我的老師。」

　　尊者聽了非常驚訝，想說我算一個，你的老師只算半個，如果

你的老師只能算半個，那我算一個也好，不算一個也好，把我算在裡面也好，不把我算在裡面也好，其實根本沒有什麼差別，因為你只把你的老師當成半個。因此，把他訓斥了一頓，開示說：

「你這個想法大錯特錯，非常不好，因為我的名氣非常響亮，你把我當成一個，自己的老師名氣不怎麼響亮，你只把他當成半個，實際上老師對自己的恩惠最為廣大，你學習佛法這麼多年，所了解的一切全部來自老師的教導，現在從你嘴巴所說出來的一切的話，對於法的所有解釋，全部都是從上師而來，完全都不是我的教導，在老師恩惠這麼廣大的情況下，你只把他當做半個，這實在是大錯特錯，完全不對！」

學法的情形應當是把對自己恩惠最廣大，對自己幫助最廣大者，當作是自己最重要的上師，而不是把名氣最響亮最廣大的當作是自己的上師，以便在對別人介紹上師時感到非常威風。

在釋迦牟尼佛住世的時代，許多人慕名而來，拜見佛陀求取戒律，佛陀沒有把所有來的人都納為自己弟子，由自己傳戒，而是指示：「你和舍利子比較有緣分，你去那裡求戒。」或者指示：「你和目犍連比較有緣分，你去那裡求戒。」或者指示：「你和大迦葉比較有緣分，你去那裡求戒。」

所謂的上師應該是指對我恩惠最為廣大，對我幫助最為廣大的人，把他當作是自己最重要的上師，對他信心越來越強烈，親近之心越來越強烈。但如果說我只有這一位上師，其他的都不算是上師，那這個人的心胸也太狹窄了，應該要像菩提心的觀修一樣，從自己父母擴及一切眾生。

　　因此，某一位上師他對我的恩惠最為廣大，對我的幫助最為廣大，我對他的信心、勝解之心最大，以這個為基礎，慢慢加強我對他的信心、勝解之心，誓言非常的純淨，慢慢強化，到最後，我對一切的上師，信心、勝解和誓言都非常純淨，如果能夠做到這樣，自己的善根也會變得無限廣大，在這個方面應當要好好地重視，好好地努力。

　　第八品的內容是從基、道、果三方面開示，其中在基的方面，最主要的內容是一切萬法雖然顯現但自性不能夠成立，這個部分已經講解完畢，接下來要進行第二項，在道路上來做觀修。

第二部分：實修

　　在基方面以見地而證得的了悟，所了悟的內容是一切萬法雖然顯現但自性不能夠成立，但僅僅只是了悟，還是沒有很大的幫助，因為對所了悟的實相而言，必須再三反覆進行觀修，所以就有觀修這方面的理論了。

　　在道路上所要進行的實修內容是哪些呢？如何來進行呢？現在就要講述這個階段，以七個句子說明：

|གནས་ལུགས་དོན་ལ་ཡེངས་མེད་བསྒོམས་པ་ཡང་། | སྔོན་འགྲོ་སྔར་བཞིན་བླ་མའི་རྣལ་འབྱོར་ལ། |

無渙散修實相義亦且　　前行如前於上師瑜珈

| སྐྱབས་པ་འབྱོར་བར་གསོལ་གདབ་དངོས་གཞི་ནི། | སེམས་ནི་སྤྲུལ་པ་ལྟ་བུའི་རང་བཞིན་ལ། |

祈請到達變化正行者　　心則如同變化之自性

།སེམས་ལ་སྣང་འདིའང་རང་བཞིན་སྤྲུལ་པ་འདྲ། །ཐམས་ཅད་མ་སྐྱེས་སྤྲུལ་འདྲར་ཐག་བཅད་ནས།
心上此顯自性亦變化　決定一切不生如變化

།སེམས་ཉིད་དྲན་བསམ་ཚོལ་ཁྲོ་བྲལ་བར་གཞག།
已離憶思尋覓置心性

在我們的內心所出現的這些煩惱，要靠觀想實修才能夠斷滅掉，那麼，要如何進行觀想禪修呢？這就有必要根據諸佛菩薩所開示的經教乘門、密咒乘門、大圓滿的教法來進行，首先，必需先聽聞，之後思維，靠著聞思所產生的勝慧，再進行禪修，就會得到「修所生慧」。

要產生修所生慧這個部分，又該怎麼進行呢？就我們前面所談到的有前行的課誦，在前行的課誦裡要觀想觀世音、觀想上師，之後要持咒，要誠懇祈請，祈請我能證悟一切萬法就像變化一樣。

從第一品到第八品，前行法的段落完全一樣。但是在正行的部分，就現在這個段落，正行的部分要說明我們的內心實際上不能夠成立，就如同變化出來的景象；針對內心所顯現出來的這一切的法，仍然不能夠成立，也是像變化的景象。

因此，對內心以及內心所顯現的法，不需要、不應該有太強烈的貪戀、執著和耽著，因為內心及內心所顯現的這一切的法，都像變化一樣，只是我們內心的迷惑而已。就我們的內心自己而言，它只是偶然而出現，實際上不能夠成立；心所顯現出來的一切的法，仍然是偶然而出現的，實際上還是不能成立，因此就像變化一樣，這一點在見地上一定要非常堅決地確定。

　　換句話說，內心所出現的善和惡、好和不好等任何對境，或者是內心所感受到的苦樂等任何感受，對這一切都不要有太強烈的執著、耽著、貪戀，這些去除掉之後，應當自然地放輕鬆，然後安住在自然放鬆的狀態之中，也就可以了。

　　譬如做了一個惡夢，夢的對境是魔鬼邪祟或者是毒蛇猛獸，在夢境中非常恐懼害怕，對於這些對象，如果執著非常強烈，恐懼非常強烈，這時候內心的痛苦就非常強烈。如果對這個夢境本身的執著、耽著很薄弱，內心感受到的痛苦的感受也會很薄弱。

　　如果在做惡夢時知道這只是一個夢境，只是一個幻相、一個迷惑所顯、一個假象而已，如果有這種認識，惡夢的一切夢境全都會消散不見，對我們絲毫不會形成任何傷害。

　　同理，現在對我們所顯現出來的一切不好的對境，一切我們內心痛苦的感受，假設對這一切我們的執著很強烈，內心感受到的痛苦就很強烈；如果對這一切執著很薄弱，內心所受到的痛苦就很薄弱；如果苦樂等任何的感受，對這一切根本沒有執著、沒有耽著、沒有貪戀，完全都沒有，那麼這些對境對我們絲毫不會造成任何傷害，自然就會消散不見。按照這個方式而實修是非常有必要的。

　　接著，對我們的內心以及心所上所出現的這一切的法，不要有太大的貪戀、執著、耽著，安住在這種沒有執著、貪戀的狀態中。

ཧེ་ཚེ་སྟོང་གསལ་སྤྲོས་པ་དང་བྲལ་བའི། །དང་ལ་གནས་པས་གཡོ་ཞིང་གཟུང་འཛིན་བྲལ།

彼時空明已離於戲論　　住於狀故離能動取執

།དངས་གསལ་སྤྲུལ་པ་ལྟ་བུའི་འོད་གསལ་འཆར། ཁྱུང་ཡུལ་མ་འགགས་དེར་འཛིན་བཅོས་བསྐྱེད་མེད།

清明如同變化光明現　　　顯境不滅無執彼造作

།སལ་ལེ་སང་ངེ་མ་ཡེངས་རང་གིས་བདེ། གསལ་ལ་མི་རྟོག་ནམ་མཁའ་ལྟ་བུའི་སེམས།

白亮晃晃不渙自然樂　　　明而無妄心如同天空

།རང་བཞིན་སྤྲོས་དང་བྲལ་བའི་ནམ་མཁའ་མཐོང་། དེ་ཚེ་ཆོས་རྣམས་སྤྲུལ་པ་ལྟ་བུ་ལ།

即見自性離戲之虛空　　　彼時於之萬法如變化

།བློ་ཡི་རྣམ་པའང་སྤྲུལ་པ་ལྟ་བུར་གྲོལ། ཁགས་སྡང་རེ་དོགས་བདག་འཛིན་སྤྲུལ་པ་བཞིན།

心形相亦如變化解脫　　　貪瞋期疑我執如變化

།གཞི་གྲོལ་ལམ་གྲོལ་འབྲས་བུ་གྲོལ་བ་ཡིན།

即是基解道解果解脫

　　這個段落的意思是：基的階段也解脫，道的階段也解脫，果的階段也解脫。

　　就內心的實相而言，如果證悟了內心的實相，實相本身空明雙運，能夠安住在這種見地的狀態之下，如果能這樣做到，這個時候我們不會受到任何的傷害，一切傷害都會消散掉。譬如一棵樹，風吹的時候當然就搖動，沒有風吹的話，當然這棵樹不會搖動。同理，假設沒有貪戀、執著、耽著，我們的內心本身不會受到任何的吹動，因此不會受到任何的傷害。

　　假設那個時候內心就能夠安住在見地的實相上而不動搖，長久而安住，長久而觀修，若能這樣安住，那一切萬法本身的特性，雖然顯現但是沒有自性，是變化的性質，這個部分就能夠得到了悟了。得到這種了悟的時候，內心實相本身是佛身、佛智、光明的功

德也會現前出現。

　　但是，我們在證悟見地的當時，外在所顯現的對境會立刻就滅除不見嗎？不會！可是因為證悟了內心實相，見地上得到了證悟，對於外在所顯不會有貪戀、執著、耽著，所以內心會非常清澈、明亮。清澈、明亮的意思是指內心對一切萬法，都沒有耽著、沒有執著，而且內心安住在見地上，不會渙散到任何對境中，在這個情況下能安住的話，這是安止的功德。

　　在安止的功德之下，逐漸就會有快樂的覺受出現，明晰的覺受也會出現，無妄念的覺受也會出現，但當三種覺受出現的時候，對這三種覺受也不要有耽著、執著，在遠離耽著、執著的情況下，繼續做實修，之後，離一切戲論，像天空一般的內心實相，我們就會得到證悟的。

　　在證悟內心實相時，就會證悟一切萬法果然和變化一模一樣，所有對境的法也如同變化一樣，所有有境的內心也如同變化一樣，這些也會得到證悟的。

　　因此，對境、有境二者都如同變化一樣，雖然顯現，但是沒有自性存在，在得到這種證悟的情況下，譬如某一些對境的法，我對它會有貪戀、執著；某一些對境的法，我對它會有瞋恨之心，這些情況完全不會存在了，不僅沒有這種情況，對於佛果我要得到的那種強烈的期望也不會存在了；或者我會墮入三惡道，感到懷疑、恐懼、害怕，這個也沒有了。因為這一切都如同變化的性質，因此不會有任何的執著、耽著。

　　在這個了悟之下，基礎階段一切的法自然就解脫，會到達實相

之中;道路上一切的法也會自然就解脫,到達實相之中;果位的一切的法也會自然就解脫,而到達實相,那個時候就是證得佛果了。

其次,靠著正見證悟自己的內心實相之後,在自己的內心,不論產生任何貪戀執著,都不會形成任何傷害,那會不會內心又產生了煩惱?形成顛倒的見地?走入了顛倒錯誤的道路呢?這種情況不可能發生!

|གང་ལྟར་བསྒོམས་ཀྱང་དེ་ཡིས་མི་འཆིང་སྟེ།

任觀修亦彼未能縛也

|ཡོད་པར་བསྒོམས་ཀྱང་རྟག་པའི་མཐའ་ལས་གྲོལ།

雖修有然解脫離常邊

|མེད་པར་བསྒོམས་ཀྱང་ཆད་པའི་དྲི་མ་བྲལ།

雖修無然已離斷邊垢

|གཉིས་སུ་བསྒོམས་ཀྱང་གཉིས་མེད་ངང་དེར་གནས།

雖修為二然住彼無二

|བདག་ཏུ་བསྒོམས་ཀྱང་བདག་འཛིན་འཆིང་བ་མེད།

雖修我然卻無我執縛

|གཞན་དུ་བསྒོམས་ཀྱང་རེ་དོགས་གཉིས་བཅས་མེད།

雖修他者然無期疑二

|བསྐྱེད་པར་བསྒོམས་ཀྱང་རྫོགས་པར་ལྷུན་གྲུབ་ཅིང་།

雖修生次然圓滿自成

|རྫོགས་རིམ་བསྒོམས་ཀྱང་སྤྲུལ་པའི་བསྐྱེད་རིམ་འགྱུར།

修圓次然成變化生次

如果已經證悟了見地之後,不管自己做什麼觀修、如何觀修,都不會走入顛倒的道路,都不可能進入錯誤的道路,或者因為這個觀修,煩惱產生,把我束縛在輪迴裡,這種情況都不會發生。

已經在見地上得到證悟之後,譬如觀修一切萬法都是有,即使這樣觀修,仍然能夠脫離常邊,見地上也不會墮入常邊之中;已經證悟了之後,假設觀修一切萬法空空洞洞什麼都沒有,觀修一切法是無,在這種觀修之下也能夠脫離斷邊,見地不會落入斷邊之中;

或者觀修一切萬法既是有也是無，如此來觀想二者時，仍然不會墮入二有邊，能夠安住在二無（無二）的本質之中；或者觀修補特伽羅我，觀修法我，補特伽羅我也是有的，法我也是有的，即使做如此的觀修，也不會受到我執的束縛。

　　或者是觀修一切眾生都是有，都是諦實而成立，就算這樣觀修，內心也不會產生任何的希求，也不會產生任何的懷疑，完全不會墮入這些方面；或者說證悟之後觀修生起次第，這個生起次第本身也包括圓滿次第的性質在裡面，假設是觀修圓滿次第，圓滿次第本身也能夠轉變成生起次第的性質。因此，在密咒乘門之中進行觀修時，不是只有單純的生起次第一個項目，也不是單純的圓滿次第一個項目，實際上是安住在生圓雙運的實修當中，自然就能夠達成。

　　了悟正見之後，即使暫時煩惱也出現了，這個煩惱對自己不會造成任何傷害。以四個句子作一個開示：

|ཀར་སྒོལ་དུས་མཉམ་ཉོན་མོངས་ཀུན་ལས་གྲོལ།　　|འཛིན་རྟོག་ལས་འདས་རྣལ་མའི་ངང་ཉིད་དོ།

現解同時盡解脫煩惱　　　　越離執妄是平穩狀矣

|དུས་གསུམ་དུས་མེད་ཆོས་ཉིད་འཁོར་ལོ་ལ།　　|ཐུན་མཚམས་རིས་མེད་སྤྱོད་པ་ལྟ་བུར་སྟོང་།

於之三時無時法性輪　　　　坐際無偏受用如變化

　　煩惱以及內心的妄念有各種各類，任何情況都會出現，但是在見地上已經了悟實相之後，就這些煩惱妄念出現而言，它的自性、它的本質就是解脫，除此之外，所出現的煩惱妄念會不會造成內心

的傷害呢？不會！也不會因此而墮入輪迴的法之中，因為煩惱和妄念出現就是解脫了，既然它的出現就是解脫，當然對我不會造成任何的影響。

就煩惱而言，出現即是解脫，因此，當然自己不會產生任何的執著、不會產生任何的耽著，超越了執著、耽著和妄念，超越這一切之後，僅僅只是安住在實相的本質中；因為自己安住在見地的證悟之下，見地本身沒有三時的變化，因此，當然沒有過去、現在、未來三時的變化。

因為沒有三時變化，無論何時，全部都是安住於等置，入定於禪定之中，不會說現在要進行修座，上座開始修，或現在禪修完畢，下座就沒有禪修了，一般會有上座、下座的區別，有這種感覺存在。但已經得到證悟的瑜珈士、禪修士，上座的見地是如此，下座的見地也是如此，上座、下座的見地完全沒有任何差別，根本就沒有區分存在。

佛經談到：「牟尼常在定」，釋迦牟尼佛永恆都在入定之中，上座的時候也是在禪定之中，下座的時候受用飲食也是在禪定之中，來來往往行走於路上仍然是在禪定之中。但是弟子去看時，看到佛有上座觀修的段落，有下座享用飲食的段落，有走路來來往往的段落，有開示教法的段落，有下座沒有禪修的段落，就弟子自己而言，看到的景象是這樣，可是就佛自己來講，祂自己的情況是：無論何時都是在等置禪定之中。外相上雖然弟子看起來有種種差別，但就佛內在的見地而言，祂的心意根本沒有任何的改變。

|གདང་མེད་སྨྱོན་པ་འརྫིན་མེད་ཟང་ཀ་མ།　ཕྱུགས་འབྱུང་རང་ཀ་རེ་དོགས་བཙས་བསྐྱང་མེད།

無向瘋子無執而通澈　　力出自然無期疑雜染

|གང་ཡིན་ཀུན་ཡིན་གདང་མེད་ཕྱམ་གཅིག་པས།　ནམ་མཁའ་རང་འབྱམས་དགོངས་པར་ལྷུན་གྱིས་གྲུབ།

任是皆是無向一等故　　虛空浩瀚尊意自然成

　　如果在見地上了悟之後，那和世俗之人行為外相上會有很大的差別，世俗之人一般來講貪心、執著、耽著、期望、懷疑、痛苦、快樂等，這些外相非常多。而一個了悟正見的人，和一般世俗之人不太符合，因此，世俗之人來看了悟正見的瑜伽士，會說這個了悟者是一個瘋子，因為世俗之人對一切萬法都有非常多的貪戀、耽著、執著、瞋恨、期望，但是一個了悟者這些都沒有，而且就了悟者而言，好和壞根本沒有任何差別，因為法和法彼此之間沒有任何差別，對這些法當然就沒有貪戀、執著，可是世俗之人對萬法區分了好壞，因此貪戀、執著、排斥都很強烈，所以在世俗之人的看法之下，會把了悟者看成是一個瘋子。

　　見地方面的了悟者就像天空空朗朗一樣，任何皆無。就了悟者而言，把萬法區分成這個是好的法、這個是壞的法，這種區分根本不會存在，一切萬法的實相功德，是自然形成的，因此，一切都毫無差別。

　　在密勒日巴的傳記裡談到，世俗之人看密勒日巴都說他是一個瘋子，可是密勒日巴說：「我看世俗之人全部都是瘋子。」為什麼世俗之人全部都是瘋子呢？萬法本身不能夠成立，世俗之人卻執著為萬法本身是成立的。在這個情況之下，無意義的對萬法產生強烈

的貪戀、瞋恨，而且所做的事都導致自己的輪迴沒有邊際，世俗之人做的都是持續輪迴下去的事情，所以密勒日巴說：「我看世俗之人都和瘋子一樣。」

總之，世俗之人就像是瘋子一樣，對於所顯現的一切萬法，自己的內心去執取萬法的時候，彼此之間對萬法執取的方式也不相同，因此，世俗之人彼此之間也都認為對方是一個瘋子，認為別人都是瘋子。

尼泊爾有一個瘋子，他大聲說：「你們都是瘋子！」因為他有時候說天空諸佛菩薩已經降臨了，但沒有任何人對諸佛菩薩產生信心，也沒有任何人做供養，所以他說大家都是瘋子。有時候他說：「這個路上來了許多土匪，來了許多妖魔鬼怪，我一個人抵擋他們，為什麼沒有任何人來幫忙我抵擋呢？」因此，在他來看，大家都是瘋子。

就瘋子自己而言，別人的想法、看法和我不一樣，瘋子就會認為別人才是瘋子，沒有任何其他原因，只是對萬法執取的方式不一樣，因此，若是別人的看法、想法、所見的情況，和我不符合不相隨順，我就認為對方是瘋子。

如果從諸佛菩薩的角度去看，一切眾生都是瘋子，就實際上的情況而言，我們已經投生在輪迴之中，安住於輪迴之中，全部都是瘋子。但是就算全部都是瘋子，在瘋子裡因為彼此看法不一樣、感受不一樣、所見也不相同，因此也會互相說對方是瘋子，自己沒有瘋。可是從諸佛菩薩的角度來看，凡是安住在輪迴裡的眾生，全部都是瘋子。

第三部分：果

接著，果位的理論：

།དེ་ཚེ་ཉིན་མཚན་སྤྲུལ་པའི་དང་གནས་པས། 　　 །བདེ་ཆེན་འཁོར་ལོར་བདེ་སྟོང་གཉིས་ཏུ་འཁྱིལ།
彼時日夜住於變化狀　　　　大樂輪處安樂漩一處

།ལོངས་སྤྱོད་འཁོར་ལོར་རྣམ་ཀུན་ལོངས་སྤྱོད་རྫོགས། 　　 །ཆོས་ཀྱི་འཁོར་ལོར་ཆོས་ཉིད་རྒྱུན་ཆད་མེད།
受用輪處任皆受用圓　　　　法輪之處法性續無斷

།སྤྲུལ་པའི་འཁོར་ལོར་རྣམ་འཕྲུལ་དཔག་ཏུ་མེད། 　　 །བདེ་སྐྱོང་འཁོར་ལོར་ཉིན་མཚན་བདེ་བས་གང་།
變化輪處變化無可量　　　　護樂輪處日夜滿安樂

།མ་སྦྱངས་གཞན་དུ་རླུང་སེམས་གནས་དུ་ཚུད། 　　 །སྦྱང་གཞི་སྦྱང་བྱ་སྦྱོང་བྱེད་རྩ་འདབ་རླུང་།
不修之中心氣入要處　　　　淨基所淨能淨脈瓣氣

།ཡེ་ཤེས་རོ་གཅིག་སྦྱངས་འབྲས་མངོན་དུ་གྱུར།
本智一味淨果已現前

　　在果的理論方面，實際上所謂的果是指自己內心的實相，本來
就有的功德，原來就有的功德，這些功德現前出現，就原有功德現
前出現這個方面而言，把它稱爲「果」。如果是內心實相上本來沒
有，之後新得到，那新得到的這些法，就不能稱爲果，因爲如果內
心實相上本來沒有，後面才新得到、新出現的話，那新出現的這些
都是屬於無常的性質，無常的法不管如何好、多麼美麗，最後都要
改變，都要成爲無，當然不能把它稱爲果，所稱之爲果的部分，只
能是內心實相上，原來就已經有、已經存在、現在現前而出現的。

但是使它現前出現的這個方面而言，必須靠如幻八喻做實修，證悟一切萬法不能夠成立，如果得到這種證悟，自己內心實相原來就存在的功德，就能夠現前出現。

這些功德現前出現時，是什麼樣子呢？

頂輪大樂輪無邊大樂的本智現前，因此恆常在無邊大樂之中。

喉輪受用輪能夠受用無漏的法這種功德現前。

心間法輪的功德現前，因此，顯教乘門、密咒乘門等，對這一切的萬法，圓滿的、毫無遺漏的、一剎那之中完全證悟，因此如果要對無量無邊的眾生講說教法，所講說的教法不會有窮盡的時候，這種功德能夠現前。

臍輪變化輪的功德現前，所以當自己去利益眾生的時候，在一剎那之中可以示現千千萬萬的化現；變化而出現這些化現，具有這種功德。

密輪護樂輪的功德現前，因此無漏的安樂、無漏的大樂，恆常都持續不斷，能夠永遠不中斷，恆常持續下去，這是護樂輪的功德。

就果位已經現前而言，積聚資糧，消除罪障，這些都不需要了，因為果位所現前這一切，是原來就存在的功德，是不需要花任何的勞累，無勞而自成，自然而形成的。

不過這裡最主要講的是清淨之基、能淨治者和清淨的果，主要涉及氣、脈、明點。脈不清淨的部分，把他淨治掉之後，化身的本質就能夠現前；氣不清淨的部分淨治掉之後，報身的本質就能夠現前；明點不清淨的部分淨治掉之後，法身的本質就能夠現前；不清淨的內心淨治掉之後，自性身的本質就能夠現前。當這一切清淨的

部分現前的時候，法、報、化、自性身四身的本質現前的時候，一
切所顯純粹都是本智，都是佛的功德，除此之外，不清淨的法會不
會呈現出來呢？不會！

　　其次，如果能夠很正確的做實修，逐漸就都能夠得到自己內心
的功德。

|ཀྲི་ལམ་སྤྲུལ་བསྒྱུར་ཞིང་ཁམས་མཐོང་བ་དང་། | ཕྱིས་ནས་འཁྲུལ་པའི་རྨི་ལམ་རྒྱུན་ཆད་དེ། |
| 夢境變轉而且見剎土 | 其後迷惑夢境即斷絕 |

|ཉིན་གསལ་བ་ལ་ཉིན་དང་མཚན་མོ་གནས། | བདེ་གསལ་མི་རྟོག་ཏིང་འཛིན་ངང་གནས་ཤིང་། |
| 白晝夜間住於光明中 | 樂明無妄自然住等持 |

|སྤྱན་དང་མངོན་ཤེས་རྫུ་འཕྲུལ་ཡོན་ཏན་འགྲུབ། | ཞམས་རྟོགས་ཆད་མེད་རང་གཞན་དོན་གཉིས་འགྲུབ། |
| 成就天眼神通神變德 | 覺證無斷成自他二事 |

|དེ་ཕྱིར་ཆོས་ཀུན་སྤྲུལ་པའི་རང་བཞིན་དུ། | སྐལ་བཟང་རྣམས་ཀྱིས་ཡང་དང་ཡང་སྒོམས་ཤིག |
| 彼故萬法變化之自性 | 盼請善緣眾士再再修 |

|རྫོགས་པ་ཆེན་པོ་སྒྱུ་མ་ངལ་གསོ་ལས། | སྤྲུལ་པ་ལྟ་བུའི་ལེའུ་སྟེ་བརྒྱད་པའོ།། །། |
| 大圓滿如幻休息論中 | 如變化品是為第八也 |

　　如果能夠正確做實修，逐漸地，在夢境之中自己能夠化現出各
種各類不同的身體，去到諸佛的佛國淨土。之後再持續不斷做實
修，慢慢地，也能夠得到清淨的夢。再繼續持續，慢慢做實修，夢
自然就斷掉，自然沒有夢了，這個時候，無論何時都是本智呈現出
來，光明呈現出來。再不斷不斷做實修，逐漸也能夠得到樂明無妄
念，這是等持的功德，靠著這個等持的功德，雖然自己是人類，但

能引發得到不是人類的眼睛,得到天眼,慢慢地也能夠得到神通變化的威力,而且自己的證悟逐漸增長,增廣到無窮無盡,因此,自他二事都能夠逐漸達成。

所以,萬法本然自性不能夠成立,如變化,就這個部分而言,有緣的弟子、善緣的弟子,無論何時應當再三好好地觀修。這是大遍智龍欽巴尊者對弟子做的鼓勵。

這八個句子,一開始也談到:在入睡的時候,應當觀想頂輪大樂輪、喉嚨受用輪、心間法輪、臍輪變化輪和密輪護樂輪,而且睡覺的時候像佛陀涅槃的姿勢一樣。之後觀想諸佛的佛國淨土就在中脈五輪之中存在,如此確定思維之後來入眠,這樣的話,逐漸就會形成清淨的夢,慢慢地也會得到夢的自在、夢的轉變。

特別是觀修喉嚨受用輪,專注在喉嚨受用輪,之後思維一切萬法本然不能夠成立,就像變化的性質一樣,在這個思維之下來入眠,逐漸能夠在夢中自由自主,夢能夠轉變,這種功德逐漸逐漸就會得到的。

迴向發願

大遍智龍欽巴尊者書寫本書完畢後，接著是所做的迴向發願文。

།དེ་ལྟར་རྒྱལ་བས་ཇི་སྙེད་བསྟན་པའི་ཆོས། །རྒྱུ་མཐེའི་དཔད་བརྒྱུད་ཞིང་དུ་རིག་བྱའི་ཕྱིར།
　　　如前勝者所述盡有法　　　爲解即是如幻八喻故

།རྒྱུད་ལུང་མན་ངག་སྙིང་པོའི་བརྒྱུད་བསྡུས་ཏེ། །དེ་མེད་འོད་ཟེར་ཁར་བས་སྣང་བར་བྱས།
　　　集攝續文口訣心要粹　　　無垢光輝現故令明亮

這個是指佛陀對眷屬弟子要開示萬法自性不能夠成立時，主要透過如幻八喻做一個開示，可是，佛陀所做的開示在續部裡、經文裡、口訣裡，顯密各種的教法中都談到，所以這個開示可以說廣大無比，非常多，因此，龍欽巴尊者把佛陀所開示的關鍵要點濃縮，而且配合實修的方式歸納，寫成這本書。

可是如幻八喻開示的內容這麼多，怎麼樣做一個歸納總結和集攝呢？

這是根據《中觀理聚六論》中的《根本慧論》，怙主龍樹所寫的供讚文來進行如幻八喻這些教法的一個總結：

> 因緣所生法，不生亦不滅，不常亦不斷，不來亦不去，不一亦不異，我稽首禮佛，諸說中第一。

如幻八喻裡第一品如夢，是根據「不滅」的意義來進行說明；第二品如幻，如幻相，是根據「不生」的意義來進行說明；第三品

像光影一樣，主要是根據「不斷」的意義來進行說明；第四品萬法
如陽焰，是根據「不常」的意義來進行開示；第五品萬法如水月，
是根據「不來」的意義而進行解釋說明；第六品萬法像谷響一樣，
空谷回音，是根據「不去」的意義來做開示；第七品萬法好像尋香
城，天神的城市，是根據「不異」的意義來進行說明；第八品萬法
如變化一樣，則是根據「不一」的意義來進行開示。

|དགེ་བ་དེ་ཡིས་མ་ལུས་འགྲོ་བ་ཀུན།　　ཆོས་རྣམས་མ་སྐྱེས་སྒྱུ་མའི་ཚུལ་མཐོང་ནས།|

以此善根祝願有情眾　　　能見萬法不生如幻理

|གོང་ནས་གོང་དུ་ལེགས་པའི་ཆོས་བསྒྲུབས་ཏེ།　　རྒྱལ་བའི་སྐུ་གསུམ་འབྱོར་བས་མཛེས་པར་ཤོག|

由上向上成辦嘉善法　　　勝者豐盛三身而端美

　　把寫書的善根迴向給一切眾生能夠證得佛果；迴向給一切眾生
能夠了悟萬法本然不生，就像是如幻一樣。之後見地功德增長增
廣，如此不斷做實修，最後徹底究竟，能夠得到法、報、化三身的
果位現前，希望這個樣子。

　　實修者在修道的過程當中，希望他們都不會遇到障礙。

|མི་ལམ་སྒྱུ་མ་སྨིག་རྒྱུ་གཟུགས་བརྙན་དང་།　　ཁྲག་ཅ་སྤྲུལ་པ་ལྟ་བུའི་ཆོས་རྣམས་ལ།|

如同夢境幻相與陽焰　　　影像谷響變化諸萬法

|བདེན་པར་ཞེན་པའི་བློ་ནི་རབ་སྤངས་ཏེ།　　ཡེ་ཤེས་ཡོན་ཏན་གདོད་མའི་ས་ཐྱིན་ཤོག|

於之盡斷諦耽著心已　　　願達本智功德本然地

如同夢境、幻相、陽焰、影像、空谷回音及變化等，當實修者、禪修士在實修時，對這樣性質的一切的法，沒有任何諦實成立的耽著，能夠了悟它沒有諦實，這種了悟的本智功德，希望他們能夠得到。

禪修的弟子內心能夠離開渙散，能夠離開和父母親人一起的喧鬧，而能純正做實修，對這個部分來迴向發願：

ཁྱིས་པ་འདུ་འཛིའི་སྐྱོང་དང་ཉོན་མོངས་ཀྱིས།　ཡོངས་གང་སྲིད་པའི་ནགས་ཁྲོད་ཐིབས་པོ་ལས།
遠離童蒙塵囂與煩惱　　　遍滿三有濃密森林處

རྒྱུང་རིང་འཕགས་པའི་དགའ་ཚལ་དེ་སོང་སྟེ།　དཔག་མེད་ལྷ་བརྒྱའི་གཙུག་ན་མཛེས་གྱུར་ཅིག
往彼遠方聖者喜苑已　　　願成無量百尊頂上嚴

一般世俗凡夫之人聚集在一起，煩惱增長增廣，禪修者徹底斷除這一切，遠離塵囂，單獨到荒山野外的蘭若（聖者菩薩禪修之處），在那裡純正持續地做實修，這種比起一百位天神還要更加莊嚴的實修，能夠好好地去進行，這樣的一個迴向發願。

正確禪修者自己一個人獨自到蘭若而禪修，希望能夠這個樣子，在這個部分來做一個迴向、祝福：

བདག་གི་སེམས་འདི་རྣམ་གཡེང་ལ་སྐྱོ་བས།　ཞི་བའི་ནགས་ནང་དབེན་པའི་ཉམས་དགའ་བར།
我之此心厭離渙散故　　　寂靜林中蘭若欣喜悅

གཅིག་པུར་ཟབ་མོའི་དེ་ཉིད་རྣམ་བསྒོམ་ཞིང་།　འཕགས་པའི་བློ་མིག་ཡང་དག་ཐོབ་པར་ཤོག
獨自深修甚深之真性　　　願得聖者純真之慧眼

就一般凡夫而言，喜歡群眾喧鬧，心思渙散，但是就行者而言，遠離散亂的地方，例如森林蘭若，荒山野外，才是行者所喜歡的地方。因此祝福希望行者能夠去到這種不會讓自己心思渙散的地方，好好地觀修甚深教法，就能夠得到聖者的本智。

接著祝福這樣的禪修者，到蘭若做實修時，內心能夠得到快樂喜悅，這個方面的祝福，四個句子：

|ནགས་ཚལ་མེ་ཏོག་ལོ་མ་འབྲས་མང་ཞིང་། | ཆུ་གཙང་དཀའ་ཐུབ་དཔལ་གྱིས་བརྒྱན་པ་དེར། |

林中多有美花枝葉果　　水淨苦行功德莊嚴處

|དལ་འབྱོར་སྙིང་པོར་ཕྱུན་པའི་ལུས་འདི་ཡིས། | དོན་ཆེན་ཆོས་མཛོད་ཐར་ལམ་བགྲོད་པར་ཤོག |

願以暇滿具足心要軀　　發揮大用登法庫解道

在森林之中，放眼看去，花草樹木，青山綠水，乾淨的河流，花果都非常繁茂，因此自己也能夠做到苦行，若能這樣安住而禪修的話，那暇滿人身寶就有大用處了，有什麼大用處呢？能夠靠暇滿人身寶脫離三有的輪迴，這個用處非常廣大。希望能夠如此在法上做實修，而且這個實修也能夠徹底、究竟，如此發願。

我們得到暇滿人身寶的時候，希望能夠廣大利益眾生，如此來迴向：

|དེང་དུས་བདག་ཚེ་འབྲས་བུ་ཡོད་བྱའི་ཕྱིར། | མི་ཡི་སྲིད་པར་དགེ་བའི་ཆོས་སྒྲུང་ངེ། |

爲令現時我壽有果故　　於人世中實修善法已

།ཞི་བའི་ལམ་ཕུན་ཡོན་ཏན་ཚོགས་མང་བས། །མཐའ་ཡས་འགྲོ་བ་སྲིད་ལས་སྒྲོལ་བར་ཤོག

具寂靜道眾多功德故　願度無邊有情離三有

　　現在我們得到暇滿人身寶，能夠實修佛法，想要證得果位也有
這樣的時間，因此在這個時候要盡最大的努力，在善法實修上好好
地努力。如此的話，脫離三有輪迴的道路、功德，這個方面就能夠
得到許多成就，靠著所得到的這些成就，當然能夠利益眾生，希望
使三有的眾生都脫離輪迴、得到解脫。

　　接著，是大遍智龍欽巴尊者對未來的弟子所做的一個吩咐教
導：

།ཆུལ་འདི་ཟབ་མོའི་ཆོས་ཀྱི་སྙིང་པོ་སྟེ། །ངེས་དོན་གནད་དུ་སྒྲིལ་བའི་གནད་ཡིན་པས།

此理甚深法之心要也　　匯集了義關鍵關鍵故

།ཐར་པ་འདོད་པས་སྙིང་ནས་བརྩོན་བྱ་ཞིང་། །ཉིན་མཆན་མི་དལ་འབད་པས་ཉམས་སུ་བླང་།

求解脫者應衷心精進　　日夜匪懈勤奮而修行

　　《大圓滿如幻休息論》將佛陀所開示的精華關鍵重點，作了一
個簡潔的歸納及解釋說明，未來有熱切追求解脫的弟子，應當發自
內心深處，靠著這個教法踏踏實實做實修，好好地努力吧！白天要
安住在見地上做實修，晚上睡眠時，講了很多實修的方式，就按照
那些方式好好努力做實修吧！

　　其次，對未來的弟子，大遍智龍欽巴尊者再度作了一番鼓勵：

།ཕྱི་རབས་སྐལ་ལྡན་དད་དང་ལྡན་པ་ཀུན། ཡི་གེ་འདི་ལ་རྟག་ཏུ་ནན་ཏན་མཛོད།

後世有緣一切信心士　　　　盼請常時勤勉此文字

།རང་གཞན་སྲིད་པའི་རྒྱ་མཚོ་རབ་བརྒལ་ནས། འགྲོ་བའི་དོན་གཉིས་ལྷུན་གྱིས་གྲུབ་པར་ཤོག

自他最極渡過三有海　　　　有情二事決定自然成

　　後世是未來、來世，以後在大圓滿的實修方面有宿世緣分者、有信心者，這樣的弟子，無論如何對這本《大圓滿如幻休息論》一定要非常重視。因爲如果能對這本書非常重視，靠著裡面所談到的內容，自己正確努力做實修，就能夠脫離三有輪迴痛苦的大海，己事他事二者都能夠自然達成，這點是必定的，大家絲毫不需要有所懷疑。

　　前面談到對未來的弟子，祝福他們、鼓勵他們，這個鼓勵者、祝福者就是龍欽巴尊者，所以這裡就講了：

།མདོ་དང་རྒྱུད་དོན་མན་ངག་སྙིང་པོའི་དོན། །ཁ་ཕྱུས་ཟབ་མོའི་མིག་ལྟུན་རྣལ་འབྱོར་པ།

經續法義口訣心要義　　　　具足不餘深眼瑜伽士

།དྲི་མེད་འོད་ཟེར་སྣང་བས་བརྒྱན་པ་དེ། །གངས་རི་ཐོད་དཀར་མགུལ་དུ་ལེགས་པར་བཀོད།

無垢光以光照所嚴彼　　　　妥善寫於白顯雪山頸

　　佛陀所開示的經教乘門、密咒乘門、大圓滿實修的這些內容，龍欽巴尊者已經毫無遺漏，完全得到證悟了，「無垢光」就是龍欽巴尊者的名號，已經了悟之後，就在閉關禪修的岩洞裡把它寫成本書，這個閉關禪修的岩洞位在西藏拉薩附近，名叫「岡日托噶」

（意爲白顯雪山）。

　　最後迴向祝福佛陀的聖教，顯密教法都能夠在世界綿長久遠，
恆常安住，增長增廣，這個方面的迴向祝福：

|ཆོས་ཀྱུལ་ཉི་མ་དྲི་མེད་འོད་སྟོང་ལྡན། |ཡེ་ཤེས་སྣང་ཤྲན་མ་རིག་མུན་སེལ་གྱིས།
法理無垢旭日具千光　　本智光亮盡除無明暗

|འབོར་བའི་རྒྱ་མཚོ་ར་ཏུ་སྐེམས་བྱ་ནས། |ཐར་སྟྲིང་སྣང་བ་ཕྱོགས་བཅུར་རྒྱས་པར་ཤོག
且令輪迴大海盡乾涸　　祝願解洲光亮照十方

　　佛陀的聖教，顯密的教法就好像是太陽光一樣，當太陽光照到
世界時，會掃除世界的黑暗；一樣的道理，佛陀的顯密教法出現
時，能夠掃除弟子內心的愚癡黑暗。而且當太陽光照射時，會令大
地的水乾涸；當佛陀聖教之光照臨時，也會令弟子內心愚癡的黑暗
消滅掉。當愚癡的黑暗消滅掉之後，墮入輪迴的煩惱就會乾涸，消
失不見，因爲輪迴的煩惱消失不見，眾生就能夠從輪迴得到解脫。
而脫離輪迴得到解脫的正確道路就是佛陀的聖教，因此，希望佛陀
的聖教，在四面八方上下十方廣大弘揚，永遠不會衰損，綿綿長遠
恆常安住，如此來迴向。

|རྫོགས་པ་ཆེན་པོ་སྒྱུ་མ་ངལ་གསོ་ཞེས་བྱ་བ་དཔལ་ཨོ་རྒྱན་གྱི་སློབ་དཔོན་ཆེན་པོ་པདྨའི་ཞབས་ཏེན་ལ་ཉེ་བར་རེག་པའི་རྣལ་འབྱོར་པ་དྲི་མེད་འོད་ཟེར་གྱིས་གངས་རི་ཐོད་དཀར་དུ་མགུལ་དུ་བཀོད་པ་རྫོགས་སོ།། །།དགེའོ་དགེའོ་དགེའོ།།

《大圓滿如幻休息論》係靠近觸及具祥鄥堅蓮花大軌範師之足蓮者
瑜伽士無垢光寫於岡日托噶。圓滿。善哉。善哉。善哉。

結語

《大圓滿如幻休息論》講解完畢了。

台灣的弟子都非常忙碌，大家能夠持續聽聞這個教法，我感到非常高興，因此也非常謝謝大家。〈寧瑪三根本法洲佛學會〉板橋中心對這個教法有錄音製作成 CD，大家在得到口傳之後，無論如何忙碌，還是應當設法反覆聽 CD，把開示的教法內容，從頭到尾完整地作一個聞、思、修，那實在是非常非常重要。

大遍智龍欽巴尊者自己在所寫的書裡，很多次都談到，說自己因為很多輩子廣大學習教法之故，因此這輩子不需要辛苦勞累，很輕鬆簡單的就證悟了大圓滿教法的內容，證悟了大圓滿的實相。大家現在的情況，無法簡單輕鬆就證悟大圓滿的教法，這就表示是一個徵兆，表示大家沒有經過多生多世的學習。

因此，如果希望將來自己也能夠像大遍智龍欽巴尊者一樣，稍微學習立刻就證悟大圓滿的實相，如果要達到這個目標，現在就要趕快好好地學習，累積多生多世的經驗。但是在學習的時候，應當瞭解顯教乘門的教法、密咒乘門的教法或是大圓滿的教法，自己一邊學習，內心的了知、證悟的功德，應當增長增廣，內心的信心、悲心等也應該逐漸增長增廣。如果一邊學習時，傲慢之心反而逐漸增強，那就表示所學習的法對自己沒有產生幫助，還引發內心更多的煩惱，自己所學習的法也不能夠用來對付煩惱呢！因此，在學法的時候，在這個方面無論如何要謹慎小心。

　　舉例而言，我們大家不管是誰，自己的身體、內心都有許多的特性、許多的能力，譬如有些人身體非常健康，外貌長得美麗英俊，這些能力性質可以應用在自利和利他。但是有些人由這些能力性質卻引發傲慢之心，因此不能夠運用美貌、健康來達成自利利他，也有這種情況的。

　　或者，世間有很多的學問，醫藥或是電機或是科學等，很多人在這方面很博學，這是屬於內心的能力，應當好好運用這個能力來達成自利利他，但是有些人因為有這個能力，引發傲慢之心非常強烈，在這種情況下，沒有達成自利利他，有時候還造成自他的傷害呢！

　　上述這是從世間的角度來看，在佛法方面的學習也是這樣，有時候學習佛法很久之後，傲慢之心越來越強烈，認為自己學的是甚深教法，又學得非常久了；有時候因為自己學習佛法，認為自己是堪布、祖古；或者已經閉關非常多年了，我是長期閉關的師父，因為這些緣故，傲慢之心也越來越強烈，導致自他都受到很多傷害。

　　就學法者而言，也會有這種情況發生，所以無論如何，自己在這些方面應當謹慎小心，這是非常有必要的。

　　但是最重要的是，應當把法和行者分開來作思維，就佛陀所開示的教法，完全純淨、純粹，絲毫沒有任何毛病，這點應當要肯定。不過就學法的行者而言，是個凡夫俗子，當然有很多錯誤和毛病，但世間有些人的想法，把凡夫俗子的錯誤毛病歸罪於佛法：「這個人有這些毛病，因為他所學習的佛法不好！」這個想法就不對了。

這種情況不要說現在，早在佛陀的時代就已經有了，佛陀住世時，學習佛法的弟子也有很多毛病、很多錯誤，世俗之人去批評的時候，不會說這個弟子不好，會說他所學習的法不好。事實上，所學習的法和這個學法的行者，無論如何，應當分開來看，不把錯誤毛病歸於行者自己，而歸罪於佛法，批評佛法，說佛法不好，這種想法不太恰當。

不只在顯教乘門裡有這樣的情況，在密咒乘門也是如此，就密咒乘門的實修者而言，因為他是個凡夫俗子，當然有很多毛病和錯誤，這些毛病和錯誤不是因為他所實修的法不好，而是因為他是個凡夫俗子，可能沒有能力去修這個法，在沒有能力的情況下，導致產生很多錯誤毛病。

所以不是說密咒乘門的教法有缺點有毛病，而是實修者自己本身的能力有問題，他實修的方式有問題，導致出現錯誤和毛病，因此，應當把法和行者分開來對待，分開來思維。

一個人對純淨無誤的法，如果實修的方式正確無誤，心能夠完全符合教法的意義，心和法能夠完全結合在一起，這樣的一個情況下，法本身也是純正無誤，行者自己也是純正無誤。但是即使法本身非常的純正，有時行者進行實修時，對法的意義不了解，不能夠如理如法正確而做實修，不能夠達到這個程度，因此法和自己的內心分開，沒有辦法結合在一起，在這種情況下，行者本身當然會形成很多的錯誤和毛病，這個時候應當知道是行者自己的問題，不是教法本身有毛病。

總而言之，行者的能力，有的足夠有的不足夠，當行者能力足

夠時去實修佛法，就能夠把教法的意義和自己的內心完全結合在一起，這個時候，法也純正，行者也純正，因此不會有任何錯誤和毛病。

　　有些人實修佛法時，發現佛法對自己都沒有加持，也沒有產生幫助，心想：「大概佛法本身沒有什麼威力，佛法裡大概欠缺慈心、悲心這些條件。」這種想法完全不對，應當了解自己雖然非常辛苦努力做實修，但是因為自己的罪業非常沈重、煩惱非常嚴重，在這種情況下，佛法對我的利益還沒有產生；諸佛菩薩已經給予我加持，這些加持我現在還沒得到，是因為我的罪業深重、煩惱深重，這是我自己的毛病我自己的過失，應當要有這種想法。

　　我們身為一個行者，應當在這方面好好地重視，好好地努力。

༄༅། །ཀུན་མཁྱེན་ཀློང་ཆེན་པའི་སྒྱུ་མ་ངལ་གསོའི་ཁྲིད་རིམ་རྣམས་ཉམས་སུ་ལེན་པའི་
སྔོན་འགྲོ་བཞུགས་སོ། །

大遍智龍欽巴之如幻休息
導引之實修前行儀軌

ཐོག་མར་སྐྱབས་འགྲོ་སེམས་བསྐྱེད་ནི།
首先皈依發心：

།སངས་རྒྱས་ཆོས་དང་ཚོགས་ཀྱི་མཆོག་རྣམས་ལ།

桑皆　卻當　措計　丘南拉

諸佛正法眾中尊

།བྱང་ཆུབ་བར་དུ་བདག་ནི་སྐྱབས་སུ་མཆི།

江丘　拔讀　答尼　架素企

直至菩提我皈依

།བདག་གིས་སྦྱིན་སོགས་བགྱིས་པའི་བསོད་ནམས་ཀྱིས།

答丛　錦所　吉貝　所南計

我以布施等功德

།འགྲོ་ལ་ཕན་ཕྱིར་སངས་རྒྱས་འགྲུབ་པར་ཤོག །ལན་གསུམ།

卓拉　片企　桑皆　竹巴秀　　　　三遍

爲利眾生願成佛

རང་ཉིད་ལྷར་བསྐྱེད་པ་ནི།

自生本尊：

རང་ཉིད་ཐུགས་རྗེ་ཆེན་པོ་ནི༔

壞尼　凸皆　千波尼

自觀大悲觀世音

ཕྱག་བཞི་ཕྱག་མཚན་འདི་ལྟར་ཡིན༔

洽席　洽稱　笛大銀

四臂如此執法器

དེ་འོག་ཕྲེང་བ་པདྨ་འཛིན༔

碟偶　稱哇　貝瑪錦

其下持念珠蓮花

རིན་ཆེན་སྣ་ཚོགས་རྒྱན་གྱིས་སྤྲས༔

林千　那措　簡吉賊

種種珍寶作莊嚴

པདྨ་ཟླ་བའི་གདན་ལ་བཞུགས༔

貝瑪　答威　典拉休

蓮花月輪墊上坐

ཡི་གེ་དྲུག་པའི་བསྐོར་བར་བསྒོམ། །

一給　竹貝　過哇汞

觀想六字旋繞轉

སྐུ་མདོག་དཀར་པོ་ཞལ་གཅིག་པ༔

故多　嘎波　俠基巴

尊身白色唯一面

དང་པོ་གཉིས་ཀྱིས་ཐལ་མོ་སྦྱར༔

當波　逆季　它莫夾

首先二臂虔合掌

ཞབས་གཉིས་རྡོ་རྗེའི་སྐྱིལ་ཀྲུང་བཞུགས༔

俠逆　多傑　基中咻

二足金剛跏趺坐

དར་དང་གོས་ཆེན་ན་བཟའ་གསོལ༔

答當　給千　哪灑所

身著綾羅綢緞衣

ཐུགས་ཀར་པདྨ་ཟླ་དབུས་སུ། །

凸嘎　貝瑪　答玉素

心間蓮花月輪中

ཞེས་དམིགས་པ་གཏད་ཅིང་སྣོད་བཅུད་ཐམས་ཅད་ཐུགས་རྗེ་ཅན་པོའི་སྐུ་དང་གསུང་དབྱངས་སུ་བྱགས་ལ༔

專注此觀想並思維一切情器皆爲大悲之佛身，所聞爲佛語之音聲

བསམ་ལ། ཨོཾ་མ་ཎི་པདྨེ་ཧཱུྃ་ཧྲཱིཿ ཞེས་བརྒྱ་ཙ་བརྫོད་ནས། བླ་བོར་བླ་མ་བསྒོམ་པ་ནི།

念誦一百遍　嗡瑪尼貝美吽啥　後，觀想上師於頭頂上：

|མདུན་གྱི་ནམ་མཁར་འོད་ལྔའི་ཀློང་།

敦吉　南卡　偉貢隆
面前虛空五光中

|སྐུ་གསུམ་རྒྱལ་བ་འདུས་པའི་དངོས།

固孫　甲挖　讀貝月
三身諸佛總集體

|སྐུ་གསུང་ཐུགས་ཀྱི་དཀྱིལ་འཁོར་ལས།

固宋　凸計　金闊雷
身語意之壇城中

|འཕྲོ་འདུའི་གཟི་བྱིན་ལམ་མེ་བ།

綽讀　席金　蘭美哇
鮮明散聚極莊嚴

|སེང་ཁྲི་པདྨ་ཉི་ཟླའི་སྟེང་།

先企　貝瑪　尼碟店
獅座蓮花日月上

|དྲིན་ཅེན་རྩ་བའི་བླ་མ་ཡི།

錦千　雜委　喇嘛宜
大恩根本上師之

|རྩ་གསུམ་ཆོས་སྲུང་རབ་འབྱམས་ཀུན།

雜孫　卻送　冉江棍
無量護法三根本

|མངོན་སུམ་བཞིན་དུ་བཞུགས་པར་གྱུར།

溫孫　心讀　咻巴久
猶如現前而安住

།ཅེས་གསལ་བཏབ་ལ། ཚོགས་བསགས་ཡན་ལག་བདུན་པ་ནི།
如此明觀而積聚資糧七支淨供：

།བླ་མ་ཡི་དམ་མཁའ་འགྲོ་དང་།
喇嘛 宜膽 刊卓當
上師本尊及空行

།སངས་རྒྱས་ཆོས་དང་དགེ་འདུན་ལ།
桑皆 卻當 給敦拉
佛陀正法僧眾前

།གུས་པས་ཕྱག་འཚལ་སྐྱབས་སུ་མཆི།
古貝 洽擦 加素企
虔敬頂禮及皈依

།ཕྱི་ནང་གསང་གསུམ་མཆོད་པ་འབུལ།
企囊 桑孫 卻巴布
奉獻內外密供養

།ལུས་ངག་ཡིད་གསུམ་སྡིག་སྒྲིབ་བཤགས།
呂昂 宜孫 笛基下
懺悔身口意罪障

།དགེ་བ་ཀུན་ལ་རྗེས་ཡི་རངས།
給哇 棍拉 杰宜壤
一切善根盡隨喜

།ཆོས་ཀྱི་འཁོར་ལོ་བསྐོར་བར་བསྐུལ།
卻計 閣羅 過哇故
勸請轉動妙法輪

།མྱ་ངན་མི་འདའ་གསོལ་བ་འདེབས།
娘演 米答 所哇碟
祈請莫入於涅槃

།དགེ་བས་བྱང་ཆུབ་ཆེ་ཐོབ་ཤོག 　།ལན་གསུམ།
給威 江丘 切托秀　　　　　　三遍
願以善根證菩提

།བླ་མ་སངས་རྒྱས་བླ་མ་ཆོས།
喇嘛 桑皆 喇嘛卻
上師即佛上師法

།དེ་བཞིན་བླ་མ་དགེ་འདུན་ཏེ།
碟新 喇嘛 給敦拉
同理上師即僧伽

།ཀུན་གྱི་བྱེད་པོ་བླ་མ་ཡིན།

棍吉　杰波　喇嘛銀

一切作者爲上師

།བླ་མའི་སྐུ་ལ་སྐྱབས་སུ་མཆི།

喇美　固拉　家素企

上師身前虔皈依

ༀ་ཨཱཿཧཱུྂ་མ་ཧཱ་གུ་རུ་ཛྙཱ་ན་སིདྡྷི་ཧཱུྂཿ

嗡啊吽　瑪哈　古如　嘉納　悉地　吽

བྱིན་རིམ་གྱི་དོན་རྟོགས་པར་གསོལ་བ་བཏབ་པ་ནི།

祈令證悟導引次第之意：

1.

།རྨི་ལམ་འགྱུངས་པར་བྱིན་གྱིས་རློབས།

咪蘭　迴巴　錦吉洛

夢境純熟祈加持

།འཁྲུལ་སྣང་སྟོང་པར་བྱིན་གྱིས་རློབས།

出囊　東巴　錦吉洛

惑顯成空祈加持

།བདག་འཛིན་ཞིག་པར་བྱིན་གྱིས་རློབས།

膽金　席巴　錦吉洛

我執息滅祈加持

།རྨི་ལམ་འགྱུངས་པར་མཛད་དུ་གསོལ།

咪蘭　迴巴　賊讀所

夢境純熟祈賜予

2.

།སྒྱུ་མ་འགྲོངས་པར་བྱིན་གྱིས་རློབས།

久瑪　迴巴　錦吉洛

幻相純熟祈加持

།འཁྲུལ་སྣང་སྟོངས་པར་བྱིན་གྱིས་རློབས།

出囊　東巴　錦吉洛

惑顯成空祈加持

།བདག་འཛིན་ཞིག་པར་བྱིན་གྱིས་རློབས།

膽金　席巴　錦吉洛

我執息滅祈加持

།སྒྱུ་མ་འགྲོངས་པར་མཛད་དུ་གསོལ།

久瑪　迴巴　賊讀所

幻相純熟祈賜予

3.

།མིག་ཡོར་འགྲོངས་པར་བྱིན་གྱིས་རློབས།

米由　迴巴　錦吉洛

光影純熟祈加持

།འཁྲུལ་སྣང་སྟོངས་པར་བྱིན་གྱིས་རློབས།

出囊　東巴　錦吉洛

惑顯成空祈加持

།བདག་འཛིན་ཞིག་པར་བྱིན་གྱིས་རློབས།

膽金　席巴　錦吉洛

我執息滅祈加持

།མིག་ཡོར་འཕྲོངས་པར་མཛད་དུ་གསོལ།

米由　迥巴　賊讀所

光影純熟祈賜予

4.

།སྨིག་རྒྱུ་འཕྲོངས་པར་བྱིན་གྱིས་རློབས།

密久　迥巴　錦吉洛

陽焰純熟祈加持

།འཁྲུལ་སྣང་སྟོངས་པར་བྱིན་གྱིས་རློབས།

出囊　東巴　錦吉洛

惑顯成空祈加持

།བདག་འཛིན་ཞིག་པར་བྱིན་གྱིས་རློབས།

膽金　席巴　錦吉洛

我執息滅祈加持

།སྨིག་རྒྱུ་འཕྲོངས་པར་མཛད་དུ་གསོལ།

密久　迥巴　賊讀所

陽焰純熟祈賜予

5.

།ཆུ་ཟླ་འགྲོངས་པར་བྱིན་གྱིས་རློབས།

丘答　迥巴　錦吉洛

水月純熟祈加持

།འཁྲུལ་སྣང་སྟོངས་པར་བྱིན་གྱིས་རློབས།

出囊　東巴　錦吉洛

惑顯成空祈加持

།བདག་འཛིན་ཞིག་པར་བྱིན་གྱིས་རློབས།

膽金　席巴　錦吉洛

我執息滅祈加持

།ཆུ་ཟླ་འགྲོངས་པར་མཛད་དུ་གསོལ།

丘答　迥巴　賊讀所

水月純熟祈賜予

6.

།བྲག་ཆ་འགྲོངས་པར་བྱིན་གྱིས་རློབས།

札洽　迥巴　錦吉洛

谷響純熟祈加持

།འཁྲུལ་སྣང་སྟོངས་པར་བྱིན་གྱིས་རློབས།

出囊　東巴　錦吉洛

惑顯成空祈加持

།བདག་འཛིན་ཞིག་པར་བྱིན་གྱིས་རློབས།

膽金 席巴 錦吉洛

我執息滅祈加持

།ཁྲག་ཆ་འགྲོངས་པར་མཛད་དུ་གསོལ།

札洽 迥巴 賊讀所

谷響純熟祈賜予

7.

།དྲི་ཟའི་གྲོང་འགྲོངས་པར་བྱིན་གྱིས་རློབས།

只誰種 迥巴 錦吉洛

尋香城純熟祈加持

།འཁྲུལ་སྣང་སྟོངས་པར་བྱིན་གྱིས་རློབས།

出曩 東巴 錦吉洛

惑顯成空祈加持

།བདག་འཛིན་ཞིག་པར་བྱིན་གྱིས་རློབས།

膽金 席巴 錦吉洛

我執息滅祈加持

།དྲི་ཟའི་གྲོང་འགྲོངས་པར་མཛད་དུ་གསོལ།

只誰種 迥巴 賊讀所

尋香城純熟祈賜予

8.

།སྒྱུལ་པ་འབྱོངས་པར་བྱིན་གྱིས་རློབས།

住巴 迴巴 錦吉洛

變化純熟祈加持

།འཁྲུལ་སྣང་སྟོངས་པར་བྱིན་གྱིས་རློབས།

出囊 東巴 錦吉洛

惑顯成空祈加持

།བདག་འཛིན་ཞིག་པར་བྱིན་གྱིས་རློབས།

膽金 席巴 錦吉洛

我執息滅祈加持

།སྒྱུལ་པ་འབྱོངས་པར་མཛད་དུ་གསོལ།

住巴 迴巴 賊讀所

變化純熟祈賜予

ཞེས་པས་གསོལ་བ་རྗེ་གཅིག་ཏུ་བཏབ་ནས་མཐར་བསྡུ་རིམ་བྱ་བ་ནི།

專一祈請，最後收攝次第：

།སྣང་སྲིད་ཐམས་ཅད་འོད་ཞུ་བདག་ལ་འདུས།

囊西　湯皆　偉咻　答拉讀

一切顯有化光融入我

།བདག་ཉིད་འོད་ཡལ་བླ་མའི་ཐུགས་ཀར་ཐིམ།

答尼　偉雅　喇每　凸嘎聽

我再化光融入上師心

།བླ་མ་འོད་དུ་ཞུ་ནས་ནམ་མཁར་འདྲེས།

喇嘛　偉讀　咻內　南卡賊

上師化光融合入虛空

།ནམ་མཁའ་གར་ཁྱབ་སྟོང་གསལ་ཆོས་ཀྱི་སྐུ།

南孟　嘎洽　東薩　卻計故

虛空所及皆明空法身

།བླ་མར་ངོས་བཟུང་མཐའ་བྲལ་ནམ་མཁའི་ཀློང་།

喇嘛　約松　踏札　南隆

知爲上師離邊虛空界

།ཤེམས་ཉིད་གློད་ལ་བློ་འདས་ངང་དུ་ཨ།

先尼　略拉　洛喋　昂讀阿

心性舒鬆離心境中阿

བསྔོ་སྨོན་ནི།
迴向祈願：

།དཔལ་ལྡན་རྩ་བའི་བླ་མ་རིན་པོ་ཆེ།
巴滇 雜威 喇嘛 仁波切
具德根本上師仁波切

།བདག་གི་སྙིང་གར་པདྨའི་གདན་བཞུགས་ལ།
答巜 濘嘎 貝美 典咻拉
於我心間蓮花墊上坐

།བཀའ་དྲིན་ཆེན་པོའི་སྒོ་ནས་རྗེས་བཟུང་སྟེ།
嘎珍 千貝 果內 杰松碟
以大恩德慈悲攝受已

།སྐུ་གསུང་ཐུགས་ཀྱི་དངོས་གྲུབ་སྩལ་དུ་གསོལ།
固宋 凸計 約竹 雜讀所
祈請賜予身語意成就

།དཔལ་ལྡན་བླ་མའི་རྣམ་པར་ཐར་པ་ལ།
巴滇 喇美 南巴 它巴拉
於我具德上師所示現

།སྐད་ཅིག་ཙམ་ཡང་ལོག་ལྟ་མི་སྐྱེ་ཞིང་།
給計 贊央 羅大 米界形
縱剎那頃亦不生邪見

ཅི་མཛད་ལེགས་པར་མཐོང་བའི་མོས་གུས་ཀྱིས།

計賊　雷巴　通委　美固計

以視所作皆善之虔敬

བླ་མའི་བྱིན་རླབས་སེམས་ལ་འཇུག་པར་ཤོག

喇美　錦拉　先拉　久巴秀

祈願上師加持入我心

བསོད་ནམས་འདི་ཡིས་ཐམས་ཅད་གཟིགས་པ་ཉིད།

所南　笛宜　湯皆　西巴尼

以此功德願證佛自性

ཐོབ་ནས་ཉེས་པའི་དགྲ་རྣམས་ཕམ་བྱེད་ཅིང་།

托内　涅倍　札南　旁介金

果位得已降伏諸過敵

སྐྱེ་ག་ན་འཆིའི་ཆུ་གློང་འཁྲུགས་པ་ཡི།

皆嘎　拿企　巴龍　處巴宜

生老病死洶湧之波濤

སྲིད་པའི་མཚོ་ལས་འགྲོ་ཀུན་གྲོལ་བར་ཤོག

西貝　措雷　卓棍　卓哇秀

願度眾生解脫輪迴海

སྨོན་ལམ་འགྲུབ་པའི་གཟུངས།

誓願成就咒

ཏདྱཐཱ། པཉྩནྡྲི་ཡ་ཨ་ཝ་བོ་དྷ་ནི་སྭཱ་ཧཱ།

喋雅它　邊乍　止雅　阿哇　波大尼　所哈

JB0076	如何修觀音	堪布慈囊仁波切◎著	260元
JB0077	死亡的藝術	波卡仁波切◎著	250元
JB0078	見之道	根松仁波切◎著	330元
JB0079	彩虹丹青	祖古‧烏金仁波切◎著	340元
JB0080	我的極樂大願	卓千拉貢仁波切◎著	260元
JB0081	再捻佛語妙花	祖古‧烏金仁波切◎著	250元
JB0082	進入禪定的第一堂課	德寶法師◎著	300元
JB0083	藏傳密續的真相	圖敦‧耶喜喇嘛◎著	300元
JB0084	鮮活的覺性	堪千創古仁波切◎著	350元
JB0085	本智光照	遍智　吉美林巴◎著	380元
JB0086	普賢王如來祈願文	竹慶本樂仁波切◎著	320元
JB0087	禪林風雨	果煜法師◎著	360元
JB0088	不依執修之佛果	敦珠林巴◎著	320元
JB0089	本智光照—功德寶藏論　密宗分講記	遍智　吉美林巴◎著	340元
JB0090	三主要道論	堪布慈囊仁波切◎講解	280元
JB0091	千手千眼觀音齋戒—紐涅的修持法	汪遷仁波切◎著	400元
JB0092	回到家，我看見真心	一行禪師◎著	220元
JB0093	愛對了	一行禪師◎著	260元
JB0094	追求幸福的開始：薩迦法王教你如何修行	尊勝的薩迦法王◎著	300元
JB0095	次第花開	希阿榮博堪布◎著	350元
JB0096	楞嚴貫心	果煜法師◎著	380元
JB0097	心安了，路就開了： 讓《佛說四十二章經》成為你人生的指引	釋悟因◎著	320元
JB0098	修行不入迷宮	札丘傑仁波切◎著	320元
JB0099	看自己的心，比看電影精彩	圖敦‧耶喜喇嘛◎著	280元
JB0100	自性光明 —— 法界寶庫論	大遍智　龍欽巴尊者◎著	450元
JB0101	穿透《心經》：原來，你以為的只是假象	柳道成法師◎著	380元
JB0102	直顯心之奧秘：大圓滿無二性的殊勝口訣	祖古貝瑪‧里沙仁波切◎著	500元
JB0103	一行禪師講《金剛經》	一行禪師◎著	320元
JB0104	金錢與權力能帶給你甚麼？ 一行禪師談生命真正的快樂	一行禪師◎著	300元
JB0105	一行禪師談正念工作的奇蹟	一行禪師◎著	280元
JB0107	覺悟者的臨終贈言：《定日百法》	帕當巴桑傑大師◎著 堪布慈囊仁波切◎講述	300元
JB0108	放過自己：揭開我執的騙局，找回心的自在	圖敦‧耶喜喇嘛◎著	280元
JB0109	大圓滿如幻休息論	大遍智　龍欽巴尊者◎著	320元

善知識系列　JB0106

大圓滿如幻休息論

藏　文　原　著／大遍智　龍欽巴尊者
講　　　　　記／堪布徹令多傑仁波切
口　　　　　譯／張福成
編　　　　　輯／丁品方
業　　　　　務／顏宏紋

總　編　輯／張嘉芳
出　　　版／橡樹林文化
　　　　　　城邦文化事業股份有限公司
　　　　　　104 台北市民生東路二段 141 號 5 樓
　　　　　　電話：(02)2500-7696　傳眞：(02)2500-1951
發　　　行／英屬蓋曼群島商家庭傳媒股份有限公司城邦分公司
　　　　　　104 台北市中山區民生東路二段 141 號 2 樓
　　　　　　客服務專線：(02)25007718；25001991
　　　　　　24 小時傳眞專線：(02)25001990；25001991
　　　　　　服務時間：週一至週五上午 09:30 ～ 12:00；下午 13:30 ～ 17:00
　　　　　　劃撥帳號：19863813　戶名：書虫股份有限公司
　　　　　　讀者服務信箱：service@readingclub.com.tw
香港發行所／城邦（香港）出版集團有限公司
　　　　　　香港灣仔駱克道 193 號東超商業中心 1 樓
　　　　　　電話：(852)25086231　傳眞：(852)25789337
馬新發行所／城邦（馬新）出版集團【Cité (M) Sdn.Bhd. (458372 U)】
　　　　　　41, Jalan Radin Anum, Bandar Baru Sri Petaling,
　　　　　　57000 Kuala Lumpur, Malaysia.
　　　　　　電話：(603) 90578822　傳眞：(603) 90576622
　　　　　　Email：cite@cite.com.my

內頁版型／歐陽碧智
封面設計／周家瑤
印　　刷／韋懋實業有限公司

初版一刷／2016 年 7 月
初版四刷／2021 年 11 月
ISBN ／ 978-986-5613-21-1
定價／ 320 元

城邦讀書花園
www.cite.com.tw

版權所有·翻印必究（Printed in Taiwan）
缺頁或破損請寄回更換

國家圖書館出版品預行編目（CIP）資料

大圓滿如幻休息論／大遍智龍欽巴尊者著；堪布徹
令多傑仁波切講記；張福成口譯. -- 一版. -- 臺北
市：橡樹林文化，城邦文化出版：家庭傳媒城邦
分公司發行, 2016.07
　　面；　公分. --（善知識系列；JB0106）

ISBN 978-986-5613-21-1（平裝）

1. 藏傳佛教　2. 注釋　3. 佛教修持

226.96612　　　　　　　　　　105010569

廣　告　回　函
北區郵政管理局登記證
北 台 字 第 10158 號
郵資已付　免貼郵票

104 台北市中山區民生東路二段 141 號 5 樓

城邦文化事業股份有限公司
橡樹林出版事業部　收

請沿虛線剪下對折裝訂寄回，謝謝！

|橡|樹|林|

書名：大圓滿如幻休息論　書號：JB0106

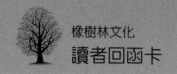

橡樹林文化

讀者回函卡

感謝您對橡樹林出版社之支持，請將您的建議提供給我們參考與改進；請別忘了給我們一些鼓勵，我們會更加努力，出版好書與您結緣。

姓名：＿＿＿＿＿＿＿＿＿＿＿＿ □女 □男 生日：西元＿＿＿＿＿年

Email：＿＿＿＿＿＿＿＿＿＿＿＿＿＿＿＿＿＿＿＿＿＿＿＿＿

● 您從何處知道此書？

　□書店 □書訊 □書評 □報紙 □廣播 □網路 □廣告 DM □親友介紹

　□橡樹林電子報 □其他＿＿＿＿＿＿＿＿＿＿

● 您以何種方式購買本書？

　□誠品書店 □誠品網路書店 □金石堂書店 □金石堂網路書店

　□博客來網路書店 □其他＿＿＿＿＿＿＿＿

● 您希望我們未來出版哪一種主題的書？（可複選）

　□佛法生活應用 □教理 □實修法門介紹 □大師開示 □大師傳記

　□佛教圖解百科 □其他＿＿＿＿＿＿＿＿

● 您對本書的建議：

＿＿＿＿＿＿＿＿＿＿＿＿＿＿＿＿＿＿＿＿＿＿＿＿＿＿＿＿＿＿

＿＿＿＿＿＿＿＿＿＿＿＿＿＿＿＿＿＿＿＿＿＿＿＿＿＿＿＿＿＿

＿＿＿＿＿＿＿＿＿＿＿＿＿＿＿＿＿＿＿＿＿＿＿＿＿＿＿＿＿＿

＿＿＿＿＿＿＿＿＿＿＿＿＿＿＿＿＿＿＿＿＿＿＿＿＿＿＿＿＿＿

＿＿＿＿＿＿＿＿＿＿＿＿＿＿＿＿＿＿＿＿＿＿＿＿＿＿＿＿＿＿

處理佛書的方式

　　佛書內含佛陀的法教，能令我們免於投生惡道，並且為我們指出解脫之道。因此，我們應當對佛書恭敬，不將它放置於地上、座位或是走道上，也不應跨過。搬運佛書時，要妥善地包好、保護好。放置佛書時，應放在乾淨的高處，與其他一般的物品區分開來。

　　若是需要處理掉不用的佛書，就必須小心謹慎地將它們燒掉，而不是丟棄在垃圾堆當中。焚燒佛書前，最好先唸一段祈願文或是咒語，例如唵（OM）、啊（AH）、吽（HUNG），然後觀想被焚燒的佛書中的文字融入「啊」字，接著「啊」字融入你自身，之後才開始焚燒。

　　這些處理方式也同樣適用於佛教藝術品，以及其他宗教教法的文字記錄與藝術品。

ཨོཾ་ཨཱཿཧཱུྃ་བཛྲ་གུ་རུ་པདྨ་ཧཱུྃ༔ ལྷ་ཚོགས་ནད་དུ་བཤགས་ན་དྷེ་ཚེ་འདུར་

བགོའམས་ཀྱང་ཉེས་པ་མི་འབྱུང་བར་འཛམ་དཔལ་ཙ་རྒྱུད་ལས་གསུངས་སོ༎

此咒置經書中　可滅誤跨之罪